高等学校教学用书

“行走课堂”教程

主　编　张子睿
副主编　谭军华　李敬玉　焦　鹏

北　京
冶金工业出版社
2023

内 容 提 要

大学生思想政治领域社会实践是一项需要长期关注的工作。本书聚焦于讲解开展形式多样的“行走课堂”需要掌握的能力，帮助青年朋友理解“行走课堂”的本质，掌握开展“行走课堂”的方法。内容涵盖“行走课堂”实践活动的理论与安全准备，志愿公益类“行走课堂”，“行走课堂”实践活动涉及的常用文体写作，参与“行走课堂”所需的沟通能力，公众演说、会议沟通与公关谈判能力，“行走课堂”成果展示材料准备、陈述与游说答辩等六个方面。

本书可作为普通高等学校开展社会实践活动、进行学生能力培养的教材，也可供对学生社会实践活动感兴趣的读者朋友阅读参考。

图书在版编目(CIP)数据

“行走课堂”教程/张子睿主编 .—北京：冶金工业出版社，2023. 7

高等学校教学用书

ISBN 978-7-5024-9556-5

Ⅰ. ①行…　Ⅱ. ①张…　Ⅲ. ①高等学校—思想政治教育—研究—中国
Ⅳ. ①G641

中国国家版本馆 CIP 数据核字(2023)第 121716 号

“行走课堂”教程

出版发行	冶金工业出版社	**电　　话**	(010)64027926
地　　址	北京市东城区嵩祝院北巷 39 号	**邮　　编**	100009
网　　址	www. mip1953. com	**电子信箱**	service@ mip1953. com

责任编辑　夏小雪　美术编辑　吕欣童　版式设计　郑小利

责任校对　葛新霞　责任印制　禹　蕊

三河市双峰印刷装订有限公司印刷

2023 年 7 月第 1 版，2023 年 7 月第 1 次印刷

710mm×1000mm　1/16；13. 5 印张；217 千字；203 页

定价 37. 00 元

投稿电话　(010)64027932　投稿信箱　tougao@cnmip. com. cn

营销中心电话　(010)64044283

冶金工业出版社天猫旗舰店　yjgycbs. tmall. com

前　言

21 世纪全球竞争的关键在于人才的竞争，人才竞争的基础保障则在于教育。伟大的人民教育家陶行知先生提出“社会即学校”的观点，并指出：“不运用社会的力量，便是无能的教育；不了解社会的需求，便是盲目的教育。倘使我们认定社会就是一个伟大无比的学校，就会自然而然的去运用社会的力量，以济社会的需求。”

高校是人才的孵化器，肩负着培养人才、造就人才的重要历史使命。在这样一个高速发展的知识经济社会，综合素质、创新精神和实践能力成为衡量人才的重要指标。高校要培养出适应时代要求的合格人才，其教学重点也应该向素质教育转移，把培养学生的创新精神和实践能力作为指导思想，在运用基础知识和基本理论教学的同时，应高度重视学生创新精神和实践能力的培养。然而，如何实施学生的素质教育，全方位提高学生综合素质，尤其是非专业素质，仍是一个亟待解决的问题。

进一步加强高校实践育人工作，是全面落实党的教育方针，把社会主义核心价值体系贯穿于国民教育全过程，深入实施素质教育，大力提高高等教育质量的必然要求。教育部于 2012 年 3 月 26 日发布了《关于进一步加强高校实践育人工作的若干意见》，文件指出：“实践教学、军事训练、社会实践活动是实践育人的主要形式。各高校要坚持把社会主义核心价值体系融入实践育人工作全过程，把实践育人工作摆在人才培养的重要位置，纳入学校教学计划，系统设计实践育人教育教学体系，规定相应学时学分，合理增加实践课时，确保实践育人工作全面开展。要区分不同类型实践育人形式，制定具体工作规划，深入推动实践育人工作。”

“强化实践教学环节。实践教学是学校教学工作的重要组成部分，是深化课堂教学的重要环节，是学生获取、掌握知识的重要途径。各高校要结合专业特点和人才培养要求，分类制订实践教学标准，增加实践教学比重，确保人文社会科学类本科专业不少于总学分（学时）的15%、理工农医类本科专业不少于25%、高职高专类专业不少于50%、师范类学生教育实践不少于一个学期、专业学位硕士研究生不少于半年。要全面落实本科专业类教学质量国家标准对实践教学的基本要求，加强实践教学管理，提高实验、实习、实践和毕业设计（论文）质量。支持高等职业学校学生参加企业技改、工艺创新等实践活动。组织编写一批优秀实验教材。思想政治理论课所有课程都要加强实践环节。”

2019 年 8 月中共中央办公厅、国务院办公厅印发的《关于深化新时代学校思想政治理论课改革创新的若干意见》就深化新时代学校思想政治理论课改革创新提出明确要求，文件指出：“将思政课学习实践情况等作为重要内容纳入综合素质评价体系，探索记入本人档案，作为学生评奖评优重要标准，作为加入中国少年先锋队、中国共产主义青年团、中国共产党的重要参考。坚持开门办思政课，推动思政课实践教学与学生社会实践活动、志愿服务活动结合，思政小课堂和社会大课堂结合，鼓励党政机关、企事业单位等就近与高校对接，挂牌建立思政课实践教学基地，完善思政课实践教学机制。”

2020 年 4 月教育部等八部门发布的《关于加快构建高校思想政治工作体系的意见》（教思政〔2020〕1 号）文件指出：“深化实践教育。把思想政治教育融入社会实践、志愿服务、实习实训等活动中，创办形式多样的‘行走课堂’。”

通过学习上述文件，作者认为：开发大学生社会实践活动与思政课实践教学相结合具有重要意义。因此，引入教育部针对高等教育提出的“行走课堂”的概念，开发出一本大学生的社会实践能力的图书就显得十分必要。基于上述设想，作者编写了本书。

本书的完成得益于校内外专家学者的支持与帮助。首先，应该感谢的是作者的导师——东北大学文法学院博士生导师罗玲玲教授，正是在她的指导下，作者才步入科学技术哲学（自然辩证法）学科之门，踏上思想政治教育、创造学和素质教育研究之路，并逐步积累了一点可以与青年朋友们分享的经验；而这一切，都源于恩师的指点，在此致以深深的感谢。其次，要感谢作者的家人，他们一直以来的支持是作者坚持不懈的关键。再次，要感谢本书的合作者，我的校内外朋友。最后，要感谢出版社的编辑为本书出版付出的辛勤劳动，他们为本书顺利出版做出了巨大贡献。

由于作者水平有限，书中不妥之处，敬请同行专家和读者朋友们给予斧正！

作　者

2023 年 3 月

目　录

第一章 “行走课堂”实践活动的理论与安全准备

“行走课堂”实践活动是一个系统性的活动，活动开始前的准备活动十分重要。如何确定合适的社会实践活动题目，是开展好“行走课堂”实践活动需要重视的理论问题。要提高学生的社会实践能力，就必须有切实可行的方法。在社会实践活动中，调研工作十分重要；社会实践的调研工作一般是在认真研究收集到的信息资料的基础上，开展质的调查研究或量的调查研究。同时，还需要引起重视的是，由于“行走课堂”实践活动要走出校园，因此，安全方面的准备更加重要。

本章将介绍“行走课堂”涉及的典型问题、确立“行走课堂”实践活动题目所需的知识，并以当前“行走课堂”调研类实践活动所涉及调研方法使用情况介绍“行走课堂”实践的调研方法。在此基础上，介绍“行走课堂”实践活动涉及的安全注意事项。

第一节 “行走课堂”实践活动题目的确立

“行走课堂”实践活动是一种典型的以研究性活动为载体的学生思想政治教育形式，在研究性工作中，研究课题的选择是一项十分关键的工作。研究课题选择得好，研究就会有价值、有意义。研究性活动首先要寻求研究目标。这一过程同样是多次反复解决问题的过程。社会中有很多待研究的问题，哪个问题适合于研究，是学生参加“行走课堂”实践活动时必须首先面对的现实。研究性活动首先源于问题意识，没有问题意识也就难以注意和提出新的问题，研究性活动也就无从谈起了。不同的研究者由于知识和经验背景不同，在问题意识、提出问题的能力、所提出的问题的价值和重要性等方面都有很大差异。因此，研究者要想及时发现和提出具有重要价值的问题，就要增强问题意识。

著名的技术哲学家陈昌曙教授曾论述过这个问题：“选择研究课题首先要有价值，现在，我们的许多研究生在选择学位论文题目时都喜欢找前人没有说过的问题，认为这样的题目就一定有价值。其实未必，前人说过的问题不一定没有价值，前人观点有错误、不全面，都可以进一步探讨；而前人没有说过的问题，也不一定有价值。”

一、善于发现问题

学生参加“行走课堂”实践活动的首要工作就是确定研究课题。要更好地发现有研究和开发价值的问题，就要运用创新技巧，在具体的工作中主要要关注如下几方面问题。

首先，增强问题意识。问题意识就是对问题的感受能力。日常工作与生活中随时都会遇到问题，有些问题是稍纵即逝的，因而只有保持对问题的敏感性，才能为提出问题奠定基础。

其次，保持好奇心与提高观察力。好奇的人不一定都有创造力，而有创造力的人大多数都很好奇，真正的好奇心经常带来意想不到的创新。好奇会给人带来机会，而得到机会还要观察和思考，否则也难以发现问题，而只能是走马观花。有好奇心还要坚持探索，才能深入某个领域，加深了解。这样，常常会得到意想不到的结果。

最后，掌握问题产生的途径。掌握问题产生的常见途径可以有效地提高一个人对问题的敏感度。提高对问题的敏感度的方法主要有如下几种。

（1）抓住经验事实同已有理论的矛盾。抓住经验事实同已有理论的矛盾是科学问题产生常见的途径。新的观察和实验结果，以及多数反常现象，都可能与现有的理论概念发生冲突；冲突积累到一定程度，现有理论及辅助原理，假设也难以解释这些经验事实时，新的科学问题就必然会产生。最重要的是要能从一些变化中洞察到其中不相容的程度，从而提出新的问题。

（2）抓住理论的逻辑矛盾。理论的一个基本要求应该是自洽的，如果理论内部出现逻辑矛盾，就将产生矛盾的论断。因此，抓住理论的逻辑矛盾是实现理论突破的关键。必须牢牢抓住此类问题。

（3）抓住规律性的不良现象。规律性的现象，反映了本质上的联系和问题。找到规律及其现实条件，在质疑中寻找问题。

（4）注意争论。不同学术观点的争论是科学史上的常事，争论的焦点问题，也是学术研究的重点问题。

（5）注意不同知识领域的交叉地带。科学的发展呈现出细化、交叉、综合的大趋势，在交叉区域边缘之处，也是有意义的课题潜在之处，从中寻求有意义的课题，可以为科学发展作出开拓性贡献。

（6）从急待开发的领域寻找问题。急待开发的领域，因为“新”，也是问题比较集中的地方。开发过程是创新的过程，开发的关键问题，也是问题突破的重点和取得成果之处。

（7）在拓宽研究领域和应用领域中寻求问题。在拓宽研究领域和应用领域中寻求问题有三个主要方向：

第一，寻求领域拓宽的途径。眼睛只盯着一个问题领域，往往会阻碍发现更新鲜、更充分、更值得探讨的问题。当思维的惯性使自己在一个特定领域中循环思索时，要努力使自己从循环中跳出来，从其他方向寻找材料得到启发，就会有新的问题呈现出来。

第二，在拓宽研究和应用领域过程，把障碍作为问题研究。因为对于可以拓宽的领域，遇到的障碍就是问题。

第三，把由外部世界观察到的刺激，强制地与正在考虑的问题建立起联系，使其原本不相关的要素变成相关，进而产生待研究开发的问题。

总之，提出问题的策略与方法很多，只要认真去寻找并形成问题，就找到了“行走课堂”实践活动的起点。

究其实质，“行走课堂”实践活动的过程就是解决问题的过程。问题就是研究者所处的现有实际情况与期望的理想状态之间存在的差距，也就是研究者的期望与现实的矛盾。“行走课堂”实践活动中的绝大多数问题并不是现成的、明确地摆在人们面前的，而是需要学生在老师的指导下去探索、去发现，甚至去构造的。因此，学生一方面要充分了解自己，另一方面要善于发现问题和提出问题，并逐一去解决问题，寻求客观的、理想的答案。

研究动机形成以后就要以发散思维从多个角度寻求问题（目标），并对这些目标进行归类，如农村生产类型单一和劳动力过剩问题，“人口老龄化”以及“空巢家庭老人”的生活问题……都蕴藏着研究问题。对发现的问题进行分析比较，从每一类问题中选取接近自己目标的两个或几个作为主要问题进一步发散提问，依次类推，层层提出问题，直到自己认为满意为止。

由于提出的问题有很多，就要对此进行收敛，从中首先剔除没有实践价值或实践活动价值很小，或虽然有价值但一时不具备解决问题的可能性的问题。对待问题可依据“行走课堂”实践活动的基本原则，通过创新性、价值性、熟悉度、重要性、紧迫性和稳定性等收敛标准，以及“行走课堂”实践活动基本条件、价值取向等进行选择。这些标准可依据思想政治类“行走课堂”实践活动的具体情况和需要而增减。收敛到最后所剩下的问题就是可供研究的问题，也是学生确定“行走课堂”实践活动目标的依据。

二、“行走课堂”实践活动目标具体化的基本程序

风险的存在是客观的，也是必然的。确定“行走课堂”实践活动目标的决策过程属风险型决策，“行走课堂”实践活动目标具体化过程，就是要适时抓住最有利的时机，尽可能地避免风险，做出正确的选择与抉择。一般可按以下程序进行：（1）摆明问题，确定目标；（2）初步调查预测，收集信息；（3）拟定多个备选方案；（4）进行可行性分析；（5）比较评价和选定可行性方案——确定“行走课堂”实践活动目标；（6）实施方案并跟踪控制。

程序，并非固定不变的，可以根据“行走课堂”实践活动项目和复杂程度，进行选择取舍。

（一）摆明问题，确定目标

“行走课堂”实践活动过程的实质就是解决问题的过程。摆明“行走课堂”实践活动过程需要决策的问题是什么，确定“行走课堂”实践活动所要达到的目标，是“行走课堂”实践活动需要决策的第一步。

确定目标是决策前提，而“行走课堂”实践活动目标是根据要解决的问题来定的。如果把需要解决的问题的关键所在及其产生的原因等弄清楚了，确定目标有了依据，目标也就容易确定了。要弄清问题，不但要清楚什么是问题，还要对应有现象和实有现象加以明确。应有现象是指应达到的标准或按既定的目标应有的情况；实有现象是指实际所发生的或存在的情况。所谓摆明问题就是以应有现象为依据，积极地、全面地收集实有情况，发现差距，并通过分析、研究把问题确定下来，找出产生问题的原因，这样就能有针对性地采取措施加以解决。

摆明问题是整个过程的起点，也是进行正确决策的基础。摆明问题包括发现问题、确定问题、分析产生问题的原因三个主要方面。

（1）发现问题：即找出问题在哪里；

（2）确定问题：即明确什么问题是必须解决的；

（3）分析问题：即为什么会产生这种问题，矛盾的焦点在哪里，分析原因并加以明确。

（二）确定具体的“行走课堂”实践活动目标

确定“行走课堂”实践活动目标是为实现一定目标而对若干个备选方案进行选择的过程。因此进行决策的前提是要有一定的目标。这一目标是在对社会环境及自身条件的一般了解基础上提出的。

所谓“行走课堂”实践活动目标，就是在一定环境条件下，在预测基础上，要达到的程度和希望达到的结果。

“行走课堂”实践活动目标可分为两种：一是必达目标——要求必须达到什么程度；二是期望目标——期望取得的成果。

1. 具体化“行走课堂”实践活动目标

对于“行走课堂”实践活动目标的确定必须明确具体，否则方案的制订与选择就会感到无所适从。目标明确具体包括以下几个方面。

（1）“行走课堂”实践活动目标的表达。“行走课堂”实践活动目标最好是单一的。也就是只能有一种理解，绝对不能产生歧义。如果语言含糊不清、模棱两可，不明白到底要做什么，决策就很难顺利进行。明确表达目标最有效的方法是“行走课堂”实践活动目标数量化。

（2）“行走课堂”实践活动目标的时间约束。没有具体完成期限的目标，就等于没有目标，因为它可能永远无法实现。因此，“行走课堂”实践活动目标必须有明确的实现期限。在实际操作过程中，根据实际情况，目标的实现时间允许有一定的弹性，但有的研究内容应严格一点，限期完成；有的可以给出一定的伸缩范围，或规定一个极限。在实施过程中，也可以根据实际情况，对预先确定目标的“行走课堂”实践活动实现期限进行修改。但无论对目标实现期限的规定，还是后来的修改，都要根据事实、需要得出科学合理的结论。

（3）“行走课堂”实践活动目标的条件约束。确定目标时，必须明确达到有没有客观条件的限制和附加一定的主观要求。约束条件主要是各类资源条件，决策权限范围及时间限制等。“行走课堂”实践活动目标的产生、确定必须立足于现实的基础上，“行走课堂”实践活动也要受到未来客观条件的制约。这些基础和客观条件就是“行走课堂”实践活动目标的约束。约束条件是衡量“行走课堂”实践活动目标实现与否的标准，这个标准包含在目标本身之中。约束条件越清楚，“行走课堂”实践活动的有效性和实现目标的可能性也就越大。规定目标约束条件有以下三个切入点：首先是客观存在的，可利用的资源条件，包括“行走课堂”实践活动团队拥有的、能够筹集到的人、财、物等；其次是国家以及地方的政策法规、制度等方面的限制和规范；再次是“行走课堂”实践活动团队附加在决策目标上的主观要求，“行走课堂”实践活动团队对目标最高要求不一定完全现实，但最低要求必须是目标的约束条件。

（4）“行走课堂”实践活动目标的数量化。“行走课堂”实践活动目标数量化可以达到什么程度有个衡量标准。如果实在无法数量化，也可以采用陈述方式尽可能把目标描述得具体、翔实、清楚。目标本身就有许多数量标准，如成本、利润等数量指标，可以是一个数量界限，规定出增减范围，或在某些条件下达到的极值，如成本最小值，利润最大值。对非数量值，也可以用一些方法和手段使之数量化。应当注意的是，数量指标的计算规范要做出统一规定。

（5）“行走课堂”实践活动目标的体系化。“行走课堂”实践活动的总目标必须由具体的目标体系来支撑，体系化就是把比较抽象的总目标分解成许多子目标。子目标也可以继续分解成更小的目标，从而构成目标体系。

目标体系的建构过程是“行走课堂”实践活动目标内容不断丰富的过程，也是表达不断明确和准确的过程。总目标是具体目标的终极目标，具体目标的实现是总目标实现的途径。

目标分解过程反映出目标体系的层次和相关性特征，目标体系的层次结构也称为“分层目标结构”，下一层目标往往是上层目标的手段，而上层目标则是下层目标的目的。而同层次目标彼此之间又互相联系、互相影响、互相制约。任何一个目标都可能影响到同层次目标的进行过程。

在建构目标体系的过程中，一是目标要落实，决策目标与具体目标要吻合，不能照搬或互相混淆，而是要处理好上下层次目标的关系，避免头重脚轻。

2. 确定“行走课堂”实践活动目标应注意的几个问题

（1）“行走课堂”实践活动的客观原则与主观条件相结合。

（2）社会环境能力与学生团队自身能力相结合，努力保持社会对活动的需求程度与需求量与“行走课堂”实践活动团队自身素质条件和能力，实现对环境的适应能力的动态平衡，即“有多大能力，担多大的重量”。想一口吃成个胖子、急于求成、追求最大效果是“行走课堂”实践活动的大忌。

（3）抓住关键问题。确定“行走课堂”实践活动目标与规划时都应分清问题的轻、重、缓、急、主、次、先、后，切忌“胡子眉毛一把抓”“丢了西瓜、捡了芝麻”的思维方式和工作方法。

（4）决策目标要系统化、网络化，具有多样性、层次性、相关性、相对独立性、统一性以形成连锁体系，有利于“行走课堂”实践活动参与者实现有机协调。

（5）注意目标的动态性、时效性。客观环境是动态变化的，机遇是多样的，也是稍纵即逝的，抓住机会就等于抓住了成效。

（6）注意风险性。社会充满机会，也同样充满风险，二者并存。现实条件更要求对风险有客观的分析与预测，切忌盲目乐观，不能让利益掩盖了潜在的风险。

3.“行走课堂”实践活动中的多目标问题处理办法

对于“行走课堂”实践活动者而言，层次目标和阶段目标数量多，但可以归结为一个系统目标或终极目标，而不具有独立性。多目标问题与此不同，它们处在相同层次上，各具独立性；各目标之间虽有联系，但不能相互代替，互相间不是从属关系，更不可能归结为同一系统目标或终极目标。目标越多，衡量标准就越复杂，评价选择方案的难度也就越大。

在处理“行走课堂”实践活动中的多目标问题时，应遵循如下原则。

（1）在满足“行走课堂”实践活动需要前提下，尽量减少目标个数。为此，首先要通过分析辨别各目标之间是否存在层次性、阶段性关系或相同的属性。如果是，则将其归结为一个目标，剔除从属目标。其次，由于主观偏好，有些目标属于期望值，有些目标要求达到最优水平，有些目标只要求达到基本标准。在这种情况下，“行走课堂”实践活动参与者一般把要求达到最优水平的目标保留下来作为主要目标，使该目标成为“行走课堂”实践活动的激励目标，把期望值作为奋斗方向，而把要求达到基本标准的目标降为约束条件。最后，也可以通过度量求合、求平均值或构造综合函数求解的方法形成一个综合的单一目标。

（2）对“行走课堂”实践活动目标涉及的各个目标的重要性进行可行性分析，按其重要性大小对目标进行筛选、优化。根据主观偏好、要求和客观条件，根据期望值（必须达到、希望达到）先行取舍，将剩余的、相近的目标用相应的具体指标统一标准列项排序，进行分析比较，既可以避免因项目过多而难以厘清头绪，也可以围绕主要目标展开分析、比较、择优选取。在比较中如发现不满意之处，可以改进或通过创新设计、修正，再比较、选取，这样既可以达到优化目的，也可以减少失误，保证“行走课堂”实践活动的时效性。

第二节 “行走课堂”涉及的典型问题

21 世纪全球竞争的关键是人才的竞争，人才竞争的基础保障则在于教育。高校是全面实施素质教育、培养学生职业能力的关键场所，是国家创新体系的重要组成部分，在加强基础知识和基本理论教学的同时，高度重视学生实践能力的培养，造就能适应 21 世纪知识经济要求的创造型人才，已成为高校的重大历史使命。

现代社会化大生产，越来越要求人的全面发展，适应社会主义现代化建设需要的人才，是理想、道德、知识、智力与技能，以及体质、心理素质等诸多因素全面发展，相互协调的人才。青年学生参加社会实践活动，是培养德智体美全面发展不可缺少的重要环节。

组织青年学生参加社会实践是中国特色社会主义高等教育的重要组成部分，是全面贯彻党的教育方针，推进学生素质教育的重大措施和不可缺少的环节，是促进教育与科技、经济结合的重要形式和途径。

接下来，我们就对“行走课堂”涉及的典型问题逐一进行分析。

一、“行走课堂”实践活动的特点和作用

（一）“行走课堂”实践活动的特点

“行走课堂”实践活动作为青年学生“受教育、长才干、作贡献”的重要形式，具备以下特点。

1. 理论和实践双重性

“行走课堂”实践活动既有学校教育的属性，又有社会教育的属性，是

联结学校教育和社会教育的重要纽带。它不仅是理论指导实践的第一课堂的延伸，而且是青年学生在实践中形成新的理性认识的基础。

2. 多功能综合协同性

“行走课堂”实践活动的教育目标或价值，既可以体现在认知发展、技能形成等业务能力提升方面，也可以体现在情感体验、品德与态度等树立正确的世界观、人生观、价值观方面。在某一实践活动中，既可以对学生主体进行德育，也可以进行智育、体育、美育、劳动技术教育和心理教育等多方面的教育内容，进而达到综合而不是单一的教育目标、任务。

“行走课堂”实践活动要求各专业教师之间、学校教师与家长及社会有关机构人员之间相互配合，家庭、学校、社会形成合力，协同完成任务，而且学生可以充分利用与合作伙伴相互交流、分享成果的机会，培养锻炼人际交往能力和团队合作的精神。

3. 自主参与性和开放性

“行走课堂”实践活动是青年学生作为社会政治生活、经济生活、文化生活的一员广泛地参与到广阔的大自然改造和丰富的社会活动之中，亲自接触和感知各种人和事，通过了解社会，从而增加对社会的生活积累，并获得对社会物质文化、精神文化和制度文化的认知、理解、体验和感悟。“行走课堂”实践活动的开放性包括活动内容的开放性——在大自然和人类社会的广阔天地中去学习和发展、活动时空与形式的开放性、活动评价的过程和活动开展的开放性等。

4. 稳定性和灵活性

随着高校社会实践的深入开展，在不断探索和总结经验的基础上，为保证该项活动能持久有效地开展，已逐步建立了一套行之有效的规章制度，并已建立了一批“思想政治类实践基地”“实践活动定点社区”，为思想政治类实践持久、稳定地开展创造了有利的条件。在此基础上，高校有关部门开始不断尝试用新的运作方式来开展“行走课堂”实践活动，从经费筹集到具体形式都不断创新，使“行走课堂”实践活动不断向前发展。

（二）“行走课堂”实践活动的作用

“行走课堂”实践活动作为我国高等教育的一个重要组成部分，在我国高等教育中发挥着不可替代的重要作用。具体地说，“行走课堂”实践活动的作用表现在以下几个方面。

1. 促进青年学生的健康成长

“行走课堂”实践活动使青年学生加深对党的基本路线的认识，坚定正确的政治方向；通过使学生接触人民群众，有助于他们加深对人民群众的了解，同人民群众建立感情，树立全心全意为人民服务的思想；通过使学生了解社会对知识和人才的需求，增强勤奋学习、奋发成才的责任感；通过了解改革和建设的长期性和复杂性，克服偏激急躁情绪，增强维护社会稳定的自觉性，并最终促进青年学生思想政治素质的提高。

“行走课堂”实践活动使青年学生在实践中检验自己的专业知识和技能，发现自身知识、能力结构的缺陷，主动调整知识和能力结构，培养学生不断追求新知的科学精神，激发学生的学习积极性和主动性。

“行走课堂”实践活动有利于青年学生社会角色的转变，强化其角色类型的分辨能力，角色扮演心态的健全能力，角色的适应能力。社会实践有利于提高青年学生的实际工作能力，如心理承受能力、适应能力、人际交往能力、组织管理能力和应变创新能力等。

2. 促进高等教育的改革和发展

“行走课堂”实践活动可以加强学校与社会的联系，有利于动员社会各个方面的力量，加强和改进高校的思想政治工作，拓宽新形势下加强和改进思想政治工作的新路子，为高校思想政治工作注入生机和活力。

“行走课堂”实践活动，为学校发现自身办学过程中课程设置、教学与管理等方面与社会要求不相适应的地方创造条件，并主动进行改革，提高办学质量。而且有利于促进学校与社会单位交流，为拓宽合作领域创造可能性。

二、“行走课堂”实践活动应当坚持的基本方针和原则

（一）“行走课堂”实践活动的方针

“受教育、长才干、作贡献”是社会实践的指导思想。其教育作用主要表现在两个方面：一是使学生在思想政治方面受到教育，提高思想政治素质；二是使学生在专业上受到锻炼，巩固和深化课堂知识，增长解决实际问题的才干。要始终把“受教育、长才干、作贡献”作为开展社会实践的出发

点，尤其是要把思想政治教育放在第一位。“作贡献”是“受教育，长才干”的途径。社会实践不同于课堂教学，也不同于教师指导下的实习，主要通过学生能动地参与实践而发挥教育作用。学生“作贡献”的过程也就是能动地参与实践的过程。要精心安排社会实践的内容，使学生在为社会主义物质文明和精神文明建设作贡献的实践过程中受到教育，增长才干，作出贡献。“受教育，长才干，作贡献”的指导方针，完整地概括了社会实践的目的，指明了实现这个目的的途径，我们开展社会实践，应当始终坚持这个指导方针。

（二）“行走课堂”实践活动的基本原则

为了更好地贯彻“受教育、长才干、作贡献”的指导方针，在开展社会实践时，还应遵循如下原则。

1. 旗帜鲜明

“旗帜鲜明”就是指在“行走课堂”实践活动中要坚持以正确的政治方向为指导。坚持“受教育、长才干、作贡献”，以受教育为主的指导方针。

2. 周密策划

“周密策划”就是指在活动开始前要精心组织。在具体工作中要重点把握好三个环节：一是事先进行动员、联系，确定社会实践的内容和形式、参加人员、接待单位、经费来源等；二是活动开展过程中，带队教师、干部和学生骨干进行精心的指导，帮助学生解决在活动过程中遇到的思想问题和实际问题，对于可能出现的消极因素进行引导；三是活动后，对活动成果进行总结、消化，对好的经验进行推广。

3. 因材施教

“因材施教”就是指在活动策划阶段充分考虑学科、年级、专业特点安排活动。应当根据不同学科、不同年级、不同专业学生的思想特点和思想政治教育的要求，有针对性地确定社会实践的思想教育主题和内容、形式，使学生能够通过参加社会实践更好地在思想政治方面受到教育。在具体的工作中要根据不同专业、不同年级学生的专业特点和专业水平，精心安排社会实践的内容。同时发挥专业课教师在社会实践中的指导作用，此外要尽可能地把社会实践同专业实习结合起来。

4. 共赢发展

所谓“共赢发展”，是指社会实践不仅要使学校和学生受益，也要尽可能使活动接受单位受益。因此，在安排社会实践时，除了着重考虑对学生思想教育和专业教育的要求外，还应考虑地方和活动接受单位“两个文明”建设的需要，把社会实践同地方和活动接受单位“两个文明”建设的需要结合起来。努力把学校专业技术上的优势转换成活动接受单位的精神文明成果和现实生产力。

5. 量入而出

“量入而出”就是指在活动策划阶段充分考虑经费、交通、活动接受单位接待能力等方面的限制，安排好“行走课堂”实践活动。尤其是在学生暑假社会实践活动中要注意如下三点：首先，多数学生应回到家乡就近开展社会实践；其次，集中组织的社会实践队伍应当精干，选择的活动地点、活动内容应与活动目的相一致；最后，学生在社会实践中，吃、住、行等应从简安排，不应过多增加接待单位的负担，削弱社会实践的效果。

三、“行走课堂”实践活动所需能力分析

现代社会的发展对各行各业的工作人员的素质要求越来越高，社会主义经济建设需要的人才，是理想、道德、知识、智力与技能，以及体质、心理素质等诸多因素全面发展，相互协调的人才。人才素质的构成是全方位的，它包括人的知识储备、职业素养、表达能力等。

传统的观点认为：人才按其知识和能力结构的类型可以分为学术型（科学型、理论型）、工程型（设计型、规划型、决策型）、技术型（工艺型、执行型、中间型）和技能型（操作型）。工业文明要求大批训练有素的劳动者，这就要求学校按一个统一的模式把学生制造成规格化的“标准件”去满足工业文明的需要。现代社会对人才需求是全方位的，对人才的素质要求也是全方位的。在扎实的本专业基础理论和专业应用技能之外，人的非专业素质成为衡量人能力的关键。因此，人才需求的类型与传统的类型有着较大的区别，即便是普通劳动者也不是简单操作型人才。

适应现代社会的“行走课堂”实践活动所需的能力主要有思维能力、表达能力（包括书面表达能力和口头表达能力）和解决问题能力。在此基础之上，加上良好的心态就形成了现代人才社会实践能力体系，如图 1-1 所示。

简而言之，“行走课堂”实践活动能力的核心就是以良好的心态支配的创造性解决问题的能力。

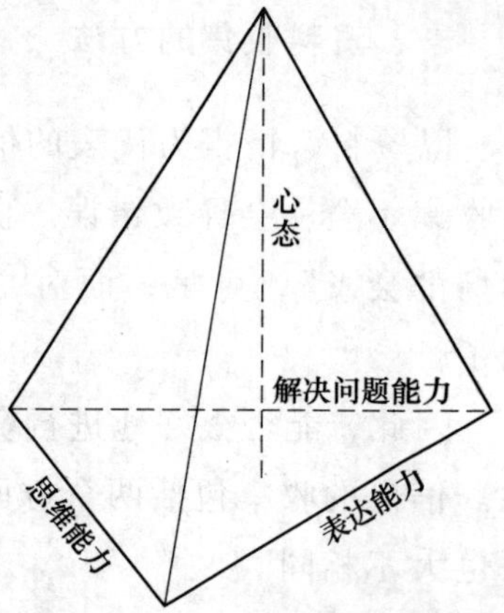

图 1-1 现代人非专业能力体系

分析图 1-1，不难发现要提高“行走课堂”实践活动能力，就要首先培养学生创新思维和以解决问题能力为代表的实践能力。研究概念本源，创新是一个经济学概念，创造力是学生能力提高的基础，因此创造型人才才是培养的目标。创造型人才应该是具有很强的自主意识，又有良好的合作精神。不仅如此，创造型人才应该同时具有继承性思维、批判性思维和创造性思维。任何创造过程都需要这三类思维的整合。这就要求在培养学生创新精神过程中，应该在传统教育注重的共性发展、社会本位基础上，注重个性的发展、个人本位，注重传统教育手段和现代教育手段结合：把传统教育注重知识，学生勤奋、踏实、谦虚，与现代教育注重智力开发、综合能力培养，学生兴趣广、视野宽、胆子大、敢冒险结合起来；把传统教育强调知识的严密、完整、系统，与现代教育注重掌握知识的内在精神和发展方向结合起来；把传统教育强调学生基础知识扎实，与现代教育强调学生自立、开拓结合起来；把传统教育强调求实的作风，与现代教育追求浪漫的风格结合起来；把传统教育“学多悟少”，与现代教育“学少悟多”结合起来。上述观念是培养学生创新精神的核心，也是培养“行走课堂”实践活动能力的关键。

第三节 “行走课堂”实践活动调研特点及非定量研究方法简介

在开展学生“行走课堂”实践活动时，以问卷为载体和以访谈为手段的调研方式是最典型的两种调研方法。本节接下来将简单介绍信息资料收集方法和质的调查研究方法。然后，在下一节重点分析学生“行走课堂”社会实践活动所需的问卷调研方法以及针对该方法确立的学生社会实践活动计划的过程。

一、资料收集的方法

以资料、情报为代表的信息资源在研究工作中是不可或缺的。而信息资料收集不全就会导致错误。例如，人们曾经认为“天下乌鸦一般黑”“所有的鸟都会飞”，可是，面对“白乌鸦”和“鸵鸟”，人们就只好否定上述结论了！

因此，能否很好地进行资料的收集对创造性地完成社会实践工作影响很大。信息的收集包括两个方面，即调查研究和信息处理，这两方面常用的技法也大不相同。

资料收集的方法很多，常用的方法主要有文摘卡片法、笔记收集法、文件归档法等。

（一）文摘卡片法

笔记本是收集、积累资料的有效工具。但是由于本子上的页码是固定的，所以作为资料利用时会有许多不便；所以，采用资料文摘卡片就成为一种比较有效的方法。

资料文摘卡片一般使用质地较好的硬质纸张做成便于携带的小纸片。利用这种卡片可以处理资料，或用于评价设想，决定顺序等。在使用过程中，使用者可自由地增减资料和设想。因此，使用资料文摘卡片收集资料、进行资料整理都十分方便。资料文摘卡片一般格式如下：

文 摘 卡

题　目____

作　者________________　译　者______________________

书刊名称______________　卷　期________页________年________月

内容摘要____

____

____

____

资料文摘卡片不仅可以记载资料，也可以写思考者的设想。一般情况下，一张卡片上，只能填写一个设想或资料。用于记录设想的卡片的格式如下：

设 想 卡

设想题目＿＿＿＿＿＿＿＿＿＿＿＿＿＿＿＿＿＿＿＿＿＿＿＿＿＿＿＿

内容摘要＿＿＿＿＿＿＿＿＿＿＿＿＿＿＿＿＿＿＿＿＿＿＿＿＿＿＿＿

＿＿＿＿＿＿＿＿＿＿＿＿＿＿＿＿＿＿＿＿＿＿＿＿＿＿＿＿＿＿＿＿

＿＿＿＿＿＿＿＿＿＿＿＿＿＿＿＿＿＿＿＿＿＿＿＿＿＿＿＿＿＿＿＿

＿＿＿＿＿＿＿＿＿＿＿＿＿＿＿＿＿＿＿＿＿＿＿＿＿＿＿＿＿＿＿＿

使用资料文摘卡片，就是在查找资料时，把需要的资料随时记录在卡片上；在有突发的想法时，将设想记录在卡片上。因此，资料文摘卡片要随身携带。

资料文摘卡片的优点主要有以下几点：第一，可以使情报标准化。第二，可以使零散的情报集中起来。第三，便于对资料和设想进行整理、分类、归纳。第四，容易掌握情报之间彼此的关联。

（二）笔记收集法

笔记收集法是以人们记笔记的习惯为基础，在集体范围内实现观点收集的创造技法。运用笔记收集法可以调动人们潜在的思维和洞察能力，引发出有价值的设想。

使用笔记收集法，首先确定参加人和领导人，参加人每人一本笔记。在这本笔记上对给定的课题，每天要把自己的意见和想法记上一次或数次。经过一定时间，领导人把笔记收集汇总。领导人要仔细归纳收上来的笔记，把摘录的要点和别的资料反馈给参加人，进一步提出新的问题。记在笔记本上的问题，没有任何限制。但最重要的是每人每天必须坚持写笔记，不可间断。同时，记录者在记录的同时，一定要对笔记进行有效的归纳和恰当的摘要。

使用笔记收集法，可以按照如下步骤进行：第一步，确定题目。第二步，确定领导人、参加人。第三步，将封面写有题目的笔记本分发给参加人。第四步，参加人将设想记在自己的笔记本上。第五步，一个月后领导人把笔记本收集起来，领导人阅读各人笔记，摘要汇总。第六步，参加人可以看任何一本摘录完的笔记。第七步，全体成员参加讨论，对获得的信息进行最后整理。

（三）文件归档法

一个组织团体的维护和发展必需要用到文件，而这些文件应由该组织团体妥善地进行整理、保管，能够按照需要随时利用，直到文件作废为止，这样一系列的有关制度称为文件归档法。

文件归档的目的是合理、有效地使用文件内容。因此，进行文件归档时应当与业务活动紧密结合，实行以“便于利用”“便于检索”为目的的文件归档工作。

首先，为了使文件档案“便于利用”，一般是把经常使用的文件按使用的类型整理成一部文件档案。只要取出这部文件档案，就可以了解这项业务的一贯内容。

其次，要考虑“便于检索”的问题，按照业务上的需要能够立即查到所需要的情报。这里最要紧的是不能把文件档案搞得很厚。为了容易检索，限制数量比在质量方面花费心思去搞多样化的检索方法，往往更有效果。这种直立式的归档，在一部文件档案内收进的文件应限制在二三十页至七八十页。

按照上述原则做成文件档案，弄清它在开展业务中占有的位置以后，为了“便于利用”，把它同经常一起使用的文件档案组成一个文件档案群，这是第三步。由于每个文件档案都是与业务开展同时形成的，它在业务上的必要性十分清楚，并且可以依据它鉴别出业务情报的优劣。

最后一个步骤是，给组成的文件档案群编制目录索引，把单个的文件档案排在“便于检索”的地方。这种直立式归档法，基本上是由第一索引包括的2~5卷和第二索引包括的5~10卷的文件档案所构成。

二、质的调查研究方法

在调查研究过程中，可以通过以典型调查取得量的信息为目的的方法，也可以通过质的研究方法，取得质的信息。量的研究方法，一般采用调查对象较多、调查规模较大的调查法，它是典型调查。这种方法虽然能掌握现状，但却不能回答在数字背后隐藏着的“为什么”。同时，这类方法在不同专业的应用过程中差异也比较大。因此，这里重点介绍集体调查类型的质的研究方法。

典型的质的研究方法有如下几种：

质的研究方法主要依靠访谈式调研，由于需要与被访者沟通，一般情况下，个别的访谈难度较大。因为在个别交谈时，人们会表现出紧张，思想不流畅等现象。与此相反，在集体的场合，由于集体思考会接连不断地产生想法，在互相影响之下能够得到各种各样的反应。因此，集体调查相对比较容易操作。

(一) 集体调查法

集体调查法是利用团体功能进行的一种调查方法。该方法一般选择调查对象6~8人，由接见人（也称会议主持人）把调查对象召集在一起，同时进行集体的调查。通过集体讨论使参加者们进行活跃的交流，大家一起互相商量、研究，进而确定哪种意见适合。使用集体调查法，要尽量使用大众化的对话方式，不能用命令式的。要使用自由对话形式进行调查，让参加调查人员进行自由交谈，主持人不能诱导被调查回答。这样，就尽可能地保证调研的客观性。

在实施集体调查法的过程中，一般按如下几个步骤进行：

第一步，进行总体分析。这一步主要完成如下几项工作：首先，整理问题，确定课题。其次，收集有关课题的资料，并深入挖掘。再次，提出设想或假说。

第二步，制订调查计划。这一步主要完成如下几项工作：首先，确订调查项目。其次，选择、确定合适的参加调查的对象。

第三步，确定工作计划。这一步主要完成如下几项工作：首先，制订工作计划表。其次，召集参加调查人员。再次，制订调查项目计划表。最后，确定调查负责人、助手、记录人员。

第四步，实行集体调查。这一步主要完成如下几项工作：首先，将调查的过程用各种方法记录下来。其次，对于难度较大的问题，可以用其他调查方法辅助调查研究。

第五步，对调查结果进行综合分析。

第六步，以对调查结果的综合分析为基础写出报告。

(二) 中心小组调查法

运用中心小组调查法，可以从讨论中引出启示和假说。因为，有着相同问题的人们，彼此之间愿意交谈而没有顾虑。这个条件是中心小组调查法的基础。使用中心小组调查方法对于某个领域的问题进行调查，由适合回答这类问题的同类型的人员组成小组，在召集人的指导下，组织他们进行讨论。

运用中心小组调查法时，参加小组调查的人员应根据问题的性质而有所不同。参加人数8~12人较好，人少了则每人负担过多，人数过多，发言机会就少，也不好。

一次会议所需时间1.5~2小时。这样时间适中，调研者可以从讨论中得到想得到的情报。调查完成之后，也便于整理报告。如果需要调研的题目太大，调研者可以将题目分解成几个问题，保证调查工作顺利进行。

运用中心小组调查法时，召集人的作用是很重要的，一般对于熟悉心理学理论的人比较合适，有时也可以聘请专门的心理学者来当召集人。中心小组调查法对其他调查者要求也很高。为了在调研活动中造成一种统一的、有刺激性的气氛，调查者需要引导被调查积极参与讨论，形成两者的互动。调查者在调查过程中，应当深刻理解调查的目标和性质，深刻理解问题的实质，注意倾听每一个被调查者的叙述，并且注意力高度集中，认真分析，获得有效的信息。对那种一瞬间闪现出来的启示，应当立即抓紧追踪。这些都需要调查者有相当高的技术和训练水平。

第四节 “行走课堂”实践活动中的定量调研方法

在“行走课堂”实践活动中，定量数据的分析是很有说服力的。因此，掌握定量研究方法十分重要。在以获得定量数据的调研过程中，抽样方法、问卷设计原则以及数据的整理是必须掌握的定量研究基本方法。本节将主要介绍抽样方法、问卷设计等方法，帮助大家了解社会调研的定量方法的定义和类型，了解抽样的原则并学习正确的抽样方法，了解和熟悉问卷设计的基本结构内容。

一、抽样方法

在开展社会实践过程中经常需要实施定量的调查，例如我们要调查某一年一号文件的某项惠农政策实施后农民增收的情况，可以通过抽样调查的方法对于整体情况进行了解，发现其中普遍存在的问题，并结合定性的方法深入分析。

定量研究与前文提到的质的研究重视的都是研究的客观性、科学性与数据分析的正确性。因此，掌握正确的定量资料收集方法，选用正确合适的统计方法，站在客观的立场分析数据，使获得数据成为有用的信息，从而验证开展社会实践之初做出的假设，归纳整理出结论。定量研究方法是社会实践过程中一个必不可少并且十分有效的手段。

使用观察、测验、量表、问卷等方法可以获得社会实践工作所需的数据资料，这些数据可以作为假设检验的基础，因此，为了获得有效的资料，选用合适的统计方法开展工作，为支持或否定原假设提供证据资料，显得十分重要。

定量研究方法主要用于数据的取得、计算机统计应用的分析。量的研究历程通常包括：选择与定义、执行研究的程序、数据分析和结果分析、结论四个步骤。

（一）抽样调查的基本概念

抽样调查是从总体中抽取一定数量的样本来推断总体情况的一种调查研究方法，它是按照科学的原理和计算，从若干单位组成的事物总体中，抽取部分样本单位来进行调查、观察，用所得到的调查标志的数据代表总体，推断总体的情况。

在统计学专业抽样的相关内容甚至可以作为一门课程开设。为了掌握定量调研方法，做好社会实践，就需要首先掌握抽样调查的几个重要概念：

（1）总体，也称一般总体，指社会实践项目等工作中确定的研究对象的全体。

（2）个体，也称个案，指组成总体的每个元素。

（3）样本，也称抽样总体、样本总体，从总体中抽取的若干个案所组成的群体。样本容量通常用符号 n 表示。

（4）样本统计值，在实际研究中直接从样本中计算得到的各种量数。

（5）总体参数值，从已知统计推论得到的各种量数，称为总体参数值。

（6）统计推论，统计推论就是用样本的统计值推论总体的参数值的统计方法。

在大多数情况下，抽样调查具有随机性，以及推断总体、估算误差以提高准确度等特点。

（二）选择抽样调查的方法

要正确使用抽样调查方法，在进行抽样方案的设计时，首先应该按照正确的抽样调查的步骤执行。在“行走课堂”实践活动中，应当做好如下几步工作：

第一步，准确界定调查总体。界定调查总体就是要清楚地确定社会实践项目针对对象的范围，为满足社会实践目的的需要，调查总体可以从以下几个方面进行表述：地域特征、年龄性别等人口统计学特征、群体特征等，如2013年北京市大学生“村官”创业情况及态度评估。

第二步，选择资料获取方式，资料收集方式对抽样过程有重要影响。例如，采用入户面访、电话调查、街上拦截还是网上调查、邮寄调查等对抽样结果都会有不同的影响。在社会实践活动中，一般从操作相对方便角度考虑，往往采取面访填写问卷的形式。

第三步，选择抽样框。抽样框也称抽样范畴，是抽取样本的所有单位的名单。例如，要调查北京市大学生“村官”创业情况，抽样框就是某一年北京市全体大学生“村官”的名单。同时，抽样框的数目是与抽样单位的层次相对应的。如区县、乡镇等，这样抽样框也应有三个，全北京市的大学生“村官”名单、学校样本中所有区县的大学生“村官”名单、区县中各乡镇的大学生“村官”名单。

准确的抽样框必须符合完整性与不重复性两个条件；在实际抽样操作中，实现这两个条件是很不容易的。比如要抽取北京的居民户作为样本，就可能出现一户有多处住宅情况，或者由于居住条件有限，好几户居民居住在一个门牌号码的情况，这就出现重复或者遗漏的情况。因此，选择一个适当的抽样框是不可忽视的问题。

第四步，确定抽样方法和抽取样本。选择抽样框后，接下来就可以确定抽样方法，并决定样本大小。

第五步，评估样本正误。在从总体中抽出样本后，不要急于做全面的调查，可以初步检查一下这个样本对总体的代表性如何，资料有无代表性，需要按确定的标准加以评估。这项工作在需要学校支持的（经费支持、重点团队确立等方面）情况下，最好在申请提交前完成评估样本正误。

（三）抽样方法的种类

抽样方法主要分概率抽样和非概率抽样两大类，也就是专业人士通常所说的随机抽样与非随机抽样。所谓概率抽样就是按照随机原则选取样本，完全不带调查者的主观意识，使总体中所有个案都具有相同的被抽入样本的概率。而与之相对应的非概率抽样则是依据研究要求，主观地、有意识地在研究对象的总体中进行选择抽样。

非概率抽样主要包括判断抽样、巧合抽样等方法。非随机抽样方便易行，为争取时效或达到特殊目的实施的问卷调查中经常使用。但是，这类方法受主观和巧合因素影响比较大，比如通过社会实践实施判断确定样本。而社会实践的主体学生经验相对不足，如果判断不准，误差就会很大；再如巧合抽样中常采取的“街头拦人法”，在中关村街头（中国科学院的众多院所和清华、北大等高校均在该地区）拦下的行人可能是两院院士，也可能是一名普通的退休工人，还可能是一名外来农民工。有时，由于在一些社会实践项目中考虑到资金或时间的客观制约因素，无法实施概率抽样时，可以使用非随机抽样的方法进行调查，但很可能无法保证样本代表性，不能用来推论总体。因此，在整理总结结论时需予以解释分析，得出恰当的结果。因此，为了使社会实践活动做得更好，笔者认为最好采取概率抽样（随机抽样）方法。一般地说，概率抽样包括如下几种方法。

1. 简单抽样

简单抽样，也称纯随机抽样、简单任意抽样法。该方法是从调查总体中完全按照随机的原则抽取调查样本，即先将总体中的每一个个体都编上号码，然后抽出需要的样本。简单抽样经常使用的是统计上的“随机数”表。简单抽样的不足之处是这种选择方式可能导致抽出的样本不一定具备代表性。比如前述开展北京市大学生“村官”创业情况调查，如果简单抽样就可能导致抽出的样本男女比例失调等情况出现。

2. 等距抽样

等距抽样又称机械抽样、系统任意抽样法。这种方法就是根据构成总体中个案出现的顺序，排列起来，每隔 K 个单位抽取一个单位作为样本。

K 值指每隔多少个抽一个，计算公式是：

$$K = N(\text{总体个案数})/n(\text{样本个案数})$$

相对于简单抽样方法，等距抽样易于实施，工作量小；而且样本在总体中分布更为均匀，抽样误差小于简单抽样。它的不足之处是容易出现周期性偏差。为了防止这种情况，社会实践者可以取一定数量的样本后，打乱原来的顺序，重新建立顺序，以纠正周期性偏差。

3. 分层抽样

分层抽样，也称类型抽样、分类抽样或分层定比任意抽样。分层抽样是将总体各单位先按照主要标志分组，然后在各组中采用简单或机械抽样方式，确定所要抽取的单位。分层抽样实质上是科学分组和抽样原理的结合。比如在抽取北京市大学生“村官”创业情况调查的样本内，根据原来所学专业类别（农科、非农科）以及大学生“村官”的工作时间作为分组抽样的依据。

确定抽样的数目时，一般可以采用如下两种方法：

（1）定比：就是对各个分层一律使用同一个抽样比例。抽样比例f的计算公式为：

$$f = n(\text{样本个案数})/N(\text{总体个案数})$$

（2）异比：如出现其中某一层可供抽样的对象特别少，按同一比例抽样所获得的个案数量太少，就会影响这一层抽样个案的分析；要解决这个问题，就可以在这一层采用比其他层较大的取样比例，这叫作异比分层抽样。

在社会实践调查抽样时，实施上，可以首先将总体分成几个不同的小群体，各层间尽可能异质、各层内尽可能同质，然后从每层中利用随机抽样方式，依一定比例各抽取若干样本数。

分层随机抽样的步骤如下：

（1）确认与界定研究的总体；

（2）决定所需样本的大小；

（3）确认变量与各子群，以确保抽样的代表性；

（4）依据实际研究情形，把总体的所有成分划分成数个阶层；

（5）使用随机方式从每个子群中按照一定的比例人数或相等人数抽取样本。

在社会实践活动涉及的抽样调查中，我们就可以采取上述步骤。总体是北京市某街道所有青年居民 2 万人，样本大小是 1000 人，根据男女的比例，比如是 5.5∶4.5，就从男士中抽取 550 人，从女士中抽取 450 人，分别抽取。

4. 整群抽样

整群抽样，也称聚类抽样、集团抽样。是以一个群组或一个团体为抽取单位，而不是以个人为抽样单位。使用整群抽样法的特点是，抽取的样本点是一个群组，总体内的群组间的特征比较相近、同质性高，而群组内彼此成员的差异较大。比如要调查北京市一个郊区（县）大学生“村官”创业情况，可以抽取其中一个或几个乡镇进行调查。

整群抽样的步骤为：

（1）确认与界定总体；

（2）决定研究所需的样本大小；

（3）确认与定义合理的组群；

（4）列出总体所包括的所有组群；

（5）估计每个组群中平均总体成员的个体数；

（6）以抽取的样本总数除以组群平均个体数，以决定要选取的组群数目；

（7）以随机抽样方式，选取所需的组群数；

（8）每个被选取的组群中的所有成员即成为研究样本。

5. 多段抽样

多段抽样是一种较复杂的抽样方法，即从集体抽样到个体抽样，分成若干阶段逐步地进行。在各段之间则可采用简单的或分层的抽样法，在大规模调查时常用，不足之处是经过多段抽样，可能导致误差较大。

除了以上几种基本的抽样方法，抽样方法还有很多。根据“行走课堂”实践活动的特点，以下两种方法也可以采用：

一是推荐抽样，也称“雪球抽样”，要求回答者提供附加回答者的名单，起初汇编一个比总样本要小得多的名单，随着回答者提供额外的回答者，意味着样本如雪球一样越滚越大。如果参与社会实践的学生不知道调研对象总人数是多少，可用此方法预测总人数，然后进行概率抽样。

二是空间抽样，可以在特定的空间抽取样本，例如调查一个大型活动参与的群众情况，可以在现场直接进行快速空间抽样，把参与社会实践调研的学生分散开，按照一定的规律和数字间隔进行采访。

（四）确定样本大小

样本大小又称样本容量，指的是样本所含个体数量的多少。样本的大小不仅影响到其自身的代表性，而且还直接影响到调查的费用和人力的投入。确定样本的大小，需要重点考虑的因素有：精确度要求、总体的性质、抽样方法、客观制约（人力、财力的因素）。

首先，参与社会实践调研的学生必须了解的是样本的大小与总体的关系不是成直接正比的关系。因此，在社会实践时选择样本大小，可以从这几个方面来考虑样本的数目：

（1）在低年级阶段可以借鉴前人相似的研究，查阅资料，参考别人的样本数，作为参考。

（2）根据资料分析的要求，样本的数目首先要够作资料分析。

（3）根据统计的要求，样本的大小与抽样误差成反比，与研究代价成正比，这就需要依据“代价小、代表性高”的基本原则开展工作。对同质性强的总体，其差异不大，选择样本可以小一点。而异质性高的总体，则要选择大一些的样本。估计样本的大小可以用一个简单的公式：

$$n = k\delta/e$$

式中，e是抽样误差，即总体的参数值与样本的统计值之间的差异；δ是总体标准差，反映了总体变量值分散的程度；k是可信度系数，表示样本对总体的代表性程度。

例如，可信度为95%，可信度系数$k=1.96$，我们在决定样本大小的时候，要考虑到k、δ、e三个因素。

开展社会实践工作抽取样本时，应根据具体情况具体分析，选择适当的抽样方法，选取有代表性的小样本。

二、问卷设计

问卷就是为了完成社会实践调查工作而设计的问题或问题表格。问卷是为了达到调研项目目的和收集必要数据而设计的一系列问题。如何设计一份合格有效的问卷是社会实践活动必须要面对的重要问题。

（一）问卷的类型

问卷的类型很多，具体的类型如下。

1. 按问卷答案划分

问卷可分为结构式、开放式、半结构式三种基本类型。

（1）结构式：通常也称为封闭式或闭口式。即选择题式的打钩或者画圈。此类问卷的优点是问题明了，被访者易答且答案标准化，便于统计分析，不足之处在于答案给定不能反映出回答者的真实想法，因为产生歧义胡乱画钩的可能性较大。

（2）开放式：通常也称为开口式。采用问答形式，不设置固定的答案。此类问卷的优点在于，可以充分反映答卷者的想法，尽可能收集更多的答案，特别是用于答案过多且不确定的问题，如您目前最希望社区能提供哪些服务。不足之处在于答案没有统一的标准，不利于统计分析，且要求答卷者具有较高的文化水平和表达能力，回答拒绝率较高等。

（3）半结构式：介于以上两者之间，问题的答案既有固定的、标准的，也有让答卷者自由发挥的，吸取了两者的长处。这类问卷在社会实践调查中应用比较广泛。

2. 按调查方式划分

按调查方式划分，问卷可分为访问问卷和自填问卷。

（1）访问问卷：是由参加社会实践的学生进行访问，由学生填答的问卷。此类问卷的特点是回收率高，填答的结果也最可靠，可是耗费的时间长，人力物力成本比较高，这种问卷的回收率一般都要求在90%以上。

（2）自填问卷：是由被访者自己填答的问卷。自填式问卷还可以分为发送问卷和邮寄问卷两类。邮寄问卷是由调查者直接邮寄给被访者，被访者自己填答后再邮寄回调查单位的调查形式。此类问卷的回收率低，调查过程不能进行控制，并且容易出现偏差，影响对总体的判断，一般来讲，邮寄问卷的回收率在50%左右即可。发送问卷是由参加社会实践学生直接将问卷送到被访问者手中，并由调查员直接回收的调查形式，回收率一般在67%以上。

3. 按问卷用途划分

按问卷用途划分，可以分为甄别问卷、调查问卷和回访问卷（复核问卷）。

（1）甄别问卷：是为了保证被访者确实是研究调查的目标群体，在调查中是为了保证调查的被访者确实是调查目标人群而设计的一组问题。在一般的问卷调查中，甄别的问题一般包括对年龄的甄别、性别的甄别等为特定研究目的设定的问题。

（2）调查问卷：即问卷调查的主题、问卷的分析基础。

（3）回访问卷：即复核问卷，为了核实调查者是否按照要求回答及调查问卷是否为有效的问卷。通常由甄别问题及调查问卷中的关键问题组成。

由于社会实践时间较短，且没有商业目的，甄别、回访调查使用的比较少。

以上是问卷的基本形式，在实际操作过程中，学生可以根据调查的需要，选择设计所需要的问卷形式。

（二）问卷结构内容

问卷表的一般结构有标题、说明、主体、编码号、致谢语和实施记录等6项。

1. 标题

每份问卷都有一个主题，设计“行走课堂”实践活动问卷时应开宗明义，反映具体的调研主题，使人一目了然，让受访者知道要调查什么，增强填答者的兴趣和责任感。

2. 说明

问卷前面应有一个说明。这个说明既可以是一封告调查对象的信，也可以是导语，说明这个调查的目的意义、填答问卷的要求和注意事项，下面同时署上调查单位名称和年月。问卷的说明是十分必要的，这不仅可以增强可信度也是尊重被访者的表现。

3. 主体

这是问卷的核心部分。问题和答案是问卷的主体。从形式上看，问题可分为开放式和封闭式两种。从内容上看，可包括事实性问题、断定性问题、假设性问题和敏感性问题等。

（1）事实性问题。被访者的背景资料，如姓名、性别、出生年月、文化程度、职业、工龄、民族、宗教信仰、家庭成员、收入情况等。

（2）断定性问题。假定某个调查对象在某个问题上确有其行为或态度，继续就其另一些行为或态度作进一步的了解，又称转折性问题。

（3）假设性问题。假定某种情况已经发生，了解调查对象将采取什么行为或什么态度。

（4）敏感性问题。指涉及个人隐私、社会地位、政治声誉，或不为一般社会道德和法纪所允许的行为等。

4. 编码号

在问卷上统一为每个答案依次填上编号。如果一个问题有一个答案就占用一个编码号，如果一个问题有三种答案，则需要占用三个编码号。编码也可以不出现在每份问卷上，在需要统计分析时再进行编写。设计编码号主要是为了在使用统计软件统计时录入方便而做的工作。编码问题将在下一章中集中讲解。

5. 致谢语

为了表示对调查对象真诚合作的谢意，研究者应当在问卷的末端写上“感谢您的真诚合作！”等谢词。如果在说明中已经有了表示感谢的话，末尾可以写，也可以不写。

6. 实施记录

实施记录主要是用来记录调查的完成情况和需要复查、校订的问题。格式要求比较灵活，一般调查者与校查者在上面签写姓名和日期。

以上问卷的基本项目，是要求比较完整的问卷所应有的结构内容。在“行走课堂”实践活动中使用的问卷一般都可以简单些。

（三）问卷设计的程序步骤

为使问卷具有科学性、规范性和可行性，问卷设计的步骤可以按照下列程序进行。

（1）确定调研的目的、调查的范围、内容等相关背景信息资料。在正式设计问卷前，明确要问哪些问题，可能获得哪些结论，这对整个问卷的质量以及下面步骤的实施有一个引领的作用。

（2）确定数据收集方法，选择哪一种数据的收集方法，采用何种调查形式，对问卷的设计都有影响。比如自我回答的访问就要求问卷设计清晰明了且简短，因为参与调研的学生不在场，没有解释澄清问题的机会。电话调查则要求描述语言清晰丰富以使回答者理解，而在个人访谈中就可以借助图片等方法完成调查。

（3）确定问题的回答形式。问题的回答形式可以有开放式问题、封闭式问题、量表回答式问题。封闭式问题中有单选问题和复选问题（多项选择）。

（4）决定问题的用词，必须考虑到以下几点：用词必须清楚；避免诱导性用语；考虑回答者回答问题的能力；考虑到回答者回答问题的意愿。

（5）确定问卷的流程和编排。问卷的编排需有逻辑性。

（6）评价问卷和编排。设计完问卷的草稿，应当首先自行评估，学生也可以请比较有经验的指导老师进行评估，以修改编排问卷等。

（7）预先测试和修订。在正式调查之前，需要预先抽取少量被访对象进行预测，以判断问卷的有效性及需要改正的地方。

（8）评价和预测。主要是通过对问卷进行评价和预测，发现潜在问题；保障调查的顺利实施。

（9）准备问卷，进入实施阶段。

（四）问卷设计原则

问卷设计原则包括以下方面。

（1）设计内容必须与研究目的相符合。

（2）考虑按不同的变量层次来设计问题。

（3）问题要清晰，语言要易懂。由于调查问卷的目的是尽可能地获取被访者的信息，因此无论哪种问卷，问题的措辞与语言十分重要。语言措辞要求简洁、易懂、不会产生误解，在语言、情绪、理解几个方面都有要求。

1）多用普通用语、语法，对专门术语必须加以解释；

2）要避免一句话中使用两个以上的同类概念或双重否定语；

3）要防止诱导性、暗示性问题，以免影响回卷者的思考；

4）问及敏感性问题要讲究技巧；

5）语言要浅显易懂，要考虑到回卷者的知识水准及文化程度，不要超过回卷者的领悟能力；

6）可以使用方言，如果被访对象在方言区访问时更应如此。

（4）讲究问卷的格式，注意问题间的转接。有些问题只适用于一部分对象，必须先提出识别性问题，符合了条件再问下一类问题。

（5）要注意问题的排列顺序。

1）应把简单的事实性问题放在前面，而把表示意见态度的问题放在稍后。

2）对于敏感性问题或开放性问题，应放在问卷较后面位置，但不必全放在最后。

3）遵照逻辑发生次序安排问题的先后，时间上先发生的问题先问，不同主题的问题分开，同性质的问题按逻辑次序排列。

4）为了加强答案的可靠性，可以从正反两个方面或问卷的前后不同位置来了解同一件事情。

5）长问题与短问题混合使用，也可依照范围的大小，按从小到大的次序排列，层层缩小。

总之，问题次序可以依照题目、逻辑的先后、重要性如何、范围的大小来排列。

此外，在填表时需注意：对拒答、不答的问题，以最高编码编写，如资料是一格的填"9"，是二格为"99"，以此类推。不应该回答的无此项资料可填"0"。

（五）评价问卷的标准

如何评价问卷并根据测试结果修改问卷呢？良好问卷的评价标准是什么呢？中国台湾学者林振春先生就良好问卷提出了10点评价标准。[1]

（1）问卷中所有的题目和研究目的相符合。

（2）问卷能显示出和一个重要主题有关，使填答者认为重要，且愿意花时间去填答，也即具有表面效度。

（3）问卷仅在收集由其他方法所无法得到的资料，如调查社区的年龄结构，应直接向户政机关取得，以问卷访问社区居民是无法得到的。

（4）问卷尽可能简短，其长度只要足以获得重要资料即可，问卷太长会影响填答，最好30分钟以内答完。

（5）问卷的题目要依照心理的次序安排，由一般性至特殊性，以引导填答者组织其思想，让所填答案具有逻辑性。

（6）问卷题目的设计要符合编题原则，以免获得不正确的回答。

（7）问卷所收集的资料，要易于列表和解释。

（8）问卷的指导语或填答说明要清楚，使填答者不致有错误的反应。

（9）问卷的编排格式要清楚，翻页要顺手，指示符号要明确，不致有瞻前顾后之麻烦。

（10）印刷纸张不能太薄，字体不能太小，间隔不能太小，装订不能随便。

（六）问卷调查主要类型

常用的问卷调查方法有访问、邮寄、发放等，采用哪种方法进行调查，我们也需要考虑其利弊。

1. 访问

由参与社会实践的学生根据被调查者的口头回答来填写问卷的方式。采

[1] 林政春．社会调查［M］．中国台北：中国台湾五南图书出版公司，1993.

用访问的问卷方法，尤其是入户访问，具有资料较真实、可信度高、完整性高、回卷率高、问题可以追问弹性大等优点，但是也有访问时间长、成本高、代价高、受访者与访问者产生偏见或敷衍回答等不足之处。

在此类访问实施过程中，我们需要注意：

（1）在抽样方法的选择上要进行充分的考虑，因为实施的代价比较大，尽量使样本具有代表性。

（2）问卷不宜太长，入户访问估计时间尽量在30分钟以内，印刷时双面印刷要比单面印刷效果好些，这样受访者会觉得好像短一些，不会耗费他很多时间。

（3）访问选择的时间应当在双休日或节假日为佳，在社会实践的研究项目中，访问员可以是自己，也可以在学校招募同学，告知被访者自己的学生身份，说清社会实践的目的，必要时出示学生证件，使被访者容易接受，减少拒访率。

（4）明确访问目的，严格控制访问时间，并且根据观察被访者分辨哪些是马马虎虎敷衍的答案，哪些是被访者真实的想法。为了避免影响被访者的意见，尽量完整地取得被访者的真实想法。

（5）注意访员的自身安全。

2. 邮寄

邮寄与访问调查比较的优点是省钱，回卷者可以在他方便的时候回答问卷，匿名性大。但邮寄也有不足之处，主要是回复率低、缺乏弹性，无法追问你不清楚的问题。邮寄问卷需注意：

（1）邮寄的主人会直接影响回复率，在开展社会实践时可以通过与政府部门、报刊等合作，并以联合的名义进行社会调查。

（2）应将回邮的地址、信封、邮票都寄给受访者；在信封的封面上采取尊敬的礼貌的称呼，在信的最后要加上请你必须在哪一天以前寄回来手书，可以增加回卷率。

（3）诚恳地说明研究的目的，请求对方合作，如果资金条件允许，可以采取邮寄奖品的形式，如纪念卡、明信片等提高回卷率。

3. 发放

依靠组织系统发放问卷的方法。发放方式即由各级负责人讲明调查目的、要求，交代方法和步骤，在与单位沟通协商后，单位一般能够积极配合，这样的答卷效果好。但也可能遇到个别不配合的单位，这样就会导致发放效果不佳，影响调查效果。

第五节 “行走课堂”实践活动所需的安全知识

在开展“行走课堂”实践活动时，安全策略同样十分重要。下面将具体介绍“行走课堂”实践活动所需的安全知识。

一、“行走课堂”实践活动安全总体对策

要确立“行走课堂”实践活动中的安全总体对策，就需要了解“行走课堂”实践活动中的安全隐患。“行走课堂”实践活动中典型的影响安全因素包括如下几种：

第一，交通安全隐患。主要指参加“行走课堂”实践活动的学生在马路上行走随意穿行，不走人行横道，闯红灯；乘坐不具有营运资格的“黑车”；骑自行车、电力车或助力车时，车速过快，不注意避让过往行人、车辆等问题。

第二，疾病、卫生安全隐患。主要指参加“行走课堂”实践活动的学生初到陌生环境，水土不服，患上感冒等日常疾病；由于高温、高湿、蚊虫叮咬等原因引起皮肤病；作息时间不合理，过度劳累，身体虚脱；在不具备卫生许可条件或条件较差的场所用餐；食用过期变质的食品、饮用生水，食用和饮用野外采集的食物和水源，发生肠道传染病；暴饮暴食，引起肠胃不适等问题。

第三，交往安全隐患。主要指参加“行走课堂”实践活动的大学生不了解或不尊重当地的风俗与礼仪；随便与陌生人打交道；与他人产生误解，引起矛盾甚至冲突；因参与酗酒、赌博等行为与他人发生纠纷；围观打架斗殴行为，和他人发生冲突；卷入各种群体性事件，被人利用和胁迫等问题。

第四，环境安全隐患。包括由于通信不畅造成的安全隐患；由于不熟悉当地灾害环境导致的隐患；私自下河游泳造成溺水身亡；被狗等动物咬伤；参与大型社会活动时，人群发生拥挤、踩踏并可能由此产生伤害；活动中发生火灾等突发事件等问题。

要解决上述隐患需要采取如下保障措施，确保“行走课堂”实践活动顺

利开展。

第一，做好安全思想和信息准备。一方面，要牢固树立“安全第一、预防为主、综合治理”的思想，贯彻“预防为主”的方针，加强自身修养，把安全摆在工作和学习的首位。另一方面，要做好调研工作，避免隐患，防止上当受骗。

第二，遵纪守法，预防交通事故。学生在“行走课堂”实践活动开始前要加强交通法则的学习，树立交通安全观念。乘坐交通工具，要注意上下车（船）、飞机的安全和遵守城市交通规则；行走和骑自行车要自觉遵守交通规则，严禁酒后或无证驾驶机动车。若发生交通安全事故，要依靠当地交通安全管理部门，依照交通安全法律、法规进行妥善处理。

第三，提高治安、消防意识。注意保管好自己的财物，贵重背包做到包不离身；队员之间互相熟悉携带的行李，互相照看；外出行走时注意防范飞车抢夺、抢劫等行为，尽量不佩戴首饰；实践活动后应及时返回驻地，夜间宿舍寝室门要及时上锁；尽量避免夜间外出或夜不归宿，如遇例外情况，应向团队的同伴告知外出理由、前往地点、返回时间并确保联络畅通。在实践活动中严禁吸毒赌博、打架斗殴等行为，要互帮互助，自尊自爱，自觉维护学校声誉；不看不健康的书刊、音像；尽量不接触陌生人，如有外出活动需接触的，应结伴或请接待单位安排人员随行，防范不良后果。加强安全用火、用电的安全意识，掌握基本的安全消防知识，做到“三知”：知火灾的危险性，知防火防爆知识，知灭火知识；“四会”，即会报警，会使用消防器材，会扑灭初期火灾，会逃生自救。

第四，预防疾病，防止食物中毒。尽量避免在高温、高湿、高热等环境下开展活动，如无法避免，应做好防护措施，备足饮水，备好防暑、防热、防蚊、防虫药品，努力减少中暑、蚊虫叮咬等引起的疾病和其他不利情况的发生。合理安排作息时间，保证睡眠；避免高强度活动，如无法避免，应保证活动后充分休息。注意饮食卫生，选择新鲜、安全的食品，增强食品安全防范意识；不要到无证照的饭馆和小摊就餐；不购买“三无”食品；不食用过期的食品与饮料；少吃生冷食品，少饮用生水。要自带一些常备药物，出现一般常见病可对症下药，严重时立即到医院就诊。

第五，注意交往的技巧。学生要遵守“行走课堂”实践活动所在地的风俗习惯，避免因违背风俗习惯而导致的冲突；注意文明礼仪，自我保护；要学会与人交往，谈话态度要好，要谦逊谨慎，问路问事要有称谓；一般不要和陌生人说话，特别是和一些“十分热情”的陌生人交谈或结伴而行；遇到不顺心的事情，受到不公道的礼遇，要忍耐，要善解人意，学会换位思考。

第六，保障联络、通信顺畅。参加“行走课堂”实践活动前，学生应征得家长同意，告知家长实践地点、实践内容、实践时间、带队教师的联系方式等信息，以便随时联系；实践的学生应带好手机、充电器等设备，确保手机话费充足，要确保手机、QQ 等联系方式的畅通；实践期间如更换手机号码或改变活动方案，要及时告知相关人员；保存好带队教师和队员的手机号码，确保联络顺畅；了解实践地点接待单位的联系方式、地理方位；熟悉掌握 110、120、119 等紧急电话的使用方法。

开展实践活动期间遇到突发事件时，要保持沉着冷静，保护好自身安全，及时与有关救援部门联系，并在第一时间向相关人员和学校汇报。同时，需要熟悉如下紧急处理技巧：

第一，冷静处理意外和突发事件。发生交通意外，立即拨打 110，并做好现场的保护工作。随后将交通事故告知老师和学校，并配合当地交管部门处理事故。发生食物中毒事件，或队员发生重大疾病，或因意外严重受伤，立即拨打 120，及时到当地医院就诊。如遇队员溺水，不习水性的人不应入水施救，应大声呼救，立即寻求帮助。

第二，理性面对自然灾害。遇到暴雨、洪水、泥石流、山体滑坡等自然灾害，要保持镇定，快速转移到较为安全的地带，必要时报警，并服从当地有关部门的指挥。如有人不幸遭遇雷击，应马上进行抢救，若伤者虽失去意识，但仍有呼吸或心跳，则自行恢复的可能性很大，应让伤者舒适平卧，安静休息后，再送医院治疗。若伤者已停止呼吸或心脏跳动，应迅速对其进行口对口人工呼吸和心脏按压，在送往医院的途中要继续进行心肺复苏的急救。

第三，稳妥处理“失联”事件。若与外出人员失去联系，必要时可拨打 110，寻求当地警方帮助。

第四，机智化解冲突。若与他人发生冲突，必须保持冷静、忍让、克制，如与社会人员发生争吵甚至斗殴，现场同学应及时制止，防止事态恶化；如不听劝阻，应迅速联系公安部门共同处理。

二、保障“行走课堂”实践活动安全典型注意事项

在“行走课堂”实践活动中除了前文提到的安全策略外还要注意如下问题。

（一）远离暴力事件

青年人血气方刚，心理和思想尚未完全成熟，往往可能在社会交往中由于性格不合、利益冲突、见解不一、言语冲突、情感冲突等原因，引发各种各样的矛盾和纠纷；在处理矛盾和纠纷时，可能会出现不理智行为，无视他人危险，导致打架斗殴现象，对他人造成人身安全伤害。

青年人的打架斗殴现象往往呈现如下特点：

首先，引发事件的导火索可能是一些小事，事件起因简单。在人的社会生活中，难免会发生一些纠纷和矛盾。有时，男同学在球场上的一个小摩擦，就可能演变成一场打架斗殴事件。

其次，引发冲突的事件往往十分突然，无规律可循。学生寝室、教室活动空间不大，又使突发事件发生的概率加大。

再次，青年人对解决冲突的方法有错误的认识。青年人由于涉世未深，容易感情用事，很多的时候经不住现场气氛的煽动，或禁不住其他人的鼓动做出错误的举动，导致严重的后果。在一些年轻人的观念中对待矛盾纠纷的一个错误认识就是用暴力解决问题。

最后，冲突事件可能造成严重的后果，通常包括如下几方面：第一，打架斗殴可能对参与者造成身体上的伤害，轻则受皮肉之苦，重则危及生命；第二，打架斗殴可能影响参与者的前途，在校生轻者容易受到校规的处分，被记录到档案中影响到未来就业，重者可能触犯国家法律，直接断送学业。

青年人打架危害严重，主要表现为如下几方面：

首先，严重损害青年学生的美好形象。青年学生首先应该成为社会文明礼貌的楷模。如果因为发生纠纷就诉诸暴力，互相斗殴，不仅损害个人人格和尊严，而且容易影响和损害整个学生群体的美好形象。

其次，打架容易破坏社会稳定，影响安定团结。大学是社会的组成部分，高校的稳定与整个社会的稳定密切相关。校园治安秩序的好坏，直接影响到社会的秩序。如果大学校园经常出现打架斗殴事件，造成人身伤害，势

必影响校园稳定、危及师生生命财产安全，绵延到校外影响更坏。这样，不仅会破坏校园治安秩序，影响同学之间的团结，还会损害学校形象，影响社会安定的局面，严重的还会造成涉外影响，损害学校和国家在国际上的形象和声誉。

最后，严重的打架事件还会变成治安、刑事案件，后果难以估计。

要防范打架事件需要注意以下几点：

首先，要对解决问题的方法有正确认识，不用暴力，尽量采取和谈协商的办法化解矛盾。

其次，遇到事情要宽容大度，不莽撞。不管纠纷因何而起，都要持冷静态度，防止情绪冲动。努力让自己具备容忍的气度，虚怀若谷；对于可能发生摩擦的小事，要宽容，妥善处理。牢记“忍一时风平浪静，退一步海阔天空”，大家努力相互忍让，很多纠纷就可能不会发生。

再次，以德服人。在与他人相处时，诚实、谦虚是加强团结、增进友谊的基础，也是消除纠纷的灵丹妙药。教育家徐特立说过：“任何人都应该有自尊心、自信心、独立性，不然就是奴才，但自尊不是轻人，自信不是自满，独立不是孤立。”培根说过：“经得起各种诱惑和烦恼的考验，才算达到了最完美的心灵健康。”高尔基也说：“每一次的克制自己，就意味着比以前更加强大。”具备诚实、谦虚的品质，在发生纠纷的时候，就比较容易认真听取他人意见，进行认真的自我批评，宽容他人的过失，处理好相互间的争执。

最后，确保语言文明，避免冲突。很多发生在年轻人中的纠纷是由口角引起的，避免口角就要从语言文明开始。和气、文雅、谦逊的语言十分重要，说话态度和蔼，语气温和，使人感到温暖亲切；交谈中应对得体，充分尊重对方，不自以为是，不狂妄自大，态度诚恳，语言朴实，虚心谦恭，不强词夺理，不盛气凌人，不浮夸粉饰，不哗众取宠就可能把冲突消解在萌芽。

如果遇到他人打架，最好做到如下几点：

首先，遇到不熟悉的人打架，不围观，不起哄，不介入任何一方。

其次，遇到熟悉的人，如亲友、同学与别人打架，应尽力劝解，但是要注意不可偏袒。

最后，当有关部门调查打架情况时，现场目击人要勇于出来提供线索和证据，以保护受害人的合法权益，使肇事者受到应有的惩处。

（二）防止诈骗敲诈

诈骗是危害公民财产安全的一种违法犯罪行为，是指以非法占有为目的，用虚构事实或者隐瞒真相的方法，骗取公私财物的行为。

根据2015年的统计数据，我国公民个人信息泄露数量已经达到40亿条左右。看数字如果没有感觉，我们回忆一下生活中面临的现象——刚取了通知书就有助学金诈骗电话；刚买了房就有无数装修公司的电话；刚买了车就有数不清的保险公司电话；刚办了张信用卡，就收到别的银行的开卡宣传……我们并不是因为一个骚扰短信、陌生电话就狂躁呐喊，恐慌不已，只是，生活在信息碎片夹缝中的我们，同时意识到一个无法逃避的问题：我们每天都处于“裸奔”状态，个人信息可能在任何环节被低价出售，这些“信息被出卖”的后果，我们必须自己承担。随着互联网的发展，侵犯个人隐私、窃取个人信息、诈骗网民钱财等违法犯罪行为不断出现，已经成为影响国家公共安全的突出问题。

比较典型诈骗手段主要有以下几种：

第一，投其所好，引诱上钩。一些诈骗分子往往利用被害人急于获得某些资源，投其所好、应其所急施展诡计而骗取财物。

第二，利用虚假合同实施诈骗。一些骗子利用青年人经验少、法律意识差、急于赚钱补贴生活的心理，常以公司名义、真实的身份让学生为其推销产品，事后却不兑现诺言和酬金而使学生上当受骗。由于没有完备的合同手续，追索酬金十分困难。

第三，借贷为名，骗钱为实。个别人常以“急于用钱”为借口向其他同学借钱，然后挥霍一空，要债的追紧了就再向其他同学借款补洞，拖到毕业一走了之。

第四，推销伪劣商品行骗。一些骗子推销各种伪劣商品行骗。还有的以推销为名寻机作案盗窃。

第五，以招聘勤工助学学生行骗。一些学生为了减轻家庭负担，参与勤工俭学活动。诈骗分子往往用招聘的名义，骗取介绍费、押金、报名费、培训费等。

警方曾经为了帮助识别诈骗，总结出“八个凡是”帮助防止诈骗的辅助手段，值得大家参考。

（1）凡是自称公检法要求汇款的；

（2）凡是叫你汇款到“安全账户”的；

（3）凡是通知中奖、领取补贴要你先交钱的；

（4）凡是通知“家属”出事要先汇款的；

（5）凡是在电话中索要个人和银行卡信息及短信验证码的；

（6）凡是让你开通网银接受检查的；

（7）凡是自称领导（老板）要求打款的；

（8）凡是陌生网站（链接）要登记银行卡信息的。

针对上面“八个凡是”的情况都要慎重对待，其中大多是诈骗伎俩。

同时，要提醒青年朋友注意的是，还要留心新的诈骗形式。例如，根据央行的新规，从 2016 年 12 月 1 日起，银行开始全面提供转账受理后 24 小时内可撤销和延迟到账服务。这一防范电信诈骗的新措施，在执行第一天就发挥了效果，多起电信诈骗被成功堵截。然而，也有民众反映，为新规“量身定制”的新型诈骗手法也随之而出，需要警惕。

敲诈勒索是指以非法占有为目的，对他人实行威胁，索取数额较大的公私财物的行为。其基本构成是：行为人以非法占有为目的对他人实行威胁，使被害人产生恐惧心理并基于恐惧心理被动做出交付财产的决定，导致行为人取得财产。

要有效地预防被敲诈勒索，应注意以下几点。

首先，不贪不义之财，不做违法乱纪之事，不授人以柄。做到行为端正，心底坦荡无私，这就在很大程度上消除了预谋性的敲诈勒索产生的条件。

其次，注意隐私保密。对于不相识的人，不可随意倾诉自己的真实情况，更不能留下自己的姓名、地址，随时注意保护自己的隐私，也不要去关心别人的隐私。

再次，面对要挟和恐吓时，要保持清醒和冷静，应严厉斥责，大胆反抗，同时向公安机关报案，切不可“私了”。因为“私了”只会使犯罪分子得寸进尺，不要相信犯罪分子还有什么信用可言。受害人越害怕暴露隐私，犯罪分子就越嚣张。另外，不用担心报警后会使个人隐私公之于众，对于隐私，公安机关是有义务和责任保密的。

最后，要积极配合公安保卫部门工作。报案后，要大胆、详尽地回答侦查人员的问题，不能因顾及面子而隐瞒情况。同时要与公安机关保持密切联系，及时对犯罪分子提出的新要求、出现的新情况向公安机关报告，切不可单独行事。只有这样，才能坚决地打击违法犯罪行为，更好地保护自身合法权益。

（三）交通与旅行安全注意事项

“行走课堂”实践活动走出校园甚至去另外一个城市的机会较多，因此，注重交通与旅行安全意义重大。在交通与旅行中应当注意乘车时财物安全、住宿安全以及常见病的防治。

1. 财物安全

在使用公共交通工具时需要注意的犯罪手段有如下几种：

第一，利用相似物盗窃。盗窃者往往事先物色好目标，在乘客的行李（旅行袋、提包、密码箱）旁边，放置一个相似的行李（里面装上一些极不值钱的东西），然后寻找机会或制造机会进行调包。如果当场被失主发现，犯罪分子则会很“客气”地向你赔礼道歉，佯装拿错而掩盖自己的罪行。

第二，利用车（船）到站（码头）上下旅客较多且拥挤时，或车船上发生纠纷吵闹、乘客与送行者话别时，进行盗窃。同时，有的盗窃者还会有意制造混乱，然后伺机行窃。这些都需要引起注意。在普客列车乘务员查验车票时，一男青年自称没有买票，钻到座位底下躲避检查，在场的旅客只觉好笑。后来才发现，一位旅客放在座位底下的旅行袋被割开，里面的钱及票证被盗走。

第三，与乘客拉关系，套近乎，设诱饵，骗取信任，趁便利之机或专门寻找便利的时机，随手拿走人家的东西，盗走财物。还有的设圈套、花言巧语、骗取钱财。

要保障财物安全需要做好如下工作：

首先，时刻提高警惕。“害人之心不可有，防人之心不可无”，时刻提高警惕是需要做的。同时，一旦发现有人违法犯罪或行窃，要勇敢机智地取得群众和乘务人员的支持，同犯罪分子做斗争。

其次，做好财务保障措施。尽量把物品集中放在可以经常照看得到的地方，使物品随时在你的视线内，不要乱堆放，或放得过于零散。要事先准备好零用钱，将暂时不用的钱及贵重物品清点整理好，放在身上或其他可靠的地方，如身上穿着的内衣口袋里。不要当众频繁地打开钱包，以免暴露给他人。

再次，在上下车船时提高警惕。上下车船时提前做好准备，把行李归拢在一起，清点一下。车（船）到站（码头）时，不要慌张，不用拥挤。

最后，发现问题及时举报。当已经知道谁是作案者或有可疑人员时，要及时大胆地向车（船）上公安人员或乘务员报告、检举，并争取其他旅客支持，从而制服违法犯罪分子。

2. 住宿安全

要保障住宿安全。首先要选择合适的住宿的旅馆。一般说要注意两方面：一方面，交通要方便。旅行者时间比较紧迫，往往一天里要逛好几个景点，所以交通问题要放在重要位置。另一方面，收费要经济。在同一住宿条件下，收费便宜的旅店往往交通不方便，需要努力找到其中的平衡，尽量选择合适的旅馆。

入住之后需要注意如下问题：

（1）随身带好身份证。

（2）贵重物品随身携带，离开房间时关好房门和窗户。

（3）住宿期间旅客如有贵重物品而又携带不便，可交到服务台办理保管手续（一般的星级宾馆都有这项服务）。

（4）不要躺在床上吸烟，防止因烟灰掉落在床上而引起火灾。

（5）不要携带易燃易爆品、放射性危险品进入酒店。

（6）不要从事嫖娼、吸毒、赌博等活动。

（7）一旦发生失窃，尽快通知服务台并报警。

3. 旅行途中易发生的疾病及简易预防治疗方法

旅途中易发的疾病有晕动病、急性胃炎、伤风感冒、中暑、痛经等。

第一，晕动病，也叫“运动病”。人在乘车、船、飞机时发生头晕、恶心、呕吐等现象，其中少数人可能发展到面色苍白、大量出冷汗，甚至虚脱不省人事。对此病应以积极预防为主，在乘车、船、飞机前30分钟口服防治晕动病的药物，也可以口含一片生姜或一块话梅；或在前额、太阳穴处涂点清凉油（或风油精）；或在肚脐上贴一张伤湿止痛膏；自己用手指按压对侧内关穴或第二掌骨侧的胃穴，也有一定的防治效果。

第二，急性胃炎。引起急性胃炎的原因较多，如吃了被细菌或其毒素污染了的食物，饮食过量和酗酒，使用对胃有刺激性的药物，方法不当等均可引起此病。旅途中预防急性胃炎主要是注意饮食卫生，少吃油腻、生冷和不易消化的食物，不要吃得过饱，多喝开水或茶水，同时要休息好，睡眠充足。一旦发病，要及时吃药治疗。

第三，感冒。感冒主要表现为鼻塞、打喷嚏、流清涕、咽部发痒，有的伴有畏冷、发热、食欲不振、头痛、咳嗽、胸闷及全身酸痛等。对此病的预防，要随气温变化及时增减衣服，防止受凉，经常吃些生姜、大蒜、食醋等。治疗中要注意休息好，多饮开水或茶水，忌冷饮冷食。

第四，中暑。遇上闷热潮湿的气候，人体散热困难，随着活动量增大，体内热量增加，就容易使体内热量贮积过多，当超过人体耐受限度时会发生中暑。表现为头痛、头昏、恶心、呕吐、耳鸣、眼花、心慌、气短、持续高热不退、无汗，严重者伴有昏迷抽风等症状。如有头昏、恶心等中暑征兆，应立即到通风阴凉处休息，服一支十滴水，口含人丹，或用清凉油、风油精涂太阳穴，一般能很快好转；较重者应平卧，用湿冷毛巾盖在头部，用冷开水或白酒擦身，同时用扇子扇风，促进皮肤降温，或给病人喝些盐凉开水、清凉饮料等，必要时送医院治疗。

第五，痛经。女生在旅途中，由于生活紧张、身体劳累、住处湿冷、饮食过凉等原因，可引起或加重痛经。痛经发作时，应卧床休息，精神放松，下腹部可放置热水袋，用热水洗脚，自我按压血海穴（在膝关节内上方约两寸，屈膝时肌肉隆起处），有很好的止痛效果。腹痛较重时，应就医治疗。

第二章　志愿公益类“行走课堂”

教育部等八部门发布的《关于加快构建高校思想政治工作体系的意见》文件列举的创办“行走课堂”，实现思想政治教育融入活动的主要载体包括社会实践、志愿服务、实习实训，在这三大类活动中，社会实践归属于共青团负责，实习实训则是教学计划的一部分，都可以在学校的规章制度中找到要求。健全志愿服务体系开展志愿者服务是需要大力推动的一项活动，同时，大多数高校缺乏这方面的详细规定。

志愿公益活动是指志愿者在不为任何物质报酬的情况下，自愿贡献个人的时间、精力、金钱等，从事社会公益和社会服务事业，为改进社会并推动社会进步而开展的服务活动。志愿公益活动具有非营利性、公益性、志愿性、目标性和不确定性等特点，根据不同标准可以分为不同的类型。

志愿公益活动策划是开展志愿公益活动的基础，一个完整的志愿公益活动策划包含 5W 和 1H。志愿公益活动实施后，公益组织应根据具体情况选择合适的评估主体，通过评估总结经验与教训，从而提高活动的绩效或为今后其他活动的实施提供借鉴。因此，熟悉志愿活动基本问题，是青年学生更好地参与到“行走课堂”之中的重要基础。本章将介绍志愿活动类“行走课堂”的相关内容。

第一节　志愿公益活动

为了更好地理解志愿公益这种典型的“行走课堂”活动，我们首先看一个优秀志愿者的案例。

张佳鑫与夕阳再晨

张佳鑫，男，汉族，1990 年 10 月出生，中共党员，北京邮电大学博士，曾荣获十届中国青年志愿者优秀个人、“中国好人榜”身边好人、北京榜样十大榜样人物、北京市高校优秀共产党员、北京市首批五星级志愿者、北京市海淀区五四青年奖章等荣誉。他发起的“夕阳再晨”公益助老品牌，利用“互联网+公益创业”思维，搭建起覆盖16个城市25万老人的公益服务平台，5年来带动北京、上海、山西、南京、河南、四川、湖南等地50余所高校志愿者帮助老年人快速融入信息化社会，荣获全国敬老文明号、中国青年志愿服务大赛全国金奖等荣誉。张佳鑫还发起“高校正能量联盟”，带动全国26个省（自治区）的102所高校的206个公益团队每月开展“指尖的公益”“文明旅游”等公益项目，并荣获全国“创青春”公益创业类金奖。

夕阳再晨创立之初，张佳鑫和自己的团队一起卖过雪糕、明信片、芦荟胶、洗发水，和团队一起联系社区，通过义卖和与企业合作等多种方式保证了活动的持续性。6年来，他已经在“夕阳再晨”项目中累计工作时间达5000多小时。

现在，张佳鑫带领的“夕阳再晨”团队已经带动起北京、上海、四川等地的50余所高校开展项目，并成功开发百余讲课堂讲义，10余套夕阳再晨科技助老教学套餐，以及总字数超过37.8万字、总页数1036页的夕阳再晨系列出版图书——《手机里的大世界》《爸妈微信e时代》《助老志愿服务工作方法》，教学光盘及Flash教学动画。承接“教育部银龄发展工程”以来，已组织过17次活动直接服务教育部老干部260人次，优异的服务质量得到教育部离退休干部局高度评价。夕阳再晨“蓟门新语”社区服务站荣获北京市首批学雷锋示范服务站金奖，夕阳再晨荣获全国敬老文明号、中国青年志愿服务大赛全国金奖、北京市“最美义工”榜样团体等荣誉。

（资料来源：根据夕阳再晨项目负责人张佳鑫相关新闻报道整理改写，已经本人同意）

一、志愿公益活动含义

提及志愿公益活动，人们首先会想到献爱心、志愿服务、不求回报等。基于不同的背景，人们对志愿公益活动有不同的理解。有人认为参与志愿公益活动是一种无偿服务，也有人认为志愿公益活动应以自愿提供服务为基础。但一般认为：志愿公益活动是指志愿者在不为任何物质报酬的情况下，自愿贡献个人的时间、精力、金钱等，从事社会公益和社会服务事业，为改进社会并推动社会进步而开展的服务活动。

国外的志愿公益活动萌芽于19世纪初，最早是以宗教性的慈善服务为起源，主要服务于贫民、孤儿、残疾人等。第二次世界大战后得到进一步规范，成为一种由政府或私人社团所举办的社会性服务工作，并逐渐步入了组织化、规范化和系统化的轨道，已经成为许多西方国家加强公民道德教育和维护社会稳定的有效形式。

在我国的传统文化中，“仁爱、互助、奉献、慈善”的思想为我国志愿公益活动的发展奠定了深厚的基础。我国的志愿公益活动大部分是在政府的协助指导下开展的，例如社区服务志愿者、青年志愿者。此外，还有一些民间志愿组织，如“自然之友”等，虽然与政府机构保持一定的联系，但是有较高的自主性。目前，我国较为知名的志愿公益活动主要有“保护母亲河——绿色行动营计划”“青年志愿者扶贫接力计划”“希望工程”“春蕾计划”“母亲水窖工程”等。

二、志愿公益活动的特点

一般而言，志愿公益活动具有以下几个方面的特点。

（一）非营利性

非营利性是非营利组织区别于商业组织的根本属性，也是志愿公益活动的首要特点。在市场经济条件下，商业组织的主要经营活动都是以获取利润为目的的，志愿公益组织存在的根本宗旨则是社会公益事业，因此志愿公益活动也围绕这个目标进行，不以营利为目的，不进行利润分配和分红，并且不以任何形式将组织的财产转变为私人财产。

（二）公益性

志愿公益活动的内在驱动力不是利润，也不是权力，而是以志愿精神为背景的利他主义和互助主义。志愿公益活动是为社会公益服务的，旨在增进社群和社会福利、改善社会问题、提高生活质量、保证人类世代可持续发展等。例如“自然之友”，是一家非营利性的民间环保组织，致力于推动公众参与环境保护，其宗旨是通过推动群众性环境教育、提高全社会的环境意识、倡导绿色文明、促进中国的环保事业来争取中华民族得以全面持续发展。

（三）志愿性

志愿者与志愿组织成员的参加与资源的集中是自愿和志愿性的，是出于主动承担对他人、社会的责任。强调这一特性，不仅是因为志愿公益活动本身就是一种高于法定义务的奉献行为，只能出自行为者的自觉承担，还因为它表达了公民自主参与社会事务的诉求和对社会民主价值的承诺，志愿公益活动不应该只是通过组织而被动做出。通过与人们相关的职业单位或行政性系统来发动组织，难以保证志愿公益活动的自愿性，因为这既偏离志愿行为的真正精神，也难以使志愿公益活动持之以恒。

（四）目标性

在实施之前，志愿公益活动应确立一个明确的服务社会或某些群体的目标，有相应的期望结果或产出，从而使得活动有计划地实施，并且具备参照标准。同时，由于一个国家或一个地区的社会经济发展是一项复杂的系统工程，社会经济发展战略具有多维目标，因而一个志愿公益活动的目标往往不是一个而是多个，并且多个目标在次序上有关联性，在重要程度上也存在着差异性。例如，一个志愿公益性的扫盲活动需要完成编写教材、确定教师、授课、学习、测验等一系列相互关联的目标。

（五）不确定性

志愿公益活动具有一定的不确定性。志愿公益活动以独特的任务、任务所需时间估计、各类资源、资源的有效性以及相关的经济、政策环境为假设条件，以资源的相关成本估计为基础。这种假定和预算的组合产生了一定的不确定性，并且可能会影响到志愿公益活动目标的实现。缺乏长期稳定的社会支持和物质保障，筹集资金和财务管理的能力有限，社会民众对志愿者参与的价值和意义接受不够普遍，社会经济环境的变化等，都会影响志愿公益活动的完成情况。例如，某基金会根据组织当时的自然条件和市场情况策划了一个扶贫养殖项目，然而，当农民养殖的家畜长大后，当地市场发生了大幅波动，家畜的物价下跌，通过养殖项目帮助农民脱贫致富的目标因而难以实现。

三、志愿公益活动的类型

世界各国的志愿公益活动形形色色，千差万别。根据不同的分类标准，我们可以把志愿公益活动分为不同类型，见表2-1。

表 2-1 志愿公益活动的类型

分类标准	类 型
规模	特大型、大型、中型、小型
复杂程度	复杂型、简单型
持续时间	长期活动、短期活动
实施主体	正式活动、非正式活动
提供方式	信息、宣传、教育等
实施领域	慈善、环保、社会服务、大型活动等
活动来源国别	国内活动、国际活动

（一）短期志愿公益活动与长期志愿公益活动

根据志愿公益活动持续时间的长短，我们可以将志愿公益活动分为短期与长期两种。一般而言，人们利用业余时间，兼职参与某项志愿公益服务，或虽全日参与某项志愿公益服务，但持续时间少于半年，比如志愿者社区服务活动、“迎奥运”志愿公益活动等，我们都称之为短期的志愿公益活动。全日并且持续参与志愿公益服务半年以上的公益活动可以称为长期志愿公益活动，如大学生志愿服务西部支教计划、中国红十字基金会发起的“红十字天使计划”等。

（二）正式志愿公益活动与非正式志愿公益活动

根据志愿公益活动的形式，我们可以将其分为正式与非正式两种。政府、非营利组织发起的志愿公益活动，一般要求签订合约，履行管理章程，明确项目计划书，参加志愿者培训活动和提供基本津贴等，通常比较正式。而很多情况下，志愿公益活动的发起与实施没有这么正式，志愿者个人、群体或民间非正式组织（未登记的）临时发起的帮助服务活动，服务内容比较简单，是社区服务中比较常见的形式。

（三）志愿公益活动提供方式

中国公益性非营利组织所起的最重要作用在于提供信息、宣传与教育服务。事实上，这也是非营利组织的特色和其与政府、企业的差异所在。由于非营利组织掌握的资源非常有限，有的甚至完全依赖志愿者，因此它不可能像政府、企业一样以提供物质服务为主，而是更多地以提供信息、教育与宣传服务为主，即使是国际非营利组织也是如此。

（四）志愿公益活动领域

随着社会经济发展，现代志愿服务涉及范围日益广泛、采用形式多样，在文体教育、大型活动、社区服务、公共卫生、环境保护、抢险救灾、扶贫开发等公共领域有着突出的贡献。根据志愿服务的内容，我国志愿服务主要分为以下五类[1]。

（1）大型活动志愿服务。大型活动志愿服务指志愿者为了大型体育赛事、会议等活动顺利举办而提供的公共服务，如2008年北京奥运会志愿服务。此类志愿服务往往对志愿者有一些特殊要求，如熟练掌握英语、有足够时间参与服务等。

（2）社区志愿服务。社区志愿服务指那些为了解决社区问题和促进社区进步，自愿贡献时间、才智或钱物，且不图报酬的行为[2]。此类志愿服务主要为老年人、残疾人、特困家庭等提供社会福利服务，实现社区救助、社会优抚、文教卫生发展及社区环境建设等目标。

（3）城市志愿服务。城市志愿服务指志愿者为方便城市公共管理、便利民众而提供的服务，主要集中在交通协管、便民指路、治安咨询等方面。例如：春运期间，志愿者在火车站及车站周边广场等范围内，为旅客提供便民服务。

（4）应急志愿服务。应急志愿服务指在灾害、险情发生后，志愿者向灾害地区民众提供物资支援、救助危难人员、协助灾后重建等服务。例如：2008年汶川大地震发生后，全国各地涌现的大量志愿者，为四川抗震救灾做出了突出贡献。

（5）其他志愿服务。其他志愿服务包括大学生志愿服务西部计划、民间环境保护志愿活动等一系列目的鲜明、宗旨明确的志愿服务。这些志愿服务致力于扶贫救困、环境保护、农村发展等方面，切实地帮助公共环境改善、社会福利完善。

---

[1] 熊正妩. 我国志愿者权益保护法律问题研究［D］. 重庆：西南大学，2012.

[2] 侯玉兰. 社区志愿服务理论与实务［M］. 北京：中国社会出版社，2009.

第二节 志愿公益活动策划

志愿公益活动往往以具体的项目为依托来展开，志愿公益活动的策划影响着志愿公益活动的进展。不管是何种形式的组织，在开展志愿公益活动之前都需要面对一系列问题，即："如何策划设计一个志愿公益活动，需要坚持哪些原则?""具体的志愿公益活动策划方案包括哪些内容?"等。

一、志愿公益活动的策划原则

志愿公益活动策划的目的在于，在活动开始之前为其提供尽可能详细的文件证明。实践证明，在项目策划上投入的时间将会大大节约项目实施时间，从而提高项目本身的效率和成功的可能性。根据志愿公益活动的特点，在志愿公益活动的策划过程中，应该遵循以下基本原则。

（1）目标导向原则。目标是每一个组织在未来特定时间内完成任务程度的标志。志愿公益活动的开展必须在一个明确的目标指引下完成。因此在策划之前，活动主办方应清楚此次策划是为了解决什么问题，问题的难易程度如何，并对服务对象进行定位。

（2）社会价值优先原则。社会价值优先原则是志愿公益活动策划选题的最基本原则，指在策划志愿公益活动时，应注重社会实践应用价值，不能以策划者主观意志和条件为转移。志愿公益活动是一项目的性、针对性很强的活动，选题策划作为志愿公益活动起点，必须符合志愿公益活动自身发展的需要，也必须符合实践应用的需要，有效地解决具体问题。

（3）科学性原则。志愿公益活动策划的科学性原则是指策划的志愿公益活动必须符合相关社会科学理论以及已经由实践证明过的社会科学规律，要有明确的指导思想和理论依据。因而，这就要求志愿公益活动策划有一定的理论和实践基础。

从实践中直接选定的志愿公益活动，首先要有可靠的事实依据、具有比较强的针对性和普遍性，减少受特殊的、个别的或偶然现象的影响或干扰，使之更容易透过现象揭示科学的本质规律。其次，志愿公益活动选题要具体、明确，范围不可求大，以避免活动范围界定模糊不清，缺乏针对性。最后，志愿公益活动选题指导思想要正确、科学，能纳入理论体系，经得起推敲。

（4）创新性原则。志愿公益活动策划产生的活动方案想要有生命力，则必须要有新意、独创性和突破性，这在很大程度上也体现了志愿公益活动策划创新的必要性和迫切性。在志愿公益活动策划中坚持创新性原则就是要遵循演化规律，把继承与创新结合，要尊重前人的成果，特别是经历史实践检验过的真理，在此基础上实现新的突破。

（5）可行性原则。志愿公益活动策划的可行性原则指确定志愿公益活动具备保证其能正常开展、取得预期成效的现实条件。现实条件可分为主客观两个方面，主观的现实条件主要是指策划者的创造能力与水平，如个人的知识结构、理论修养、实践经验和能力、责任心、价值观等。客观的现实条件包括保证活动顺利开展的资料、场地、设备、时间、人员配置、经费等。

综上所述，志愿公益活动策划的五项基本原则，不仅有其独立的指导意义，彼此之间也紧密相关、相辅相成、缺一不可，志愿组织在进行志愿公益活动策划时应予以综合考虑，争取获得最佳的策划效果。

二、志愿公益活动策划的步骤和内容

志愿公益活动策划是开展志愿公益活动的基础，使人们可以明确每项活动如何进行，同时也是活动管理者进行决策的依据。

一个完整的志愿公益活动策划包含 5W 和 1H，分别为：What(what to do)——做什么？活动的内容是什么？Who(who to do)——谁来做？参与活动的相关人员有哪些？Why(why to do)——为什么做？进行该活动的原因是什么？When(when to do)——何时做？活动开始和结束时间都是什么？Where(where to do)——活动的实施地点在哪里？How(how to do)——如何做？活动开展手段和措施是什么？

志愿公益活动的策划一般包括以下几个步骤。

（一）调查分析资料

这一阶段的工作是在活动策划之前进行的，是为志愿公益活动策划做准备。调查与分析是志愿公益活动策划的第一步，也是非常关键的一步，主要是了解当前相关的活动状况、所处社会环境，并根据组织优缺点来自我定位，明晰目前的公益服务需求。如果少了这一过程，那么之后的策划、实施甚至评估都可能犯方向性的错误。

（二）界定活动范围、确定活动目标

在调查分析相关资料之后，志愿公益活动策划的下一步是界定活动范围，明确活动要做什么，以及不能做什么。正确地界定活动范围非常重要，活动范围过大或过小都会影响活动效率和资源利用率，如活动费用增加、完成时间延长等。

每个好的志愿公益活动定义都包含以下内容：

（1）活动要解决的问题是什么？

（2）活动要达成什么样的目标？

（3）为了完成活动目标需要怎么做？

（4）如何对活动结果进行评估？

（5）是否存在影响活动的风险或障碍？如果有，如何解决？

（三）确定活动的可行性

在策划志愿公益活动的时候，活动策划人员已经进行了初步的分析和论证，但还需要对活动进行进一步分析[1]。可行性分析是决策、项目策划书和项目实施的依据，如果在最初的估算中，活动成功概率较小，那么它就无法得到各方的支持，从而不能得以顺利实施。

衡量一个志愿公益活动能否成功，主要有以下5个标准：

（1）时间——活动能否按时完成；

（2）成本——活动有没有超过预算成本；

（3）范围——活动是否达到了预期的志愿服务的目标或目标群；

（4）质量——活动在多大程度上达到了志愿活动主体和客体的期望；

（5）资源——活动是否妥善利用了内部和外部的资源。

（四）制订、修改活动策划方案

完成志愿公益活动的可行性分析后，就需要制订一份策划方案。志愿公益活动策划方案是直接向资助方提交的正式文件，其格式和内容与创业计划书相似，主要包含以下要素：封面，策划书的主体部分（活动背景和依据、活动内容、执行计划、可能遇到的困难及拟解决办法、预算等），活动参与人员，预期成果。

---

❶ 张远凤. 社会创业与管理［M］. 武汉：武汉大学出版社，2012.

1. 封面和目录

志愿公益活动名称一般在活动策划书的封面，此外，封面还应包含活动实施机构名称、地址、活动负责人及联系方式、活动策划书提交日期等。

目录是正文的索引，一般按照章节顺序逐一排列每章大标题、每节小标题以及章节对应的页码，可以用计算机自动生成，显示至二级或者三级标题为宜。

2. 策划书主体部分

策划书的主体部分通常包括以下五方面内容：

（1）活动背景和依据。主要阐述需求出现的历史、发展与现状，市场需求与供给分析，目前环境下能够支持该活动开展的理论和实践依据等。另外，活动意义主要是说明该活动的开展能够给受益人群带来怎样的变化，以及对社会的发展有何推动作用。

（2）活动内容。包含活动的目标，以及如何实现目标等。

（3）执行计划。主要介绍活动的进度安排，整个活动历时多久？主要分几个阶段，每个阶段要完成哪些内容等。

（4）可能遇到的困难及拟解决办法。无论一个计划多么完美，都不能完全避免风险。活动组织者要对开展活动可能遇到的风险进行预估，并拟定解决办法，尽量地规避风险，或者为应对风险做好准备，从而在风险来临之时能够快速反应、减少损失。

（5）预算。预算要与活动目标保持匹配，具有可量化性。一般情况下，活动预算包括：设备费或设备租赁费、交通费、食宿费、资料费、管理费和其他费用等。

3. 活动参与人员

志愿公益活动参与人员应包括参与活动组织的主要负责人及其团队的相关信息，如专长、在活动中的职责、过往相关经历等。

4. 合作者

一般而言，志愿公益活动的开展离不开相关合作者的大力支持。活动合作者要根据活动类型进行选择，例如政府组织的志愿服务西部活动，希望能够得到大学生的志愿参加，就要寻求高校进行合作。

5. 预期成果

预期成果即开展活动所期望能获得的成果，主要包括：活动进展情况、经费使用、结余情况等。一般情况下，活动结束之后，组织负责人会有一份活动成果报告，对活动的整个进行过程做出说明，为下一次活动的开展提供借鉴。

下面我们看一个典型的志愿者公益活动策划书。

志愿者爱心公益策划书[1]

一、活动背景

在中国农村有这样一个群体：他们的父母为了生计外出打工，为国家经济发展和社会稳定作贡献，但是作为子女的他们却被留在了农村家里，一年难得跟父母见次面。同样在内地城市也有这么一批儿童，他们的父母双双在外奔波，需要父疼母爱的他们集中起来就变成了一个特殊的弱势群体——留守儿童。根据权威调查，中国农村目前“留守儿童”数量超过了5800万人。57.2%的留守儿童是父母一方外出，42.8%的留守儿童是父母同时外出。留守儿童中的79.7%由爷爷、奶奶或外公、外婆抚养，13%的孩子被托付给亲戚、朋友，7.3%为不确定或无人监护。

调查显示，由于父母均外出打工，与留守儿童聚少离多，远远不能尽其作为监护人的义务。而占绝对大比例的隔代教育又有诸多不尽如人意之处，这种状况容易导致留守儿童“亲情饥渴”，心理健康、性格等方面出现偏差，学习受到影响。主要表现在内心封闭、情感冷漠、自卑懦弱、行为孤僻、缺乏爱心和交流的主动性，还有的脾气暴躁、冲动易怒，常常将无端小事升级为打架斗殴。由于“留守儿童”特殊的生活和教育环境，由此引发的生活、教育、情感、心理等一系列问题日益凸显。

随着农村外出务工人员的增多，农村“留守儿童”问题已成为当前基础教育的一个重要问题。“留守儿童”缺少父母的爱，在对他们的管教上很容易出现“三多”和“三缺”问题：隔代监护多溺爱、寄养监护多偏爱、无人监护多失爱；生活上缺人照应、行为上缺人管教、学习上缺人辅导。“留守儿童”问题成了基础教育和社会存在的一个大问题。

以上分析尽管不尽全面，但是足以引起社会、家庭、学校的重视。有这样一个组织走进了“留守儿童”这个弱势群体，它就是红十字会。“留守儿

[1] 汪忠，唐亚阳，李家华．公益创业学［M］．北京：机械工业出版社，2019：253-257.

童”问题深深地牵动着红十字会的心。红十字会以发扬人道主义精神和保护人的生命和健康为宗旨，以最易受损集体为服务对象，开展各种相关志愿活动。为了解决“留守儿童”存在的问题，红十字会做了大量的工作，派遣相关人员深入其中了解实际情况，调查这些孩子存在的问题以及策划解决问题的相关办法。红十字会从多方面入手，积极展开相关活动，尽最大努力帮助这些孩子。红十字会积极组织青年志愿者与“留守儿童”开展结对帮扶活动，组织孩子们参观世园会、古城西安，让他们感受新时代的气息以及城市文化和城市生活；开展儿童趣味运动会以及儿童才艺比赛活动，让孩子们体味童年的快乐，享受生活的美好；到儿童们的家里送温暖，让他们体味爱的含义；组织厨艺大赛，培养孩子们的动手能力等相关活动。

二、活动目的

(1) 关爱农村民工子女及留守儿童，为他们提供力所能及的帮助。

(2) 号召社会各界关注农民工子女及留守儿童。

(3) 为社会有爱心的人士提供志愿服务的机会。

(4) 通过志愿活动，给贫困地区的孩子带去新知识、新思想、新理念，给他们送爱心、送关怀，从而对他们的人生观、价值观起到正确的引导作用。

(5) 发扬红十字会的宗旨，从小培养孩子们的爱心、责任心，为他们将来做国家的合格接班人打好坚实的基础。

三、活动意义

(1) 维护社会稳定，化解矛盾、促进和谐。

(2) 给农村留守儿童带来关爱。

四、期望效果

在红十字会的统一组织下，倡导并组织青年志愿者及其他社会爱心人士对留守儿童提供全面的志愿服务，使他们得到关爱，接受心理方面的辅导，学习上取得进步，心理上健康，行为上端正，成为一个独立、自强、自信的人。同时也给志愿者们一个锻炼自我的机会。向社会展示红十字会的宗旨、当代志愿者的风采，吸引更多的社会人士来关注留守儿童的成长问题。

五、活动优势分析

(1) 从人力资源上分析：此活动由西安红十字会主办，招募社会上的青年志愿者及爱心人士参加，故人手充足，活动可行。

（2）从物力资源上分析：招募社会上的志愿者，经费不需要很多，赠予留守儿童们的礼品可以通过有能力的个人或者企业厂家爱心捐赠，物质支出可接受，活动可行。

（3）从社会现状上分析：留守儿童的问题越来越严重，社会上给予的关注越来越多，媒体的报道以及大众的参与将会使这次活动顺利达到预期目的，活动可行。

六、活动主题

手拉手关爱留守儿童，心连心呵护祖国花朵。

七、活动口号

情寄留守，爱暖童心。

八、相关组织

（1）主办单位：西安红十字会。

（2）承办单位：长安花公益联盟。

（3）支持媒体：西安晚报、华商报、安徽房产网、三秦都市报、陕西电视台、西安电视台、西部网、大秦网、172校园活动网、大学生精英论坛。

九、活动宣传

（1）每次活动的策划都有相关老师指导修改，形成规范的指导性文件，以投稿的方式给相关部门，以便对活动提出相关建议，使我们的行动有实际意义。

（2）在留守学校进行展板或者集会宣传，与当地学校校长做好联系工作。

（3）尽可能地使用各种媒体形式，将我们的活动进行全面的宣传，引起社会的广泛关注。

（4）借助各种媒体的力量发布征集志愿者的信息，以吸纳更多有能力的爱心人士投身于关注留守儿童的活动中来。

十、活动前期准备

（1）与心理健康中心的相关专家取得联系，请老师就“留守儿童心理成长问题”对参加活动的志愿者们进行活动前的指导。

（2）志愿者们做好与座谈会相关的材料准备，对参加活动的留守儿童的情况进行全面了解。

（3）分配给每个志愿者1~2名留守儿童，负责照顾他们的生活起居和心理成长。

十一、活动内容一——西安世园一日游

（1）活动名称：西安世园一日游。

（2）活动时间：周六或周日（一天）。

（3）活动地点：西安世园会。

（4）活动人员：15 名志愿者、30 名留守儿童。

（5）活动流程。

1）前期准备。

① 尽可能地使用多种媒体宣传此次活动，征集志愿者，组织报名，通过考核确定成员，择优录取。

② 制作证件，写介绍信，便于活动开展。

③ 联系世园会相关负责人，准备好留守儿童的世园会门票，准备好前往当地的车队，以及招待儿童们吃饭的场所。

④ 与当地的留守儿童家庭取得联系，确定此次活动参加的儿童人数以及儿童的相关情况。

⑤ 物资准备：西安世园会门票：留守儿童 30 张，志愿者 15 张，共 45 张。

2）活动过程。

① 第一天早上派出车队以及 5 名志愿者去当地将参加此次活动的 30 名留守儿童接来西安。

② 上午儿童们来到西安后，由 15 名志愿者以每位负责两位儿童的分工带领他们参观西安世园会。

③ 派出专业的讲解员为儿童们讲解世园会，扩大儿童们的视野。

④ 下午逛完世园会，由志愿者带领儿童们去事先确定的地方吃饭。

⑤ 派出 5 名志愿者跟随车队将留守儿童们送回家。

3）活动结束。志愿者们与儿童们拍照留念。

第三节　志愿公益活动的实施与评估

志愿公益活动往往以具体的项目为依托来展开，志愿公益活动的策划影响着志愿公益活动的进展。不管是何种形式的组织，在开展志愿公益活动之前都需要面对一系列问题，即："如何策划设计一个志愿公益活动，需要坚持哪些原则?""具体的志愿公益活动策划方案包括哪些内容?"等。

一、志愿公益活动的实施

一个活动的完成往往需要大量人力资源，由于志愿公益活动通常只持续一段时间，社会组织的管理者不会为了一个特定活动而聘用大量员工，因此，招募志愿者便成了志愿公益活动实施中的重要环节。而能否招到合适的志愿者，如何使志愿者纳入活动运作中，是一个活动成功与否的另一关键因素。

（一）志愿者招募

1. 志愿者工作描述

工作描述是指对某一活动中志愿者所要服务的岗位及这些岗位所要从事的工作进行一系列描述，包括工作的名称、需要承担的义务、与岗位相关的酬劳安排、与其他岗位的关系以及岗位所需的资格，比如技能、知识、经验、个人态度等。

2. 志愿者招募

志愿者招募是为了吸引潜在的、适合工作岗位的志愿者。招募的类型主要有社会招募与学校招募。前者有范围广、影响大、招募人数众多等优点，但也存在鱼龙混杂、招募成本高、培训难度大等诸多弊端，这些不足可以通过在学校进行招募得以补充。

（二）志愿者人员确定与培训

1. 人员确定

活动小组是从志愿者队伍中挑选合格者成立的活动团队，在活动负责人的直接领导下开展活动，活动小组具有以下几个特征：

（1）目的性。活动小组要完成某项特定任务，一般只承担与既定目标密切关联的任务。

（2）临时性。活动小组一般都是临时的，一个活动完成后小组就自行解散。

（3）团队性。活动小组是按照团队作业模式开展工作的，它不同于一般运营组织中的部门、机构的作业模式，尤其强调团队精神，这是活动运作成功的精神保障和关键之所在。

（4）灵活性。这是活动小组不同于其他组织的一方面。团队成员并不是固定的，会根据活动内容的变化，在人员数量和构成上随时做出调整。

2. 人员培训

对于较为复杂的工作，还需要对志愿者进行专门的培训。这样既有利于志愿者专业技能的提升，也有利于组织工作效率的提高。培训体系可以借鉴前述的非专业能力体系，如图 1-1 所示。

二、志愿公益活动的评估

（一）志愿公益活动为什么需要评估

一般而言，评估是评估主体对评估对象价值的评价和判断活动。对志愿公益组织进行评估既有激励作用又有约束功能。

当前，我国各类民间志愿组织实施的志愿公益活动名目繁多，既有基金会、协会、学会、促进会、民办非企业单位开展的志愿公益活动，也有未登记或转登记的草根组织开展的志愿公益活动；既有扶贫类、教育类、妇女儿童类、残疾人口类志愿公益活动，也有环保类志愿公益活动。客观地说，这些志愿公益活动的实施对于缓解贫困、促进社会稳定与发展起了很大的作用。但是，不同民间组织实施的活动质量参差不齐，有的活动作用明显，有的则效果很差。

志愿公益活动实施的好坏不仅关系到有关组织的生存与发展，而且也关系到整个公益部门的社会公信度和公民社会的发展。近年来，志愿公益活动效率低下，打着志愿公益活动的旗号为个人谋取私利等现象时有发生。这一方面与我国志愿公益活动实施的外部环境有关，另一方面也与民间组织内部管理制度不健全、管理不规范有关。解决这一问题的有效途径之一就是加强志愿公益活动的评估，通过评估促进民间组织的责任感与学习积极性提升，提高志愿公益活动的绩效。

（二）志愿公益活动评估主体

志愿公益活动评估的动力来自外部和内部。外部动力主要来源于捐赠者，捐赠者特别是大额资金的捐赠者希望通过评估对活动的实施情况进行监督；内部动力主要来自公益组织自身，民间组织希望通过评估对社会有个交代，从而树立组织的形象，同时通过评估进一步改进和完善工作，达到活动设定的目标。

如果评估动力来自外部，评估主体往往是独立的第三方或捐赠者代表，即外部专家，但有时捐赠者也会要求执行机构提交自我评估报告；如果评估动力来自内部，评估主体则通常是民间组织内部的管理人员，但民间组织也会聘请外部专家进行评估，或者外部专家与内部管理人员一起进行评估。

根据评估者的来源，评估可以大致分为自我评估和外部专家评估两种类型。自我评估即志愿公益活动的实施者进行的内部自我评估，外部专家评估则是指捐赠者或实施机构聘请高校、科研单位或独立评估机构的外部专家进行的评估。

自我评估与外部专家评估各有利弊，见表 2-2。公益组织应该根据具体的情况选择合适的评估主体，通过评估总结经验与教训，从而提高活动的绩效或为今后其他活动的实施提供借鉴。

表 2-2　志愿公益活动自我评估与外部专家评估的区别

比较因素	自我评估	外部专家评估
评估结果	缺乏客观公正性、可信度低	公正客观、易为公众接受
评估方式	不够专业、日常事务多	评估专业，但对活动具体过程不够了解，时间仓促
评估成本	低，且能随时进行	比较高
评估结果的执行	容易	难以操作执行

（三）志愿公益活动评估时期

一些志愿公益组织的活动管理人员认为只有当活动结束之后，才有必要进行评估。事实上，评估不仅包括事后评估，也包括事前评估和中期评估。

事前评估是指活动开始实施之前所进行的评估，也称预评估，实际上是对活动可行性分析的评估。事前评估的结果一方面可以决定活动是否实施；另一方面事前评估取得的数据可以作为基准线，在活动完成后进行前后对比。目前，我国的民间组织对事前评估工作极不重视，大多数志愿公益活动都没有进行认真的事前评估工作，导致一些活动从一开始就存在很大的风险，甚至可能失败，而且在志愿公益活动执行过程中或结束后进行评估时也缺乏可对比的数据，从而难以反映志愿公益活动准确的绩效。

中期评估，也称过程评估，是指在活动开始后到完成前之间的任何一个时点进行的评估。它的目的在于检查活动的设计合理性和事前评估的质量，或评估实施过程中的重大变更及其影响，或诊断实施过程中的困难、问题，寻求对策与出路。其核心在于通过中期评估反映活动实施过程和实施方法是否与既定目标保持一致，是否有助于实现既定目标。

事后评估是在活动结束后，根据原目标和实际实施情况进行的全面、系统的评估。事后评估一般更容易被人理解和接受，因此，目前民间组织对事后评估工作相对更重视一些。

事前评估与事后评估除评估时点不同以外，在评估目的、依据、主体等方面也有所差异。事前评估的目的是确定活动是否可以立项，它是站在活动的起点，应用预测方法分析评价活动未来的效果和社会影响，以确定是否值得与可行；事后评估的目的是回顾总结，同时又对后续活动进行前景预测。事前评估的依据主要是历史资料和经验性资料，以及相关的行业标准等；事后评估的依据主要是活动的实际数据。此外，事前评估的主体主要是民间组织自身；事后评估的主体往往是外部专家，如独立的中介评估机构人员等。

（四）志愿公益活动评估内容

志愿公益活动评估的主要内容包括：活动策划评估、活动进程评估、活动成果评估、活动实施评估、活动管理评估、活动目标实现评估等。志愿公益活动进行评估后最终形成活动评估报告，评估报告的主要内容包括：摘要、活动概况、活动内外部影响因素、活动描述和分析、经验教训、最终结论和意见、评价意见说明、参考资料等。

现有评估方法一般针对活动绩效，活动绩效主要可以通过以下几个方面来衡量。

（1）一致性。活动的一致性包括三个方面：实施的活动是否与志愿组织的使命相一致；实施的活动是否与目标群体的需求或认知价值相一致；实施的活动是否是对目标群体的需求及时回应。

（2）有效性。组织开展志愿公益活动，会以恰当的方式获得它所期望的结果和影响，并使之产生“效率”和“效果”。效率包括活动的单位成本或成本效益如何、是否有利于技术和知识的扩散、是否节约时间等；效果是指活动的实际结果达到或者实现预期目标的程度，包括绝对量和相对比例两个方面。

（3）满意度。满意度是指被服务者感受到的服务质量达到其期望值的程度，包括提供的服务是否达到行业的标准、服务态度是否热情有礼、民间组织及其工作人员（包括志愿者）是否值得信赖、是否能够尊重被服务者的隐私等。一般来说，如果志愿公益活动的目的是为某个目标群体提供服务，并且目标群体可以判断他们所获得福利的质量和价值，那么满意度可以用来作为一个评价维度。

（4）社会影响。社会影响是指从为社会提供服务的角度，评价活动结果对社会和经济生活产生的长远影响，如对就业、民族关系、生态环境等问题的影响。通常志愿公益活动的社会影响比较难测量，因为其中往往还包括许多非活动影响因素，如宏观经济形势的好转、整个地区社会经济的发展等。

（5）可持续性。持续性是指活动结果的可重复性和可持续性，即活动完成后，该活动积极结果的持久性，包括静态持续性和动态持续性两个方面。静态持续性指在已完成的活动的推动下，相同的利益持续流向相同的目标群体。动态持续性指最初的目标群体或其他群体把活动的成果推广到不同的背景或变化的环境中。

下面介绍一个已经实施的志愿公益活动案例，供青年朋友们参考。

走进社区，关爱视力健康
——“弘扬志愿 真爱光明”项目[1]

一、项目背景

近年来北京市视力不良检出率居高不下，视力不良防控工作成为卫生工作的重点。爱眼协会以往活动调查数据显示：85%的社区居民对眼健康常识存在误区，并且根据视力问卷调查的结果，绝大多数人对视力问题的认识还只停留在表面，没有真正地认识和了解视力健康问题的实质，从而不能采取及时、科学、有效的方法来应对。部分不良商家，为了利益而夸大宣传，打着“降度镜”“摘掉眼镜不是梦”等旗号误导家长及学生，延误孩子们的视力健康发展。

二、项目内容

带上验光师、带上设备走进社区，为社区居民检查视力情况，让居民了

[1] 汪忠，唐亚阳，李家华．公益创业学［M］．北京：机械工业出版社，2019：265-267.

解自身视力健康情况，如有问题能及时发现。为居民开展爱眼护眼知识讲座（内容包括儿童视力健康知识、老花眼常识等），宣传科学用眼知识，让居民间形成爱眼护眼的氛围，从而以点带面整体提高大峪街道百姓的爱眼护眼意识。在活动开展的过程中，针对居民们普遍存在的视力健康误区进行解答，减少不良商家利用不正当宣传坑害百姓利益的事情发生。

三、项目设计来源

爱眼协会会长的女儿，因为年龄限制，没能赶上3岁幼儿园的视力检查，在4岁的时候才检查出疑似弱视，耽误了一年多的宝贵治疗时期。放眼当时的整个门城地区都没有一家健康机构，而其他区县的视力健康机构对于治疗的说法不一，宣传口号不一，运用的仪器与手法不一，让人很难分辨其真假。对于一个父亲来说，绝对不能拿女儿的健康去试验哪家机构的治疗更有效，并且弱视的最佳治疗年龄只有3~6岁。他走遍了各大医院，结识了很多眼科的权威专家，每天刻苦学习视光学知识，终于从“门外汉”变成了“平民专家”。

近年来门城地区的视力不良率节节攀升，而且呈现低龄化与严重化的趋势，儿童青少年弱视要及早发现并治疗，远视、近视可以进行防控，中老年人则面临着老花眼及各种眼病的威胁。协会走进社区，来到居民身边开展讲座，期望社区居民了解视力健康知识，提高保护视力的意识，提早发现视力问题。

目前，门城地区的视力健康机构渐多，爱眼协会也有义务去整合行业规范，有责任向百姓宣传如何正确地验光与检查，避免百姓被夸大宣传的商家所蒙蔽。有些社区的中老年人抱着“岁数这么大了，肯定视力不好”的心理，不愿“走出去”检查。既然他们不愿“走出去”，那我们就“走进来”，走到居民身边，将知识带到他们身边，把知识宣传手册发到他们手中，让他们也能把爱眼护眼知识带给身边的人，把爱眼护眼的意识传播出去，从而做到以点带面，在大峪街道建立了良好的爱眼护眼氛围。

四、项目实施团队

协会的活动时间与地点全部由协会刘秘书长负责审核，下属协会干事负责每次的活动文字记录与照片等影像记录，检查结果由协会招募的志愿者进行录入。

爱眼协会在此前的活动中得到了北京同仁医院眼科、北京大学附属第一医院（北大医院）眼科、中国中医科学院眼科医院（石景山鲁谷眼科医院）、北京视光协会等著名眼科医疗机构的专家认可，协会的活动都由专业眼科医师提供技术与人员支持。协会已拥有6名资深验光师、6名专业康复训练师组成的专业团队，负责社区验光工作，并且有2名爱眼老师负责爱眼护眼知识讲解。

在项目实施过程中爱眼协会组建了“6·6”爱眼志愿服务队（现有志愿者上百名），并在其中成立了“6·6”爱眼志愿者小学生队伍（目前共32名志愿者），分别针对成人及在校学生招募志愿者，以不同的视角宣传爱眼护眼知识，协助协会的工作。

五、项目策划与实施

项目实施周期为2016年3—8月，共6个月。

自3月8日召开了“峪美家园”签约仪式后，“弘扬志愿·珍爱光明”项目正式启动，利用接下来的一周时间与社区主任沟通确定好了3月及4月初的活动时间。协会此前做过很多类似的活动，但是如果一味地按部就班，毫无创新与提高，就是随波逐流，所以在4月6日月季园二区的活动后，召开了一次全体会议，针对此前的4次活动中可以得到改进的问题进行探讨并给出改进办法。

4月与5月是活动进行的平稳阶段，所有的活动都在按照计划顺利进行。6月是活动最多，也是参加人数最多的一个月。由于天气原因，居民更愿意走出家门来参加活动，同时，月底也是学生们期末考试的时间。协会与社区积极协商，在7月定下了几场活动，与以往参加活动的居民多数为中老年人不同，此次定下的活动重点都是面对放假在家的儿童青少年，讲座内容也从老花眼讲座变成了儿童青少年近视防控讲座。寒暑假是儿童青少年近视度数加深的一个重要时间段，很多时间由于缺乏家长的监管，使得一个假期的时间内孩子的近视度数迅速下降1.00~2.00D，或者出游时没有注意，造成结膜炎、眼灼伤、眼外伤等。这个讲座不仅要让儿童青少年增加爱眼护眼的意识，更要让家长起到监管作用，从平时的一点一滴养成科学用眼的习惯。

到7月底，计划实施的25场活动已经全部实施完毕，但依然有社区、其他公益组织联系我们，希望我们去举办讲座及验光服务。虽然“弘扬志愿·珍爱光明”项目已到尾声，但是爱眼护眼的事业我们一定会坚持下去。

项目实施具体内容：

9点带上验光仪、插片箱、焦度计等设备到达社区并安排社区居民入座，先由爱眼老师讲解爱眼护眼专业知识、讲座并发放知识宣传手册、调查问卷等。

随后为居民进行验光，由验光师针对每个人的情况进行一对一的讲解。

六、项目实施效果

项目实施的6个月来，已实施29场活动，比预计的25场多出4场，项目实施区域为大峪街道。同时，还有很多其他街道的社区、爱之旅等同样热衷公益事业的组织与我们寻求合作。在合作的过程中我们成长了很多，也进步了很多。在与爱之旅的合作中，为他们讲解爱眼护眼知识更加困难，他们的孩子大体分为三类，智力低下、自闭症和脑瘫，最小的刚满2岁。因此，更多的是要讲给他们的家长听，让他们能帮助孩子在平时做一做视力健康的保健，多给他们吃一些有益于视力健康的食品，这些孩子与外界很难沟通，听到警报也不能及时地给予反映，我们做的就是让他们起码可以看清楚，避免一些最基本的危险。

项目执行过程中走进了23个社区，每场活动直接受益人数达30人以上，间接受益人数达100人以上，讲座内容也从最初的眼视光知识宣传变成有针对性的老花眼知识讲座、儿童青少年近视防控讲座等，以应对不同人群的不同需求。在此过程中协会在成长，协会的志愿者队伍也在与协会共同成长。目前正在扩大志愿者服务队的人数，计划于2016年底至2017年初举办一项大型全民参与类公益宣传活动。

（资料来源：根据“恩派公益”组织提供的资料改写）

第三章 “行走课堂”实践活动涉及的常用文体写作

“行走课堂”实践需要做好规划、联络、宣传、总结等许多方面的工作，涉及许多实用文体的写作，调查报告、实践报告、新闻稿、申请材料是最常使用的文体。

“行走课堂”社会实践活动中还会涉及介绍信、证明信、表扬信、感谢信、慰问信、申请书、决心书、保证书、倡议书、建议书、海报、请柬、启事、聘书、公约、制度、规则、条据、工作计划、总结等事务类应用文书，以及简报、广播稿、墙报与板报等宣传文书的写作；由于这些文体都属于高中阶段就应知应会的常用文书，本书将不做介绍。接下来，本章将重点介绍社会实践中涉及的社会实践报告、典型新闻作品、项目申请材料等文体的写作。

第一节 社会实践报告的写法

实用文中的报告主要包括各种工作汇报。它的基本功能是向有关对象提出工作申请、汇报工作的进展情况、经验和问题，以及取得的成果等。它的内容比专业论文广泛，形式比论文通俗，读者既可以是专业人员，也可以是非专业人员。其运用频率远远高于论文。

一、报告的分类、结构和写作注意事项

报告按其主要功能和特点可分为三种类型：

（1）陈述型报告。主要功能是及时记录、反映考察事实，向读者提供真实的材料。其特点是：材料翔实，作者很少分析论证，多以叙述性语言反映事物的真实情况。表达方式可以是笔记形式，也可以是情况汇报形式。

（2）分析型报告。主要功能是及时总结典型经验和反映问题。内容要素

包括考察对象的基本情况，对考察情况的分析、归纳及获得的基本规律，作者的认识和建议。典型分析型报告内容组合方式的特点是，作者的认识和建议一般以小标题或提要形式置于段首，不展开议论，主要用客观事实反映事物本质，揭示事物规律性。

（3）论证型报告。主要功能是运用大量考察材料论证某种新发现、新观点。内容要素的特点是，以大量考察的事实材料为依据，运用理论推导、数学模型等多种方法展开论证。论证报告可以分为论证正确性的论证报告和论证可行性的论证报告两种。进行正确性论证报告的内容表达方式与理论证明型的论文基本相同，一般按事物内部的联系安排结构。由于这类作品具有较强的科学性、创造性、理论性和较高的学术价值，在大多数情况下，论证正确性的论证报告是一种论文，可用于一切学术场合。论证可行性的论证报告与论文的论证方式、方法上的差异大些，习惯上常常被称为可行性研究报告。

一般情况下，报告的表达方式不会是一种。在现实生活中，许多报告都是综合使用上述三种表达方式中的两种或三种来完成写作任务的。

报告应根据其写作目的、功能、特点来安排结构，其结构要素一般有标题、引言、正文、结尾等几部分。

标题，用以概括考察的对象、内容、范围或揭示主题。常见形式有3种：（1）只有正标题，标题直接揭示报告的主题；（2）正副标题兼用，大都以正标题揭示主题，用副标题概括考察的对象和范围；（3）介宾结构式标题，即关于×××的报告。

引言又称前言，以考察的基本情况为要素，主要介绍考察的目的、意义、内容、方法、时间、地点、范围以及人员组成和考察结果等。如果作者将有关基本情况放到正文相关部分说明，那么引言可以不写。因此，作者可以根据报告的功能决定是否写引言，同时在引言的写作中选择、介绍哪些基本情况，也主要是由作者决定的。引言写作的标准是：重点突出，简明扼要。

正文，是报告的主体。内容要素有：陈述考察事实，报告考察的经验或问题，阐述作者的主张与建议。正文的内容要素应视报告的类型而各有侧重。情况中陈述型以反映客观事实为主；典型分析型以揭示规律为主；观点证明型以论证作者的认识或主张为主。组合方式通常有3种：（1）按空间顺序排列；（2）按时间顺序排列；（3）按事物的不同性质及内在联系排列。较长的报告各部分应用小标题或序号引领，较短的可连贯而下，一气呵成。

结尾，是报告内容的归结和补充。应视报告的不同类型和具体内容，或补充说明未尽事项；或提出建议，指出问题；或写出结论，引发讨论；或自然收结不另外写结尾。

报告的基本写作要求和写作方法与后文将提到的论文的写作有一些相似之处，在此不做过多的展开，但在写作中需要注意的问题是：第一，由于读者对象不同，因此报告比论文要写得通俗一些，要适当增加一些背景材料，来龙去脉要讲清楚。据国外有关资料，总经理阅读研究报告的情况是，读内容摘要的占100%，读引言的占60%，读正文的占15%，读结论的占50%，读附录的占10%。因此，撰写研究报告，要特别注意写好摘要、引言、结论等部分。第二，研究报告，特别是开题报告、进度报告、专题性报告和综合性报告，要适当说明研究的情况、过程，存在的问题和建议等，这些内容要具体、明确、重点突出。第三，报告的附录和附件很重要，它一般比论文的附录要长，有的甚至超过报告正文的字数。

二、报告写作材料的选用方法

报告的写作过程，关键环节是整理分析材料。因为作者手中的材料不可能都写进报告，所以材料的选择是不可避免的，必须择优采用。其基本过程是：第一步，按照报告的功能结构特点，将所有的材料汇总分类，可分为综合、典型、概括、具体等几个类型；也可把同一性质的材料归纳为一类。第二步，按照报告的主题和写作提纲选取材料，与主题及提纲无关的材料应剔除。第三步，按照报告的基本特点确定材料。主要方法有：

（1）筛选法。对分类的材料进行鉴别。辨别真伪，分清主次，选用真实可靠并具有普遍意义的综合、概括材料和能反映问题实质的典型、具体材料。

（2）对比法。一是将同类、同质的几个材料加以比较，确定选用最能反映事实、最有说服力的材料；二是把同类不同质，或同质不同类的材料进行纵横比较，如将同一事物的前后变化加以对比，将甲事物和乙事物的优劣加以对比，从中选取更有价值的材料。对比一定要注意事物之间是否具有可比性，不能强拉硬扯。

（3）统计归类法。制图、列表、进行数据统计分析，是报告最常用的方法。在起草报告前，应将汇总、分类、选用的资料绘制成图、表进行统计分析，使原始的统计数字质变为能反映出现象总体特征和相互联系的依据。这些数据通常有：总量（绝对数），能反映对象的规模、水平；相对数，如百分数、倍数，能反映对象的结构比例、动态关系；平均数，如简单平均数、加权平均数，能反映对象的特点、发展趋势。要尽可能地从各方面统计分析，找出各种数量之间的差异及产生差异的原因。

三、调查报告的写作方法

陈述型报告主要有实验报告、检测与鉴定报告、调查报告等形式。实验是指在特定环境中和人为控制下，检验某种科学理论或假说的科学实践活动。记录实验过程和结果的书面文件则是实验报告。实验报告的基本功能是报道实验的过程和结果，揭示实验对象的本质和规律。实验报告按其功能来划分，有科研实验报告和教学实验报告两种。科研实验报告是研究人员向有关部门报告或向同行交流自己的实验成果，特别是创新性成果的报告，由于其实用性强，因而被科技工作者广泛采用。教学实验是学生在校学习期间，教师训练、检查学生动手能力和表达能力的一种手段。因为它是重复前人已做过的实验，所以，其报告的保存价值不大，但能较全面地反映学生运用专业知识的实际水平，更是评定学生学业成绩的重要依据。检测报告是在对产品进行检测后，根据检测结果给出的总结和评价。检测就是对检测对象的各项指标进行测试，然后将测试的结果与规定的标准进行比较的过程。检测报告是以具体的检测结果为基础的。要写好检测报告，就要熟练掌握检测标准，同时要忠实检测结果，并且尽量不要对结果进行主观评论。鉴定报告是根据国家规定，由组织鉴定的单位对提交鉴定的科技成果或产品作出鉴定后，根据鉴定结果所写的文字报告；对通过鉴定的科技成果或产品一般都颁发鉴定证书。鉴定证书是在鉴定报告基础上缩写而成的说明文件。

实验报告的格式和写作手法差异较大，每个专业在其实验教学中，都介绍了实验报告的规范；鉴定报告大多有统一规范的文本可供参考；而调查报告在学生社会实践活动，尤其是学生暑假社会实践活动中使用频率很高。因此，下面重点介绍调查报告写法。

（一）调查报告的基本问题

调查报告是一种通过调查研究来反映客观事实并力求揭示事实本质或发展规律的文体。调查报告的产生不能没有调查。调查是一种手段，调查需要有明确的目的和对象，怎样调查，在事先要有周密的打算和准备。调查报告的产生不能没有研究。研究是以一定的理论或思想为依据，对调查所得的事实或情况进行分析、概括，去伪存真，由表及里，揭示出事实的本质，得出正确的结论。在此基础上写成完好的书面报告就是调查报告。

1. 调查报告的特点

第一，针对性。调查报告的写作通常都有明确的针对性和目的性，或者是总结推广某一个典型经验，以带动整个“面”上的工作；或者是对某方面的工作或问题进行分析研究，为制定方针政策提供依据；或者是搜集情况，加以必要的分析综合，以供有关部门决策时参考。

第二，指导性。调查报告不只是客观事实的叙述，更重要的是对于事实的分析和概括，对于事实的内在规律的探求。因此，高质量的调查报告不仅能深入揭示出事物发展的一定规律，而且能充分体现党和国家的有关方针政策，对具体的工作实践具有很强的指导意义。

2. 调查报告写作的一般过程

第一步，明确调查目的，编制调查计划。调查计划的内容一般应包括调查目的、调查对象、调查步骤、调查项目和调查方法等。

第二步，搜集资料，初步分析。开始调查之前，应围绕调查目的，多渠道地搜集有关资料，以熟悉和掌握调查对象的基本情况，并通过初步分析，确定调查的重点和主题。

第三步，做好准备，实地调查。根据不同的调查方法，做好充分的准备工作，如采用询问方法所要用的询问提纲或询问表格等，然后进行实地调查，以全面地了解和掌握情况。

第四步，资料汇总，分析研究。在大量地全面地占有资料的基础上，进行认真的汇总分析，去粗取精，去伪存真，并以一定的理论或思想为指导，深入研究，得出结论。

第五步，写调查报告。写调查报告，标志着调查研究的结束，同时它又是总结整个调查研究成果至关重要的一个阶段。

3. 调查报告的类型

调查报告运用广泛，形式灵活，可以从不同的角度进行分类。从调查内容和功能可以分成以下三种类型：

第一种，经验调查报告。经验调查报告又称典型调查报告，主要用于介绍和推广实际工作中出现的具有一定普遍意义的新鲜经验，往往带有较强的政策性和指导性。为了使报告发挥更大作用，经验调查报告的内容必须真实、典型。

第二种，问题调查报告。问题调查报告是针对经济建设中某一方面（或某一个）问题进行调查分析后写成的报告。问题调查报告的主要功能是通过调查研究，分析问题产生的原因，探索其规律，有针对性地提出解决问题的办法或建议，以供领导部门或有关机关决策时参考。

第三种，情况调查报告。情况调查报告也称基础调查报告或资料性调查报告，其主要功能是客观、真实地提供情况，为有关部门了解历史和现状、正确地研究和处理问题、制订计划或采取必要的措施等创造条件。情况调查报告一般也围绕着某一方面（或某个）问题来展开，但它不像问题调查报告那样必须对问题进行深入的分析研究，并且明确地提出解决问题的建议或对未来工作的思路；情况调查报告主要提供经过选择、归纳的情况。

4. 调查报告的写作要求

首先，实事求是，用事实说话。调查报告是一种针对性很强、内容真实典型、表达灵活的文体，它既要有材料又要有观点。尽管调查的目的通常产生于调查之前，但调查报告的主题与结论则应该形成于调查之后。写调查报告要尊重客观事实，要从具体的情况、问题和经验中，概括出正确的结论，明确文章的中心，然后再用事实来说明。写调查报告要以一定的理论或政策为准则，从客观实际出发，实事求是地将调查研究的结果写出来。这样，调查报告才会是真实、可靠的，才能发挥其应有的作用。

其次，努力提炼有指导意义的主题。调查报告非常讲究针对性，报告的针对性强弱主要取决于调查报告的质量。要提高调查报告的质量，必须要提炼有指导意义的主题。经济现象复杂，其真相往往不直接显露在人们面前。由于多方面因素的作用，人们对事物的认识也常常停留于表面，容易为假象所迷惑。搞调查研究，就是要深入实际，在大量地全面地占有材料的基础上，去伪存真，由表及里，找出带有规律性的结论来。

（二）调查报告例文介绍

关于利用农村青年中心推动农民科普工作的调查报告❶

农村基层的科学普及是一项长期的工作，随着经济的发展，科学普及的内容也在不断变化。根据变化不断开发新的科学普及项目、探索新的农村科学普及之路是使科普真正落到实处的关键。为此，我们在2005年暑假期间，结合参与本校老师科研课题的调研工作和北京农学院大学生暑假社会实践活动总体安排，开展了有针对性的实践活动。我们选择了农村青年中心这一新兴的农村青年组织为调查对象，在北京和辽宁沈阳、抚顺等地进行了实地调查。经过调查，我们发现，利用农村青年中心推动农民科普工作是新时期科普工作的新途径。在此，将调研成果汇报如下。

随着我国经济结构战略性调整，农村改革和城镇化进程的深入，我国农村经济社会的深刻变化给农村青年的思想观念、行为方式和群体结构带来巨大影响，对农村青年工作和青年组织建设提出新的课题。面对新形势和新任务，团十五大提出了建设城乡青年中心的战略举措。这是在社会主义市场经济条件下不断开创农村青年工作新局面的必然要求，是健全完善青年组织体系、加强共青团服务能力建设的一项基础工程，对于服务“三农”工作大局，服务农村青年增收成才，不断巩固和扩大党长期执政的农村青年群众基础，具有十分重要的意义。2003年以来，全国450多个县（市）陆续开展农村青年中心建设试点工作，230个单位参加全国青年中心建设先进县（市）创建活动，全国已成立农村青年中心1500多个，初步运转良好，正在成为充满生机活力的农村基层新型青年组织。通过北京市密云县太师屯青年中心、沈阳市新城子区新城子乡青年中心、辽宁省抚顺县毛公村等青年中心调查，我们发现青年中心正成为农村科普工作的新阵地。

一、农村青年中心成为当地农民科普的新阵地

北京市密云县太师屯青年中心成立以来，已经吸纳个人会员3000余人，划分为农村经济、企业经济、个体经济、文体教育、科技卫生、公共事业等

---

❶ 此调查报告为北京农学院学生暑假社会实践活动调查成果，在北京市2005年大学生暑期社会实践科普调研报告征文比赛中获得二等奖，社会实践团队获得北京市2005年大学生暑期社会实践优秀团队。

界别组。同时由30名以上个人会员或两个以上团体会员联合推荐，按照农村青年创业致富带头人、驻镇各行业的优秀青年、专兼职团干部等各界代表的比例，通过公开选举的方式，建立了青年中心理事会机构，下设秘书处负责日常工作。理事会制度的建立逐渐体现出优越性，举办活动的针对性明显增强，自主管理后，青年的参与热情明显提高。中心还先后出台了《太师屯青年中心章程》《青年中心理事轮值制度》等规章制度，规范了青年中心的日常管理。青年中心还结合会员的特长和需求登记造册，依靠会员联系卡，对会员进行动态、跟踪管理。

调查中我们发现：太师屯青年中心建设与当地经济发展实际相统一，与青年实际需求相统一。奶牛、肉羊、柴蛋鸡和水产养殖是太师屯镇的主导农业产业，全镇从事种养殖业的农户中有近一半是40岁以下的青年人，为了推进全镇的主导产业发展，满足青年农民对技术、信息的强烈需求，太师屯青年中心将“周末公益课堂”引入服务项目中，及时了解县、镇相关农业政策，调查青年农民的需求信息，利用中心的远程教育，开展技术和政策信息培训。一年来，已开展相关农业培训6次，累计培训200余人次。由于公益课堂贴近农户实际需求，深受青年农民欢迎。中心还调动内部资源，组织镇科技志愿者服务队深入基地开展实地指导，扩大了中心的影响力和吸引力。在此基础上，每月两次以上的各类实用技术远程教育和讲座培训每次都吸引了200多名参与者。

沈阳市新城子区新城子乡青年中心成立于2003年8月15日，位于沈阳市新城子区新城子乡六王村。该中心以联系青年、引导青年、服务青年为宗旨，不仅是沈阳团市委直接指导建设的第一家市级试点，更是辽宁省第一家农村青年中心。团中央、团省委领导多次来此调研，并现场指导工作。

新城子乡青年中心依托“全国十大杰出青年农民”、沈阳市淡水鱼养殖协会会长吴琼同志经营的玉兰渔场建立而成，建筑面积为1400平方米，设有培训室、图书室、网络室、会议室、活动室等机构和场所。

吴琼是沈阳大学毕业后回农村创业的典型，是沈阳市淡水鱼产业青年志愿者服务队队长。他倡导成立的东北三省第一家淡水养殖协会有会员近200人，遍及东北三省。建设青年中心，进一步加深他同团组织的联系和感情，更能够进一步扩大养殖协会的规模，从而实现双赢。几年来，利用两者结合的形式为农民进行电话及现场技术服务达万余人次。

沈阳市农村青年中心的主打项目是各类农业产业项目。新城子乡青年中心以淡水鱼养殖、花卉等当地特色农业项目为主打，兼顾农村青年劳动力就业转移、维权等服务项目。目前，共举办淡水鱼养殖、农作物种植、计算机基础知识、政策法规等各类培训30余次，接受培训人员达1000余人；为外出务工青年提供岗位开发、技能培训、跟踪服务和权益维护一条龙式服务，开发就业岗位200余个，提供政策法律咨询50余人次。

同时，为充分整合青年人才资源，中心还与沈阳农业大学团委联系，邀请沈阳农业大学的青年志愿者与当地青年结成“一对一”的服务“对子”，帮助农村青年在网上查询致富信息、开发农产品市场，并到田间地头指导农民科学种田，传授农作物种养殖新技术，通过这种双赢互动的方式，既让农村青年学到了新的农业技术，又解决了农业专业的大学生实习难的问题。

辽宁省抚顺县毛公村青年中心通过聘请顾问、专家，建立科技图书站，举办科技培训班等方式发挥青年中心推动现代农业发展、培训农业技术人才的作用。毛公村青年中心紧密依托当地资源、龙头企业、专业市场、专业协会等农业产业化链条组织，广泛建立产业基地、科技培训基地、项目示范基地，以培养青年星火带头人骨干和农村经纪人为重点，有组织、有计划地对农村青年进行培训，大力选拔各类青年致富带头人典型。中心已培训青年1200人，选拔青年星火带头人26名，挖掘培养农村经纪人11名。确定了“毛公板栗”深加工项目、“冷香玫瑰”加工提炼项目、1万只肉鸡产业项目、绿色森林生态园、500头奶牛饲养基地项目、三家子“四位一体”大棚绿色生态基地六大项目，用具体项目吸引青年、凝聚青年、服务青年。同时，通过适时组织农村青年参观学习、知识讲座、科技培训，使农村青年进一步解放思想，转变观念，大力倡导学科技、用科技的社会风尚。

二、农村青年中心成为进城务工农民的培训基地

随着我国市场经济的发展，外来务工人员规模总量逐年加大。进城务工人员职业教育和培训工作，是推动新阶段农村全面发展的迫切需要，是提高我国企业竞争力、加速工业化进程的重要举措，是统筹城乡协调发展、构建和谐社会的重要体现，是构建中国特色社会主义现代化教育体系、建设学习型社会的重要内容，同时也是科普工作面临的新问题。

辽宁省抚顺县毛公村青年中心通过提供掌握各方面的信息和利用互联网资源，开展科技市场项目等信息查询、资料收集等服务，为农村青年闯市场提供快捷可靠的信息。充分利用现代化高科技手段，采取外部采集、内部收集的方式，获得大量准确的科技、劳务、致富项目等方面信息，及时传递给农村青年。一是创办青年就业服务中心，提供劳务输出的服务平台。二是完善劳务输出工作网络体系，扩大输出渠道。三是广泛联系用人单位，拓展劳务输出渠道。按照"五个一"标准：即建立一套外出青年档案，落实一个专职负责人，设立一处办公场所，收集一份外出青年通讯录，开设一个外出青年服务热线电话。依托网络优势，向外地输送务工人员已达600多人。

北京市统计局2005年6月4日发布报告称，截止到2004年底，北京市共有农民工286.5万人。要保障北京市的可持续发展、建设宜居型城市就需要建设小城镇，并且在小城镇合理规划基础上有选择地发展工业。在发展北京郊区工业，尤其是发展远郊区县工业的过程中，需要大量的劳动力，而这些劳动力，外来农民工的比重很大。以密云县太师屯镇为例，该镇是1998年确立的国家级小城镇建设试点镇，在该镇工业企业就业的近5000名员工中，外来务工人员已经达到了70%。由于在小城镇工业规划中，对进入该区域企业行业进行了限定，因此，在小城镇工业企业就业的外来务工人员，具有居住相对集中，从事岗位接近等特点，这就为集中进行科学普及活动提供了可能。

密云县太师屯镇青年中心在建立外来青年联谊会的基础上，把指导和帮助青年从一产向二、三产业转移作为新的服务项目。中道制衣有限公司在年初申请成为中心的团体会员，并为中心提供了30个就业岗位。青年中心在此基础上积极整合资源，借助服装厂的场地进行技能培训。经过几个月的时间，该青年中心已经对400名青年开展了职业技能培训，27名青年通过考核正式上岗。

三、活动的多样性是青年中心科普的新特色

用正确的思想路线引导人，用法律观念武装头脑，树立科学的世界观是科普的重要任务，也是科普活动中难度最大的一项工作。青年中心与共青团工作的有机结合，使解决这一难题成为可能。

外来务工人员在异乡工作，很容易产生思乡的心理，帮助他们克服这一心理就会使外来务工人员接受科普教育成为可能。调查中我们发现：太师屯青年中心结合金湖工业园区外来务工青年集中的特点，把服务外来青年作为建设的亮点，组建了外来青年联谊会，吸纳各个企业的外来务工青年加入联谊会，通过开展文体活动、技能竞赛、青年维权等方面的服务，凝聚和吸引外来青年，使青年通过联谊会重新找到归属感。“五一”“十一”等节假日，青年中心开展了外来务工青年大联欢、“我为密云做贡献”座谈等活动，邀请企业负责人共同参与，不仅为青年提供了展示才华的机会，也融洽了管理者与务工青年之间的关系。目前，服务外来青年已经成为太师屯青年中心的建设亮点。以镇文化广场为依托形成了青年中心主体部分，建筑面积1300平方米，能容纳800人，具备远程教育设备的农村青年现代化素质培训中心，设有青年文化剧场、电脑培训教室、图书室、阅览室、台球室、乒乓球室、篮球场；依托占地140亩的健身公园建立的青年健身中心，内有游泳池、沙滩排球、网球场、足球场等活动场地；依托“承兴密三县抗日联合政府遗址庄园”建立的青少年德育教育基地。2004年6月，太师屯青年中心首次引进了民营企业“星海”网吧。在充分了解网吧的经营状况后，青年中心积极与网吧负责人协调沟通，确立了引导青年文明利用网络资源的工作方向，将“星海”网吧设立为太师屯青年中心网络教育定点基地，并达成四项协议：一是青年中心进一步完善网络教育基地的各项制度，并监督制度执行情况；二是在网络教育基地定期开展网络培训工作；三是青年中心会员凭会员卡在网吧上网学习，可享受5折优惠；四是中心会员有监督网吧文明健康经营和对外宣传的权利和义务。开辟新的阵地后，农村青年通过网络学习知识、认识社会的需求得到了及时满足，青年中心进一步深入青年心中。

沈阳市新城子区新城子乡青年中心因地制宜建设维权服务站、联谊会等特色项目。根据新城子区的地域特点和会员青年的需要，青年中心还举办了篮球赛、乒乓球赛、青年读书会、卡拉OK大家唱等带有普及性的农村青年文化活动。尤其是针对新城子区作为锡伯族发源地，锡伯族青年比较集中的特点，青年中心还成立了锡伯族青年联谊会，多次举办秧歌节、二人转会演等带有浓郁乡土气息的农村文化活动。在丰富多彩的活动中，农村青年们不仅陶冶了情操，更密切了同团组织的联系。

辽宁省抚顺县毛公村青年中心通过青年中心的宣传阵地，贯彻有关权益保护的法律、法规，做好法制教育工作，为农村青年的成长和发展提供有效的法律服务、心理咨询服务。首先，建立健全了组织机构，由司法和公安人员担任青年中心法律顾问。紧紧围绕宪法、民法、刑法等有关法律、法规开展知识讲座，普法宣传，模拟法庭等活动12次。设立维权监督、举报公开电话。采取多种教育形式，使农村青年进一步知法、懂法，增强自我保护意识，维护合法权益，走依法致富的道路。同时，通过青年中心的活动场地和图书馆来巩固青年的文化阵地，为广大农村青年营造健康向上的文化氛围，提高农村青年文化素质。青年中心建立了标准化的室内外演出舞台，充分利用这一有利时机，广泛开展科技、文化等各类擂台赛、文艺演出等喜闻乐见的群众性农村青年科技文化活动。

四、农村青年中心开展科普活动中存在的问题与对策分析

尽管当前农村青年中心发展势头很猛，也取得了很大的成就，但是由于现阶段农村工作的特点和转轨时期市场经济的大背景，导致农村青年中心与科普推广活动相结合的过程中不可避免地存在一些问题：

第一，青年的科技意识还有待提高。大多数青年虽然希望通过掌握科技知识脱贫致富，但由于对新项目、新技术持有怀疑态度，错过了引进、实验、普及的最佳时机；有的想致富，却不找门路，存在“等、靠、要”思想；有的市场意识淡薄，小富即安，缺乏竞争意识、风险意识、产业意识。

第二，政策落实得不够好。不论是项目试验推广，还是兴办龙头企业，仅靠团组织自身的力量是很难搞好的，必须争得各级党政组织的领导重视和支持，为农村青年开展科技活动创造良好政策条件。各级党政组织对农村青年开展科技活动是十分重视的，相继出台了一些扶持政策，但有的地方政策力度不够大，还有的政策落实不到位，在一定程度上影响了活动的深入开展。

针对上述不足，应该在未来的青年中心工作中做好以下几项工作：

首先，与各级科协积极配合，开展相关的科普活动。2004 年 6—12 月，团北京市委在全市郊区青年中开展了“北京郊区青年现代化素质大讨论”活动。其间团市委的调查显示：93%的郊区青年表示出了对知识更新和掌握实用技能的渴望，89%的郊区青年表示目前完全或基本凭借传统经验进行生产劳动，对技术密集型农业生产方式、质量效益安全性农业生产目标缺乏清晰的理性认识，74%的郊区青年希望通过学习改变现状，参加法律、科学知识等再培训的愿望强烈。应充分利用北京大专院校、科研院所集中的优势，与各级科协积极配合联合开展科普活动。

其次，充分利用青年中心，在加强农村团的基层组织建设的同时全面深化农村青年科技活动。一是不断壮大青年科技能人队伍；二是抓好先进科技示范项目推广；三是抓好科技项目试验示范推广基地建设。

最后，积极做好农村青年劳动力转移工作。一是加强宣传教育。引导农村青年更新观念，认识到转移出来才是致富奔小康的出路，激发农村青年闯市场、干事业的热情，自觉投入劳动力转移中来。二是搞好技能培训。充分利用青年中心这一载体，有针对性地开展各种专项培训，提高农村青年适应劳动力转移的基本能力。三是拓宽就业渠道。

农村青年中心作为充满生机活力的农村基层新型青年组织，正在农村经济发展过程中，发挥着包括科普作用在内的各项作用。随着时代的发展，农村青年中心必将为农村科普工作做出更大的贡献。

第二节 新闻写作

材料、能源和信息是物质世界的三大构成要素。信息是指通过各种方式获得的，可以被传播，可以用被感受的声音、图像、文件所表征，并与某些特定的事实或事件相联系的消息、情报、指令等以数据或其他符号表达的知识。

信息说明文体以传达信息为主要功能，要求做到准确无误并传递到位，因此，具有公开传递性、真实性、准确性等特征。信息说明文体的写作属于创造性的思维活动，兼有形象与逻辑两种思维方式。表达方式以叙述为主，也可以兼用描写、说明、议论等各种手法。在社会实践活动中，新闻就是典型的信息说明文体。

一、新闻写作概述

（一）新闻的概念、分类和组成要素

新闻是一类重要的信息说明实用文体。新闻是指新近发生或变动的事实信息，一般需经传播者选择，并借助语言、文字、图像等符号载体及时传播。1981 年 8 月 8—15 日在北戴河由中共中央宣传部主持召开的“全国 18 个大城市报纸工作座谈会”纪要中，对“新闻”的定义是：“新闻反映新发生的、重要的、有意义的、能引起广泛兴趣的事实，具有迅速、明了、简短的特点，是一种最有效的宣传形式。”

新闻作品的种类很多，从文体的角度分析，有狭义和广义之分。狭义的

新闻专指消息；而广义的新闻则主要包括消息、通讯、评论、调查报告、报告文学等。新闻报道分三个层次：第一层次报道是对事实性的直接报道，第二层次报道是在发掘表面现象背后的实质的调查性报道，第三层次报道是在事实性和调查性报道基础上所作的解释性和分析性报道。因此，只有第一层次的新闻报道完全属于信息说明类实用文体，主要包括消息和通讯两种形式。

新闻的要素主要有：新闻性、重要性、特殊性、关联性、政策性、知识性、趣味性。

新闻性是指新闻报道的内容要新鲜，要有新闻价值。

重要性一是指本身重大的新闻；二是指本身事情虽然不大却能反映一个大地区甚至全国形势的新闻。

特殊性是指新闻写作要在众多同类的、具有差不多同等价值的事物中，选择具有鲜明特点、特色、特性的，作为报道的内容。

关联性是指新闻写作选择的事实与新闻的读者在地理和心理上关联要更紧密、更接近。

政策性是指新闻写作要符合国家政策，在条件允许的情况下，要努力利用报道介绍、解释、宣传国家政策。

知识性和趣味性是指新闻写作要把报道知识新、趣味性强的事物作为任务，同时在一般报道中努力提供有用的知识，增加报道写法上的趣味性。

（二）消息与通讯的概念、特点和分类

1. 消息

消息是新闻的主要形式，篇幅简短，报道迅速，适合于传播新鲜的、重要的、有趣的事实。消息有如下三个特点：

（1）消息报道的事实必须是新鲜的。

（2）消息的时效性要求在新闻中是最高的。

（3）消息应该抓住新闻事实的特点，一事一报。

消息的分类可以按不同的标准来进行，习惯上分为动态、综合、典型和述评 4 类。

动态消息一事一报，简洁明快，篇幅短小，能迅速及时地把现实生活中各种新的变动传播给读者。

综合消息是若干动态消息的综合报道。

典型消息又称经验消息，是关于某地区、某部门或某单位在工作中所取得的新鲜经验的报道。

述评消息是指在传播新闻事实的同时还对事实发表评论。它实际上是介于消息和评论之间的边缘文体。

2. 通讯

通讯也是新闻的一种主要形式，与消息相比，通讯的特点在于：

（1）完整性。通讯所反映的人物或事件在内容上显得细致详尽，能够比较完整地报道人物的事迹或事件的发展过程，往往有一定的情节。当然，通讯的情节要受真人真事的限制，不能提炼改造。

（2）形势性。写通讯尤其是人物通讯，常常要借助于形象思维，并运用一些文学手法，因而具有一定的文学色彩。

（3）灵活性。通讯在时效方面的要求虽没有消息高，但在适用范围上比消息宽广，表现形式和表达方法都比较灵活。

通讯可分为人物通讯、事件通讯、工作通讯和概貌通讯4种。此外，还有一种篇幅短小的新闻故事，一般也称为小通讯。

人物通讯以人物为主要报道对象，可以写“全人全貌”，也可以“截取一段”来写；可以写一个人，也可以写几个人。所报道的人物可以是正面的，也可以是反面的。

事件通讯以事件为主要报道对象。事件可以是正面的，也可以是反面的，但必须具有典型性。

工作通讯以研究工作问题、介绍工作经验为主，具有指导工作、推广典型经验的作用。工作通讯的表现形式有采访札记、记者来信、工作研究等。

概貌通讯以写概貌、观感为主，一般运用概括叙述与具体描写相结合的方法，来介绍某个地区、单位或某个行业等的新貌，往往富有知识性。

小通讯即新闻故事，大多以事件为主，择取其一个片段来刻画。

（三）消息与通讯的结构

消息与通讯从结构上分，可以分成标题和正文两部分。

1. 标题

新闻的标题要求准确、鲜明、生动、简练。标题的形式有三种：单行式、双行式和多行式。

单行标题一般是概括或评价新闻的主要内容，简洁明了。

双行标题常有实、虚之分。实题（也称主题、正题）是把新闻中最主要的事实或基本内容浓缩成一两句话，虚题（指引题或副题）则用于渲染气氛、揭示事件的意义等。

双行标题有两种形式：一种是引、主题式，引题（也称眉题）居于主题之上，起交代背景、烘托气氛或点明意义等作用；另一种是主、副题式，副题（也称子题）居于主题之下，起补充说明、扩大效果等作用。

多行标题由引题、主题和副题三部分组成，常用于重要新闻的报道。

2. 正文

消息的正文结构，包括导语和主体两部分。通讯一般没有导语，只有正文。

导语在一般消息的开头，它是对新闻事实的核心或最重要的问题进行的概括。导语里应该有实质性的内容，要善于突出最主要、最新鲜的事实或材料，并力求生动、有趣。导语应该简洁明了，要尽量写得短一些。导语可以单独成为一个段落，也可以不独立成段。导语可以分为直接性导语和间接性导语。直接性导语开门见山，直截了当，多用于事件性动态消息，时效要求比较高，但其缺点在于有时候容易造成标题与导语在文字表述上的雷同。间接性导语不十分强调时效性，常以特写的形式或描写性手法来设置一种现象或创造某种气氛，产生很强的可读性。由于它具有延缓读者兴趣的功效，故又称延缓性导语。

新闻正文主体材料的组合顺序完全取决于材料重要性的大小，重要的居前，次要的居后。主体部分还要介绍背景材料。背景材料的运用，有助于读者对新闻事件或人物有一个深广的认识。背景材料大致有三类：注释性材料，即对新闻事实的本质特性如人物的出身与经历、事物的性能与特色等，以及专用术语等，加以必要的注释；说明性材料，即对新闻事实变动的政治、经济、历史、地理等各方面的条件进行介绍，以显示变动的原因，交代新闻事件的来龙去脉；对比性材料，即通过事物的前后、左右、正反等的对照，来突出所报道事实的特性、意义等。

（四）消息和通讯的写作要求

第一，选择有价值的人物或事件。新闻的作者要有清醒的政治头脑、敏锐的洞察力和科学的预见性，要能够从纷繁的现象中抓住典型事例，看出它在全局中的地位和价值，揭示出它所蕴藏着的深刻含义。

第二，写作时要以叙述为主，用事实说话。消息和通讯多用叙述性的语言，叙述应该真实、简练、清楚。通过叙述，应该把事实讲出来，把事实中有关的时间、地点、人物、事件和原因告诉读者，用叙述事实来发表意见。

二、新闻写作例文

五四新闻奖是宣传青年和共青团工作优秀新闻作品的年度最高奖，是中宣部批准的常设国家级新闻奖。下面所选的例文是在2003年1月2日揭晓的第八届五四新闻奖评选中获得一等奖的消息和通讯作品。

（一）消息

一时的领先并不表明永远成功，新生应在同一起跑线上

——北大取消“状元墙”

本报记者 韩少华

今年，北京大学并没像去年那样大模大样地把高考状元、奥赛冠军和小明星的大尺寸照片放在北大三角地炫耀，而是在简单地通报了今年的录取情况后，用数十块展板介绍了学校的历史和校园的基本情况以及近年来的科研、学术新成果。北大的“状元墙”不见了。

这样的做法，一方面，使刚入学的新生能够通过介绍大致了解学校，为今后四年的学习做好准备；另一方面，同学之间也避免了因为入学分数的差距而造成的不平等。

事实上，高考的成绩在宏观上虽然确实能够反映出一个人的学习水平，但是在微观上，仍然有很大的偶然性。能够在高考的独木桥上走进大学，就已经是很不容易的了；其中有人能够力拔头筹成为高考状元，很有可能就是因为在考场上发挥得特别好而已。所有的同学，其实都是很优秀的，如果非要把少数几个状元突出出来不可，不仅会在学生之间造成隔阂，也对学生的学习会有不好的影响。

教育专家认为：学习是一个很长的过程，就像是在跑一场马拉松，一时的领先或是落后并不表明成功或是失败。高考状元如果躺在了成绩簿上面吃老本，不思进取，很快就会落后；而其他学生只要能够迅速地适应大学的学习方式，就会获得优秀的成绩。

（引自《北京青年报》，2001 年 9 月 10 日）

（二）通讯

这片新绿如此迷人

——保护母亲河行动走笔

本报记者　胡果

黄河长江万里波，流淌着五千年光荣与梦想；一部中华文明史，蘸着这江河水写就。万古江河奔流至今，有些气喘吁吁、步履蹒跚。断流、洪患、污染，频频而至，令人心忧：新世纪里，我们的母亲河，还能支撑起民族复兴的伟大梦想吗？

保护母亲河！是我们的过去，更是民族的将来!!

世纪之交，一个响亮的誓言，被同样代表着民族未来的青少年率先喊出。大河上下，一片茸茸的新绿，在童山荒岭间悄然铺开……

新世纪的绿色希望工程

1997 年黄河下游持续 200 多天断流，1998 年长江、松花江、嫩江流域特大洪涝灾害。中国，开始格外关注一个词：生态保护。

1999 年春，一项名为“保护母亲河行动”的大型社会公益活动应运而生。

这是一次声势浩大的誓师——共青团中央、全国绿化委员会等八部门共同发起，团中央第一书记周强亲自挂帅；这是一个饱含希望的宣言——组织发动最广大的社会力量，在长江、黄河等江河湖流域植树造林、保持水土，从 1999 年到 2003 年，先期治理 100 万亩；这是一项新意盎然的行动——“5 元钱捐植一棵树”“200 元捐建一亩林”，公开适度的筹资标准，简便易行的操作方法，具体可感的目标图景，唤起公众蕴藏已久的母亲河之恋，万千热望汇成暖暖巨流。

短短两年多，宣传教育，植绿护绿，亿万青少年勇当先锋；耄耋老翁，垂髫孩童，社会大众纷纷解囊。保护母亲河行动在全国各地方收到的各类捐款，迄今已近亿元！

生态建设最深厚的根基，从来都植于人民群众之中。保护母亲河行动开辟了一条崭新的公众参与渠道，将社会大众对生态建设的广泛关注转化为切实行动，被誉为新世纪的绿色希望工程。

利益与公益的完美结合

社会爱心构筑的坚实根基，保证了保护母亲河行动的高起点。然而，仅有爱心是不够的。君不见，年年植绿不见绿，已成造林建设中屡见不鲜的尴尬误区。“保护母亲河行动”的组织者们开始思考：市场经济条件下的全民义务植树，应该如何运作？答案是：“保护母亲河行动”是公益行为，更是科学事业，既要符合生态建设规律，又要尊重市场经济规则。

一种全新的生态建设机制脱颖而出——社会化运作，工程化建设，项目化管理。以中国工程院副院长沈国舫为首的专家组率先成立。任何工程上马，都须经专家组实地考察，怎样整地、用何树种、间距多大、如何管护，现场答辩，审批立项；项目实施前，还要明确地权、林权，每块地、每株苗都有主人，谁承包、谁种植，谁管护、谁受益；树种下了，种植者先垫资，每年验收，分期报账，成活率未达标，责令补植。一句话，不见绿，不给钱……

申报审批立项制、项目法人制、工程监察制、资金报账支付制、产权预先确认制，5 项具体制度，直指一个核心：引入利益机制，在公益活动中体现利益原则，尽可能地把生态环境建设与改善生活、发展致富结合起来，使人们在实现自身利益的同时为公益事业尽心出力。

山西偏关万家寨，为了浇灌属于自己的那片幼林，老乡们从 40 里外的黄河里汲水，先用拖拉机拉到村里，再用小毛驴驮上山坡。

四川乐山沙湾区，六十多岁的郭老汉摸着茁壮成长的巨桉：“才两年就长到六七米高，马上可以间伐了！可惜这坡地，荒了好多年哩……”

地还是那块地，人还是那些人，当人和地有了一种明晰的利益关系，荒地长出了新绿。

科学与爱心的不断延伸

科学加爱心，是“保护母亲河行动”的创造性所在，生命力所依。

前不久，我们随同有关专家参与了一次保护母亲河工程年度作业验收，亲身感受到这项新世纪绿色希望工程的勃勃生机。

从龙羊峡到刘家峡，从四川乐山到重庆万州，12个已经完成2000年年度验收的全国重点工程，造林存活率最高为94.6%，平均达90.59%。

陕西，全国水土流失最严重的省份。在遭遇历史罕见大旱的延安市延河项目区，树木成活率却达79.7%，高出当地退耕还林标准近10个百分点。

青海龙羊峡，黄河上游第一个绿化项目区，新疆杨等优良树种及保水抗旱等先进技术的推广应用，让秃岭荒山换了装。一位老农拉着专家的手哽咽难语：“俺有十多年没见过这么多的绿色了！”

新绿使人振奋，探索还在延伸：

保护母亲河信息系统正在开发，不久的将来社会公众通过互联网可及时了解工程进度、捐款流向；“1助1”造林种草模式广泛推行，越来越多的团体、单位纷纷认建林地；“母亲河，我与你同行”绿色传递活动吸引了上千万人次参与，影响遍及黄河、长江沿岸54个大中城市；以打捞漂浮物、监督污染源为主要内容的“清洁江河水”活动，将目光投向了珠江、淮河、太湖、洞庭湖……

短短两年，“保护母亲河行动”已经成为中华大地上的一面绿色大旗。

盈盈绿意，昭示良多。今年5月，李瑞环同志在接见首届“母亲河奖”获得者时说：“一种好的方法，一个对路的实招，可以下活一盘棋，开辟一条道，影响一大片。保护母亲河行动就是一个很好的尝试！”

俟河之清，中华民族的悠长梦想；山川秀美，当代中国人的郑重承诺。努力！让新绿成茂林成浓荫，让母亲河永远清澈、长流不息……

（引自《人民日报》，2001年8月26日第一版）

第三节　政府购买社会组织服务项目策划书写作

政府向社会组织购买社会服务，是指政府将面向公众提供的公共服务事项，通过直接拨款或公开招标并以市场化、契约化的方式，交给有资质的社会服务机构来完成，最后根据择定者或中标者所提供的公共服务的数量和质量，按照一定的程序和标准进行评估后支付服务费用的行为。

参与政府购买服务的社会组织应具备具有独立法人资格，依法登记的社会团体、民办非企业单位以及学生志愿者组织。志愿公益活动往往是以具体的项目为依托而展开的，学生志愿者组织积极参与申请政府购买社会组织服务是把志愿服务做得更好的重要途径，政府购买社会组织服务项目的策划影响着政府购买社会组织服务项目的进展。政府购买社会组织服务项目存在的形式多种多样，但是，学生在参与准备政府购买社会组织服务项目之前都需要面对一系列问题，即："如何策划设计一个志愿公益项目，需要坚持哪些原则？""具体的政府购买社会组织服务项目策划方案包括哪些内容？"等问题。这些是投身"行走课堂"的学生需要掌握的内容。

一、政府购买社会组织服务项目策划写作的原则

提到政府购买社会组织服务项目策划，人们往往首先想到的是政府购买社会组织服务项目策划书。但是在完成政府购买社会组织服务项目策划书之前，活动的策划者需要思考的是策划活动需要遵循的原则。根据政府购买社会组织服务项目的特点，策划者一般需要遵循如下原则。

（一）执着向前原则

政府购买社会组织服务项目的首要目标是服务社会，一般具有明确的社会目的和使命。政府购买社会组织服务项目的具体任务是解决社会问题，实现社会目标。政府购买社会组织服务项目是为大众公共利益服务的，加上活动重要特征是非营利性，因此，难度比社会创业更大。很多政府购买社会组织服务项目缺少资金支持，这个难题在很多活动初期表现得更加明显。因此，政府购买社会组织服务项目策划者，尤其是策划者兼执行者的信念就很重要。只有直面困难执着向前，才能克服困难，渡过活动初期的难关。

（二）社会价值优先原则

社会价值优先原则是指政府购买社会组织服务项目策划时，必须不以策划者主观意志和条件为转移，并有一定社会实践应用价值。政府购买社会组织服务项目本身就是一项目的性、针对性很强的活动，作为政府购买社会组

织服务项目起点的选题策划也就必须符合政府购买社会组织服务项目自身发展的需要，必须符合实践应用的需要，有效地解决具体的问题。

社会价值优先原则是政府购买社会组织服务项目策划选题的最基本原则，体现具体志愿公益项目的必要性和迫切性。尽管具体志愿公益项目类型、性质不同，在理论价值和应用价值方面各有侧重，甚至有的政府购买社会组织服务项目是侧重理论研究。但是，一切政府购买社会组织服务项目都是在社会实践的推动下进行的，最终也会转化为实用价值。

（三）科学性原则

政府购买社会组织服务项目策划的科学性原则是指策划的政府购买社会组织服务项目必须符合相关社会科学理论及已经由实践证明过的社会科学规律，即要有明确的指导思想和理论依据。因而，这就要求政府购买社会组织服务项目策划有一定的理论和实践基础。

从实践中直接选定的政府购买社会组织服务项目，首先要有可靠的事实依据、比较强的针对性和尽可能的普遍性，减少受特殊的、个别的或偶然现象的影响或干扰，更容易透过现象揭示科学的本质规律。其次，政府购买社会组织服务项目选题要具体、明确，范围不可求大，以避免活动范围界定模糊不清，缺乏针对性。最后，政府购买社会组织服务项目选题指导思想要正确、科学，能纳入理论体系，经得起推敲。

（四）创新性原则

政府购买社会组织服务项目能否获得批准，主要看项目的新意、独创性和突破性，因此，坚持创新性原则十分必要。

在政府购买社会组织服务项目策划中坚持创新性原则就是要遵循演化规律，把继承与创新结合起来；尊重前人的成果，特别是经历史实践检验过的真理，实现新的突破。因此，可以说：不继承前人的成果与思想难以创新，一味继承，思想保守、不敢突破旧有桎梏，也同样难以取得创新的硕果。这是公益活动策划者必须关注的。

（五）可行性原则

政府购买社会组织服务项目策划的可行性原则是指确定政府购买社会组织服务项目时必须具备保证其能正常开展、取得预期成效的现实条件。现实条件可分为主客观两个方面；成效方面可以分为政府购买社会组织服务项目完成与成果推广两个层次。

主观的现实条件主要是指策划者的创造能力与水平，如个人的知识结构、理论修养、实践经验和能力，以及个人的责任心、自信心、毅力、兴趣、价值观等。客观的现实条件包括保证研究顺利开展活动的资料、场地、设备、时间、人员配置、经费乃至管理、制度、法规等环境约束条件。

成效则是指对成果品质的预估。从社会需求角度分析，品质低或缺少需求的政府购买社会组织服务项目，很可能导致活动策划投入付诸东流。志愿组织作为政府购买社会组织服务项目策划主体，策划项目的真正目的在于开发符合社会需求的公益志愿活动产品，必须做好需求分析，并熟知社会动态和民众需求的状况，慎重行事。

综上所述，选题的五项基本原则，不仅有其独立的指导意义，彼此之间也紧密相关、相辅相成、缺一不可，志愿组织在开展政府购买社会组织服务项目策划时应予以综合考虑，争取获得最佳的策划效果。

二、政府购买社会组织服务项目例文

政府购买社会组织服务项目策划是开展政府购买社会组织服务项目的基础。政府购买社会组织服务项目的策划一般包括以下几个步骤：调查分析资料、确定项目范围和目标、确定项目的可行性、完成项目策划方案。一个完整的政府购买社会组织服务项目策划写作包含 5W 和 1H，分别为：What(what to do) 做什么？项目的内容是什么？Who(who to do) 谁来做？参与项目的相关人员有哪些？Why(why to do) 为什么做？该项目的原因是什么？When(when to do) 何时做？项目开始和结束时间都是什么？Where(where to do) 项目的实施地点在哪里？How(how to do) 如何做？项目开展手段和措施是什么？

下面是北京市政府购买社会组织服务通过评审并获得资助的一个政府购买社会组织服务项目策划书，为了行文方便，将涉及社会组织和个人的具体信息隐去。

（一）数据表

项目名称	新兴创意功能区社工“加油站”			
项目申报单位	北京创造学会			
通讯地址	北京市×××路××号		邮政编码	××××××
电子信箱	××××××@126.com		传真电话	××××××××
法定代表人	×××	法人代码	×××××××	
	姓名	职务	办公电话	手机
负责人	×××	学会秘书长	××××××××	×××××××××××
联系人	×××	科普工作委员会主任	××××××××	×××××××××××
项目主责单位	×××区社会工委、社会办			
通讯地址	北京市×××路××号		邮政编码	××××××
电子信箱	××××××@126.com		传真电话	××××××××
	姓名	职务	办公电话	手机
负责人	×××	社会办副主任	××××××××	×××××××××××
联系人	×××	社会办社会工作科科长	××××××××	×××××××××××
申请经费（单位：万元）		×××	计划完成时间	××××年××月××日

（二）申报单位简介（200字以内）

北京创造学会是在社团办正式注册的学术团体，致力于交叉学科创造学理论与实践研究。学会多次与企业有关部门联合开展创造学培训，成果显著。多次获得中国创造成果奖。在创新方法普及方面实力雄厚，较早介入“创造、创新”和社工综合素质提升等理论问题和应用对策研究。

学会中有大量在高校理论研究、一线教学和管理岗位工作的会员，在“创造、创新”和社工综合素质培训等方面有大量理论成果和实践成果，具备承担项目所需条件和能力。

（三）项目论证

可行性论证：（项目实施的必要性、已有基础、具体方法和途径及实施进度安排、预期效果等，限4000字以内。）

新兴创意功能区社工“加油站”

项目实施的必要性

“三个北京”的建设对社区工作者能力提出了更高的要求，引入社会力量，开展社区工作者综合能力培训，是提升社区工作者水平，继续保持北京在全国社会建设领域的领先地位并发挥其对国内其他地区的示范作用尤为重要。

石景山区在“首钢”整体搬迁后，创意产业发展迅速；社区工作区域的发展重点的转移，要求社区工作者迅速完成由为“大型国有企业生产”服务向为“创意企业发展和创意产业去建设”服务；要实现这一目标，就需要对社区工作者开展综合能力培训。

已有基础

1. 前期培训工作，产生经济社会效益巨大

北京创造学会长期致力于交叉学科创造学理论与实践研究。长期为社会开展创造学理论与实践培训，仅以学会团体会员燕山石油化工公司为例：该单位在推广创造学后合理化建议的条数、实施率，特别是所取得的经济效益都有明显提高。仅2002年一年就收到建议30563条，实施率达到41.9%，产生直接、间接效益35059万元。

2. 进行过有针对性的系统调研

在北京市开始招聘社区工作者之后，北京创造学会就组织科普工作委员会和青年工作委员会有关人员开展了有针对性的调研，采访社区工作者300余人次，其中石景山区117人次。通过访谈，对社区工作者对提升自身能力的需求获得了第一手资料。

3. 进行过相关实验性工作

北京创造学会为西城区德胜街道策划并协办了青年社工辩论赛。该活动为北京市首次举办，博得社会各界好评。

北京创造学会于2010年申报了“思源”创新方法大讲堂活动，并作为北京市政府购买候选单位之一参加了当年7月12日北京市民政局、北京市社会建设工作办公室主办的北京市“政府购买社会组织公益服务项目推介展示暨资源配置大会”。在没有获得资助的情况下，以培训师“义工”形式完成了3000人次培训。

具体方法和途径及实施进度安排

根据前期调研，对于绝大多数受访专职社区工作者感觉到在考虑问题时思维不够开阔、缺乏创造性，口才急需训练，管理艺术不够的问题，我们提出如下方案。

活动是以街道为单位，采取讲座培训、小组培训，志愿者参与互动交流形式开展，具体活动如下：

1. “创造、创新”方法及写作、口才训练讲座

讲座采取报告、现场互动交流、课外阅读相结合，为社区工作者提供掌握基本知识的平台。按照石景山1200名社工每人三次培训，每场200人计，共进行18次活动。

2. 管理活动典型问题咨询

聘请管理专业人士开展咨询，解决社区管理工作中面临的问题。从5月1日启动至12月结束停止，每月不低于3次，每次2小时。

3. 志愿者参与互动交流

以项目管理型志愿者进入社区开展实习、调研、实践交流互动活动，该活动形成常态活动，每年参与人数不少150人次。

预期效果

力争形成一项对社区工作者有效果的素质培训品牌，并逐步扩大社会形象力，吸引更多热心于此项工作者参与其中。

所需支持

本次活动讲座报告主讲人、咨询费按照500元每次申报补助费，志愿者只提供交通及餐饮补贴，每次20元。

所需支持基本费用明细

（1）培训资料购买费用：略。

（2）场地费用：略。

（3）人员费用：略。

（4）宣传费用：略。

（5）其他费用：略。

（四）经费预算

略。

【评析】

政府购买社会组织服务项目申请书与一般的科研项目申请书有所区别，一般来说理论水平没有科研项目深，但涉及的问题领域较广。例文是2011年北京创造学会以石景山为活动地点申请北京市政府购买社会服务项目的申请书；该项目主要思路是在石景山产业转型背景下对社区工作者开展自然科学（创造学）和社会科学（写作、口才、社会管理）知识普及，也就是本书定义的科普。作为项目申请报告（申请书），在专家匿名评审阶段，获得评审专家全票通过（规则规定超过半数通过票即可获得批准），成为石景山区获得批准的项目之一。例文略去申请表格中填表说明、专家评分表，以及不便公开的总体和分项经费预算；出于对政府及相关单位信息保密要求，部分信息以××代替。

第四章　大学生应当具备基本沟通能力

一个小伙子为了参加毕业典礼，买了条裤子，可惜裤子长了两厘米，于是就在晚饭时，跟奶奶、妈妈、姐姐讲了这个问题。可是，大家都没有反应，吃过晚饭，大家都去忙自己的事情，这件事就没有被再提起。饭后妈妈睡得晚，临睡前想起儿子明天要穿的裤子还长两厘米，就把裤子剪了两厘米，叠好放回原处；半夜姐姐去卫生间，突然想起弟弟的裤子，于是把裤子剪了两厘米叠好放回原处；奶奶早晨起得早，想起孙子裤子的事，于是又剪了两厘米放回原处。最后，看着短四厘米的“新潮”裤子，小伙子只好放弃了穿新裤子去参加毕业典礼的念头。

这个看上去有一点“恶搞”的笑话，的确可能在生活中发生过。看这个案例，我们第一反应大多是：人际沟通是十分重要的。然而，即便没有面对面的沟通，如果每一个人的思维是严密的也不会出现案例中的尴尬局面。因为家里人的身高是清楚的，如果在剪裤子之前量一下裤子，问题就不会出现。

因此，在参与“行走课堂”实践活动时，提高大学生的沟通能力十分重要。

第一节　大学生需要具备的人际沟通基本素养

崔永元、赵本山、宋丹丹三人表演的小品《昨天、今天、明天》中有这样一段对话：

崔：谈话节目它有话题，今天的话题是：昨天、今天、明天。

赵：昨天在家准备一宿，今天上这来了，明天回去。谢谢！

崔：我是让您往前说。

宋：前天俺们得到的乡里通知，谢谢！

主持人口中的“昨天”“今天”“明天”使用的是这三个词语的泛指意

义，相当于过去、现在和将来；小品中的“白云”（宋丹丹饰）、“黑土”（赵本山饰）却对之做了具体化的理解，由于没有有效的沟通，就产生了应答与提问背道而驰的结果。

从这个例子不难看出，在生活中，沟通十分重要；如果不能很好地沟通就会出现笑话。要提高人际沟通的基本素养，首先需要理解一个概念：什么是沟通？《现代汉语词典》这样解释：“使两方能通连。”原意是指人们用开沟的方式使两水连通的活动，后泛指现代社会的信息交流。《大英百科全书》中写道：沟通是用各种方法，彼此交换信息，即指一个人与另一个人之间用视觉、符号、电话、电报、收音机、电视或其他工具为媒介，所从事交换信息的方法。

沟通是由信息发出者通过自己可控制的渠道，将信息发送给接收者，并从接收者获得反馈以达到相互理解的过程。现代社会沟通的渠道越来越多，可以是人与人之间直接的信息交流，诸如交谈、讨论；也可以是人与人之间借助其他工具的信息交流，诸如上网聊天、互打电话、发邮件、发传真等。

在“行走课堂”实践活动中，沟通同样是必不可少的一环。确定一项居民活动需要居民成员内部沟通；进行调查访问需要与被访者沟通，在获得调研资料进行资料筛选需要在调研者成员中进行沟通；在以组织为单位提交材料的写作直至定稿的过程中团队内部沟通工作十分频繁，在申请政府购买服务项目形成方案后公开展示、回答问题接受质询、答辩同样需要沟通。

“冰冻三尺非一日之寒”，人际沟通能力培养对表达者的素质要求是全方位的。表达者应对哲学、逻辑学、写作学、传播学、美学、伦理学、语言学、修辞学、社会学、公关学、历史学、民俗学以及文学等与文稿写作都有密切关系的专门知识有相应的了解。可以说，一个拥有良好口才的人，需要具备的素质涉及很多方面。而表达能力的培养与训练，是一个全方位的、系统的过程。如果想成为一个优秀的表达者，训练是全方位的。要达到这一目标就要全面提高表达者素质。一般说来，一个优秀的表达者需要具备的素质包括以下几个方面。

一、全面的知识储备和较强写作能力

一篇发言的文稿虽然只有几千字，但要将问题阐述清楚，表达者就必须摆事实、讲道理。如果表达者的知识储备不够丰富的话，文稿必然索然无

味，文稿如果不吸引人，表达者的演讲一般很难获得成功。

表达者的知识积累是一个长期的过程。中国古人曾说过："读万卷书，行万里路。"也曾有过"读书破万卷，下笔如有神"的论述。这正好说明了，做学问、写文章、展示人际沟通能力过程中积累资料的重要性。

要想在很短时间写出一篇优秀的用于表达的文稿，就需要进行较长时期的写作训练。要想使自己写出的文稿更有价值，就要使自己成为一名擅长写作的人。首先，应该提高自身的文学修养、知识水平；其次，还要提高分析和解决问题的能力；再次，要提高逻辑表达能力；最后，要提高写作的技能、技巧。

人际沟通能力是一门综合艺术，写作是一种创造性的精神劳动。文稿写作是对现实的生活现象进行筛选、提炼、概括和评价，实际上就是经过科学和艺术地认识和改造世界过程的一种方式。因此，必然要综合运用各方面、各学科的丰富知识和最新成果，通过创造性的劳动将人类社会和自然界的现实的具体的事件和事例转化成信息，并以文字符号形式记下来，以供口头传播出去。为此，需要文稿写作者具备多方面的丰富的理论知识和各方面的良好的素质和修养。在某一次具体的表达过程中，或者对某一篇文稿来说，它所涉及、运用的知识是有限的，是属某一专业、某一学科的一个范畴的。但是各种知识之间是相互联系的，不了解其内在联系就不能说较好地掌握了这些知识，因此也就不能较好地加以综合运用。所以，写作者的知识越多、越丰富越好。

进行知识的积累，首先，不要有浮躁心理。学习知识过程中，任何一丝一毫的急功近利思想都是要不得的。积累知识是一个长期的、系统的工作，罗马城不是一天就可以建立起来的。学习知识是一项苦差事。因此，在这一过程中要不怕吃苦、要勇于吃苦，只有这样才会找到学习的乐趣。长期的知识积累，可以使表达者获得更加丰富、更加系统、更加全面的背景材料，表达者就会在未来不同场合的表达过程中立于不败之地。

其次，表达者在进行知识积累时，要注意吸取精华。中国五千年传统文化博大精深，这是一名表达者应该认真学习的。即便是理工学生，如果不能熟读四书五经，至少也应该去读一读《古文观止》、学一学中华历史、背一背唐诗宋词。扎实的文学功底不仅可以丰富表达者的知识，更可以陶冶表达者的情操，还可以提高表达者的修养和综合素质。

再次，表达者在进行知识积累时，要注意培养自身收集材料的能力。收集材料能力的培养，主要目标是培养表达者独立思考、独立工作的能力。该项训练常用的方法有三种：一是记提纲，就是把所读文章的各段的段意记录下来。提纲能帮助我们记录原文的主要内容和论述的逻辑层次。二是作摘录，就是把所读文献的某些重要句、段摘抄下来。摘录要注意选择，必须与原文相符，不得有任何改动。其好处是可以直接引用。三是作摘要。摘要是用准确而又简练的文字把所读文献的主要内容反映出来的一种形式。作摘要应忠实原文，不能随意加进自己的观点，以免曲解原意。如果原文也有摘要，可以直接搜集起来，这样的摘要叫著者摘要或编者摘要，写作时也可以直接引用。

最后，积累材料不要拘泥于表达本身。因为，人际沟通能力虽然是一种以语言为载体的表达方式，但是，由于人际沟通能力涉及内容的宽泛性对表达者的整体知识储备提出了更高的要求：一名好的表达者，可以不是每一个领域的专家（事实上，也不可能成为每一个领域的专家），但要争取成为尽可能多的领域中知识和信息的了解者。这就是人际沟通能力的功夫在“口才”之外，表达者的功力在“表达”之外的道理。如果想成为一个拥有优秀口才的人，他的自身知识面就需要尽可能的宽，只有这样，表达者的思路才会更开阔，适应力才会更强。因此，表达者在进行知识积累的过程中，要多做读书笔记、多思考、多做读书卡片。

1926 年，茅盾在上海的商务印书馆从事编辑工作。离印书馆不远的开明书店的老板章锡琛，曾和茅盾一起同事过，私交很好。因此，每天茅盾下班后，总要到开明书店去，与郑振铎等当时的文化名人一起聊天交谈。

一次，章锡琛同郑振铎谈起茅盾能背《红楼梦》，郑表示不信，于是章便与郑赌做东道。

一天下午，章锡琛请茅盾、郑振铎及周予同等人到饭店吃饭。酒至半酣，章说：“吃清酒乏味，请雁冰兄助兴。”

茅盾酒兴正浓，便说：“好啊，以何助兴？”章说：“听说你能背《红楼梦》，来一段怎样？”茅盾欣然同意。于是，他们就请郑振铎点回目，并翻开早已准备好的书。茅盾随即而背，一口气背了半个多小时，将近一个回目。至此郑振铎才深信不疑。章锡琛哈哈大笑：“郑兄你输了，这桌酒你请客了。”

表达者经过艰苦的知识积累过程，写作的基础就会有所提高。因为随着对知识的消化和理解，表达者即便是适当地模仿，也会使自己的表达内容丰富起来，也会使自己的表达更加具有吸引力。这就是“熟读唐诗三百首，不会吟诗也会吟”所表达的意思。但是，进行写作训练绝对不是简单的模仿，适当的模仿在学习之初会对表达者有很大的帮助，如果一味地模仿，就会永远停留在一个学习别人、独立思考能力较差的境地，这就像一个小孩儿学习走路，自己如果不勇敢地迈出第一步，就有可能一辈子也不会走路。笔者认为：作为一名接受过高等教育的表达者，模仿期越短越好，早一天走出模仿期，就会早一天形成自己的风格；早一天形成自己的风格，就会早一天学会独立思考；早一天学会独立思考，就会早一天成为一个优秀的表达者。回忆笔者作为一名演讲业余爱好者的经历，表达者学会独立思考、形成自己的演讲风格，远比模仿大师重要得多。因此我们认为：“尽信书莫若无书”。独立思考对于一名表达者，特别是一名接受过高等教育的表达者是第一重要的。因为，如果十二年不间断的语文教学还不能给您一些写作的基本知识；如果十多年不间断的语文教学还不能给您一个写作的基本习惯的话，那么，再多的理论说教也会显得苍白无力，再多的理论学习也会是徒劳无功。对于一名表达者来说，学会思考就会写出真正属于自己的文稿。在此笔者要说：青年朋友们，去思考吧！您的知识虽然每时每刻都需要补充，但如果您拒绝思考的话，你只能是一个高智商的知识存储器。大胆地思考吧！大胆地写作吧！真正属于自己的文稿也许还不那么赏心悦目，但那终归是你自己的，这就是文稿写作走向成功的第一步。

写文章要有“虎头、凤肚、豹尾”，这一观点对文稿同样适用。一篇好的文稿如果能做到“虎头、凤肚、豹尾”当然是最好的，但这对于初学者无异于要求考试门门全优。过渡的办法是先学习如何写好文稿的开头和结尾。文稿的开头如果没有吸引力，就会给听众一种索然无味之感，必然失败。文稿的结尾如果没有感召力，也就不会使听众感觉到回味无穷。文稿开篇和结尾的写作办法很多，文稿开篇的写作方法一般可以分为两大类：一类是开门见山式，另一类是留有悬念式，在大多数情况下，第二种方式效果会好一些。文稿结尾的写作方法一般也可以分为两大类：一类是简单总结式，另一类是发人深省式，在大多数情况下，也是第二种方式效果会好一些。但是，不管运用何种方式，表达者在写作文稿时都要把握一个“度”。否则，会出现文稿的开篇过分追求吸引听众而一味标新立异搞得听众“如堕五里雾中”，不知所言；也会出现文稿的开篇过分追求平易朴实而一味平铺直叙搞得听众提不起精神，不愿意听下去。同样情况，也要在文稿结尾的写作中，既不要为了总结而总结被听众认为简单重复，也不要为了别出心裁被听众认为哗众取宠。在文稿开篇的写作中，既可以用名言警句，也可以引经据典，还可以巧设疑问，更可以利用对比摆事实、阐明观点讲道理。在文稿结尾的写作中，既可以通过总结提炼中心思想，也可以引用名人名言丰富观点，还可以引用诗句增加韵味，更可以振臂一呼号召听众。但是，水无常形、文无定式，写好文稿的开篇和结尾并没有什么万能钥匙，表达者应该分析具体的场合、具体的听众特点选择不同方法去书写自己文稿的开篇和结尾。

二、超强的自信心

因为人际沟通能力是一种公开的社会活动，尤其是在演讲和辩论赛的过程中，表达者不可避免地要面对众多的听众，如果自信心不足，表达者就会在上场前出现情绪波动，比较严重的情况下，表达者会感到呼吸急促。调整情绪的办法有许多，但归根结底的办法是培养自信心，使表达者自己放松下来，这样才能真正做到不紧张。

心理学的研究表明，人的心理素质会受到先天遗传因素的影响。因此，表达者的心理素质不可避免地存在差异。但是，心理素质存在差异并不说明后天的培养不可以提高表达者的心理素质。

提高表达者心理素质的办法很多，具体地说包括以下几种方法：

（1）减少心理压力。表达者在上场前出现紧张属于正常现象，克服紧张的主要办法是：在上场前进行缓慢的呼气和吸气练习，用以放松情绪；分散注意力，在开始上场前演讲者尽量不要将目光对视观众，但又不要将目光游离到视野的正前方以外的区域（用目光扫视观众席两侧墙壁的方法是不可取的，因为这样会给观众一种表达者心不在焉的感觉）。表达者在上场前应用目光直视观众席的正后方（用目光直视观众席正后方墙壁），在此时表达者的目光要体现出一种随意性，同时辅以简单的微笑，情绪就可以平静下来。

（2）培养表达者的表现欲望。有些观点认为：要调整紧张心理，表达者上场就要规避观众。这种办法对于初学者是有一些效果的，而从表达者的长远发展来看是十分不利的。因为，如果一味地回避、靠分散注意力来化解压力，只能是治标而不是治本。要解决问题，就必须解决压力的根源，提高自信心从根本上解决问题。比如表达者在上场前可以给自己一些心理暗示，逐步培养表达者的表现欲望。

（3）调整竞技状态。学生在项目申请答辩上场前出现紧张与运动员在比赛前出现紧张有许多相似之处。解决的办法就是调整竞技状态，具体地说就是尽快使表达者进入状态。一般地说，在这种情况下，表达者应迅速排除杂念，并且勇敢地与听众进行目光上和形体语言上的交流（例如，挥手等）。这样表达者在上场前就可以拉近与听众的心理距离，进入状态。

（4）提高应变能力。表达者在表达过程中会不断接受到来自外界的各种信息，而后进行判断、决策、调控、反馈。对外界信息的判断、决策、调控、反馈是一个复杂的处理过程。尤其在游说答辩过程中可能会出现一些突发事件、意外事件。对于这类突发事件的具体处理方法，我们将在后文结合具体问题进行分析。

三、良好的觉察能力

人具有各种敏锐的感觉器官和发达的大脑，客观世界各种现象和复杂的事物就是首先通过这些感觉器官被人们所感受和觉察的，然后才逐步被人们认识，进而才能被人们改造和利用。因此，可以说感觉是人们认识客观世界的开始，不通过感觉和观察就不可能知道客观世界的任何现象和变化。在培养觉察能力的过程中，我们可以进行如下工作。

（1）培养觉察能力要使表达者善于区分假象，去伪存真。例如，下面的例子：稍微具有普通物理知识的人都知道，物体自由下落的速度与其质量大小无关。然而在16世纪末以前，人们一直认为物体自由下落速度与物体质量成正比。这不仅因为有亚里士多德的理论统治，也在于存在凋落的枯树叶缓慢下落，而成熟的果子却像石头一样迅速坠地的现象。对于这一现象的错误认识，导致错误的结论，直至伽利略成功地发现了自由落体定律。通过这个例子，表达者都体会到正确觉察的重要性。

（2）把培养觉察能力与激励表达者学习欲望结合起来。由于专业所限，表达者具备的觉察能力也大不相同。因此，对表达者进行换位训练，就显得十分很重要。一张人体X光照片放在眼前，对于一般人来说黑乎乎一片，看不出什么东西来；而对于一个医生，则可以迅速了解病变情况。同理，分析一段计算机源代码，对于一个优秀的医生也是勉为其难；而对于一个计算机专业工作人员，则再简单不过了。基于上述原因，我们适当拿一些与其本专业不相近甚至毫不相关的问题让表达者分析，使表达者了解到知识体系的广延性。这样不仅使表达者对觉察的根本基础有了一个透彻的了解，也消除了部分表达者的自满情绪。

（3）培养觉察能力要注意深度和广度相结合。培养一名创造能力强的表达者，必须培养他们广泛的兴趣和爱好，使表达者不仅对范围很狭窄的事物感兴趣。思路要宽广，想象力要丰富，只有这样才能有益于创造性思维的养成。如果觉察到的事物虽然较广，但多是“皮毛”，对事物的关键和本质觉察不到，这样所觉察到的东西对创新是无多大意义的，甚至往往是有害的。因此，培养表达者的觉察能力最重要的是培养其洞察事物的能力。为此要求表达者遇到一件事不要只凭感觉器官感觉它，更重要的是动脑，多问几个为什么？是什么？怎么样？而且要求表达者找出关键参数来。

四、准确的分析、综合、概括能力

所谓分析就是在思维中把事物分解成各个部分、阶段、方面或把事物的个别特性及同其他事物的个别联系区分出来，获得对事物某些侧面或联系的正确认识。综合就是在思维中把事物的各个部分、阶段、方面及个别特性综合起来，探求各个部分之间的复杂联系，把事物作为多样性统一的整体再现出来，真正深入事物的本质，把握事物的发展规律。

应用人际沟通能力重要的任务是表明表达者的观点，这就需要表达者能够从具体的事件出发，分析事物之间的相互关系。

如果表达者仅仅能够分析，而不进行综合、概括，表达的精华就不能体现。因此，只有进行高度的概括，才能使表达的主题升华。

在具体的分析、综合、概括能力培养过程中可以应用的方法是：

（1）系统方法。系统方法是要求表达者把分析、研究的对象作为一个系统加以分析、研究。

在该方法的培训过程中，应使表达者着眼于事物的整体性，从整体出发研究整体与部分、部分与部分之间的关系，从中揭示事物的本质特性。通过这种方法，使表达者在自己实践的基础上，理解各个局部都优不一定组成的整体就最优；反之，整体最优不一定要求每个部分都最优。同时，更进一步地提高表达者独立完成系统设计的能力。

（2）动态方法。动态方法就是运用控制论的方法对事物进行分析研究。这一方法的训练，要求表达者突破传统方法的束缚，以研究对象的功能和动态作为研究的出发点，撇开对象的物质和能量因素。训练表达者用不同的基质和结构来实现同一种功能或行为的能力。重点训练其类比能力及对系统输入输出的分析能力。

五、严密的逻辑推理能力

表达者在表达过程中，既要善于归纳又要善于演绎，这样就可以完成由表及里的因果层次清晰的逻辑推理。

表达者在表达过程中要完成的重要工作之一就是进行论证，论证是以推理为基础的，推理是以判断为基础的。要训练表达者的逻辑能力就要分析与论证相关的概念，要分析什么是论证，就要首先对判断、推理、论证分别下一个定义。

从逻辑学的角度来看：所谓判断就是对思维对象有所断定的一种思维形式。判断一般可以分为简单判断和复杂判断，简单判断一般可以分为性质判断、关系判断；复杂判断一般可以分为联言判断、选言判断、假言判断、负判断。

所谓性质判断就是判定对象具有或不具有某种性质的判断，从判断的质的不同一般可以分为肯定判断和否定判断，从判断的量的不同也可以分为全称判断、特称判断、单称判断。结合质和量，性质判断可以分为全称肯定判断（逻辑形式是：所有的S都是P）、全称否定判断（逻辑形式是：所有的S都不是P）、特称肯定判断（逻辑形式是：有的S是P）、特称否定判断（逻辑形式是：有的S不是P）、单称肯定判断（逻辑形式是：这个S是P）、单称否定判断（逻辑形式是：这个S不是P）。

所谓关系判断就是判定对象与对象之间关系的判断（逻辑形式是：R（a、b、c……）），关系判断包括三部分：关系项、关系、量词。关系判断包括对称关系、反对称关系、非对称关系、传递关系、反传递关系、非传递关系。

所谓联言判断就是判定若干个事物情况同时存在的判断（逻辑形式是：p并且q）。联言判断包括：合主项联言判断、复合谓项联言判断、复合主谓项联言判断。

所谓选言判断就是判定若干个可能的事物情况至少有一个存在的判断。选言判断包括：相容的选言判断（逻辑形式是：p 或者 q）、不相容的选言判断（逻辑形式是：要么 p，要么 q）。

所谓假言判断就是判定某一个事物情况是另一个事物情况的条件的判断。假言判断包括充分条件假言判断（逻辑形式是：如果 p，那么 q）、必要条件假言判断（逻辑形式是：只有 p，才 q）、充分必要条件假言判断（逻辑形式是：当且仅当 p，才 q）。所谓负判断就是由否定某个判断构成的一种判断，包括（逻辑形式是：并非 p）。

所谓推理就是由一个、两个或两个以上的已知判断推出一个新判断的思维形式。推理一般被分为归纳推理、演绎推理和类比推理。

所谓论证就是用一个（或一些）真实判断确定另一判断真实性的思维过程。

表达者在表达过程中，经常要对各种问题发表意见、做出判断，表明表达者赞成什么，反对什么。表达者为了让听众相信自己的判断是正确的，就必须使自己的观点有所依据，就需要以自己的论点为出发点提出证明论点的理由。这一过程就是论证。一次论证是由许多个判断组成的有机体，主要包括三部分：论点、论据、论证的方式。论点就是表达者表达过程中要论述的中心观点，所要论证的观点既可以是经过实践检验证明是正确的观点，也可是在论证之前尚未经过实践检验证明是正确的观点。论据是被引用过来证明论点真实性的判断依据。论证的方式就是由论据来确立论点真实性的方式。论证在表达过程中作用巨大，一个好的论证可以使表达更有说服力。要做到这一点，就需要表达者做出的判断是正确的，逻辑是清晰的，这样就可以保证推理的正确性。因为如果逻辑前提不正确，推理原理和过程正确，推理的正确性也无法保证。也就是说，当前提为假时结论很可能也是假的。

六、丰富的联想能力

表达者在文稿的写作过程中，要善于联想和想象，这样不仅可以使表达的内容更加丰富，还可以使表达者探讨的问题更加全面。

联想能力特别是创新联想能力是表达者非常重要的能力，联想能力越强就越能把自己的有限知识和经验充分调动起来加以利用；联想能力越强越能把与某种事物相联系的成千上万的事物都联想到并取之所用，大大地扩大创新思路。

在联想能力的培养过程中可以应用的方法是：

（1）接近联想。空间或时间比较接近的事物在经验中容易形成联系，因而容易由一事物联想到另一事物。例如，要求被训练者从工厂水坝联想，被训练者可以联想到水力发电。以早晨为基点，被训练者可以联想到初升的太阳、露珠、霜等。

（2）类似联想。要求被训练者由一件事物联想到与其有相似特点的事物。如由中国联想到第三世界其他国家，由经营联想到管理等。

（3）对比联想。要求被训练者由一件事物联想到与其对立的另一件事物。如由光明联想到黑暗，由扩大联想到缩小，由集中联想到分散等。

（4）因果联想。它要求被训练者由一事物联想到与其有因果关系的另一件事物。如由火联想到热，由寒冷联想到冰雪；或由热联想到火，由雪联想到冷等。

（5）从属联想。它要求被训练者由一种事物联想到与其有从属关系的事物。如由整体联想到部分，由部分联想到整体；由汽车联想到发动机，或由发动机联想到汽车。

（6）“遥远”联想。它要求被训练者由一件事物联想到与其关系非常疏远的另一些事物。如要求由机床联想到天空，由木质联想到足球。这种方法是考察、训练被训练者联想的难点。其联想的具体过程如下：

木质-树林-田野-足球场-足球　　或　　木质-木材-篮球架-篮球-足球

机床-防锈-潮湿-天气-天空

七、较强的资料记忆能力

表达者在表达过程中，在绝大多数情况下是必须脱稿的，不可能照本宣科，这就要求表达者有较强的记忆能力。记忆能力对创新活动有相当重要的意义，任何创新活动如果排除记忆是不可思议的，因为任何一种创新必须以所记得的经历过的事物为基础。进一步讲，正是由于有记忆能力才能保持过去觉察和认识的成果，并使当前的觉察和认识在以前的觉察和认识的基础上更广泛、更深入、更全面地进行。也正是由于记忆才能使人们不断地积累经验和知识，为创造新东西准备更充分的营建材料。

根据心理学理论，人的记忆高峰是在20岁左右；要提高记忆能力、使记忆高峰延长首先就要使自己的注意力高度集中，如一个人在工作中注意力不集中，“心猿意马”“心不在焉”，是不可能提高记忆的效率的。其次，要克服厌烦情绪，记忆资料、进行记忆训练、提高记忆能力是一件艰苦而枯燥的工作，要获得成功必须提高热情防止厌烦情绪对自己的干扰。再次，要理解与背诵相结合，记忆不是简单的背诵，而是在理解的基础上的记忆。根据心理学实验，人们发现人一次可以记忆的内容是5~7个组块，如果要求被记忆的材料是有规律的，记忆的效果就好。背诵是一种有效的记忆方法，同时又可以加深理解，但是，如果一味地背诵，记忆的效果一般情况下是不会很好的。

提高记忆能力的具体训练方法是：

（1）强烈刺激记忆法。具体做法是利用人对有强烈刺激的事物比较容易识记和保持的特性。重视新鲜事物对被训练者大脑皮层的首次作用，比如要求被训练者在看一本书第一遍时特别认真等。

（2）并用记忆法。这种方法是在记忆某事物的时候，要求被训练者眼、耳、手、嘴等感官同时工作，使大脑处在积极的、综合的运动状态。这种方法特别适于记忆外语单词。

（3）争论记忆法。即以本专业的一个问题作为论题，要求持不同观点的被训练者找出证据，进行争论。经过善意的争论和讨论，使大脑高度紧张、加深印象、清晰识别。实践证明，这种方法对纠正错误、巩固记忆十分有效。

（4）归纳记忆法。该训练方法要求被训练者对不同的内容进行分类和整理，厘清大脑的记忆线条。也可以要求被训练者按不同的逻辑内容编写提纲，加以记忆。

综上所述，训练大学生记忆能力，对提高大学生人际沟通的基本素养是大有益处的。

第二节　大学生需要具备的人际沟通七大技能

人际沟通有许多种能力，比较典型的八种技能有：文、视、想、言、闻、笑、体。所谓文是指写作能力，视是指观察能力，想是指联想能力，言是指具体的语言的表达能力，闻是指听的能力，笑是指人际沟通中以微笑为代表的面部表情能力，体是指沟通中的体态礼仪。由于思维问题上一节已经阐述。本节将逐一分析学生在人际沟通中所需掌握的余下七种技能。

一、人际沟通中的写作能力

人际沟通文本的写作涉及很多内容，而对于不同人来说都很重要的是人际沟通文本写作的知识准备以及写作中涉及的表达手法和技巧，这是参加“行走课堂”实践活动的学生朋友需要掌握的两项技能。

（一）人际沟通文本写作的知识准备

人际沟通文本的写作需要的知识很多，人际沟通文本的作者，应该说是学识渊博、擅长写作的人。而写作的能力（技能、技巧）不是一日可以练就的，人际沟通文本内容所需要、所涉及的材料和知识也不是短期可以积累的。要写出优秀的有内容的人际沟通文本就要做长期的准备。长期的准备所涉及的内容一般包括与口头表达相关学科知识的储备，概括地说包括：哲学、演讲学、逻辑学、心理学、传播学、美学、伦理学、语言学、修辞学、社会学、公关学、历史学、民俗学以及文学等。通过这些知识的学习，就可掌握与人际沟通文本写作相关的知识、能力和方法。

为此，人际沟通文本写作者，要做长期的、系统的准备，深入、全面地研究问题。通常的做法是：

第一，扩大知识面。阅读是扩大知识面的基础和有效手段。阅读包括“泛读”和“精读”。所谓“泛读”就是广泛阅读，是指阅读者充分利用目录和索引，对有关的书籍、期刊、文件、报纸广泛浏览，统观全局，掌握动态。所谓“精读”是指对在“泛读”的基础上发现的更有价值的书籍、期刊、文章进行仔细、认真的阅读。精读内容因人而异。但不论对谁来讲，它都关系着认识的关键问题，并且有深度。对这样的书籍和文章要精读，即反复分析，深入了解，并要编制卡片。要保证阅读效果，就要作专题笔记。不论泛读还是精读，都应当作专题笔记。作笔记就要动脑研究问题，用这种方法不仅可以记载、积累有关材料，而且通过对其优劣得失的评价，锻炼思维能力，培养研究能力，锤炼笔力和风格。

第二，搜集问题。人际沟通是立足于现实基础之上的，阅读获取的是理论材料或别人论述的现实问题。人际沟通文本写作者要熟悉当代生活的各个领域，要善于在现实生活中，在事物的发展中发现问题，寻找事例，并作为材料积累起来。在这些材料中，有许多永远不会用于沟通环节，但是多了，就会升华作者的观点，练就从现实生活中发现问题的眼力。从这个意义上说，这是完全必要的积累和准备。

第三，锤炼语言。要学习、运用语言沟通不是轻而易举的事情，需要经常地、有意识地练习，结合作专题笔记和搜集材料，力求熟悉和掌握。但是不能忘记，这里说的沟通语言还属于人际沟通的一般的、共性的语言；写作者还要在这个基础上形成自己的风格，使之个性化。实现了这一点，才能说人际沟通文本写作语言已经成熟。而要做到这一点，就要有意识地进行长期的锤炼。

第四，经常练笔。练笔是综合运用各种有关知识和技能的写作实践，这是每个写作者必须经历的阶段，经过练笔才能成熟。俗话说“一日不写手生”，就是说写作要经常练笔。实际上，写作实践，练的不是手，而是头脑。通过练笔，认识材料、分析问题、综合问题、解决问题的能力、表达能力都会得到提高。

（二）人际沟通文本写作最常用修辞方法

在人际沟通文本写作中最常用修辞方法有如下几种：

第一种，比喻。这是沟通过程中最常用的方法，一个准确、精彩的比喻，不仅可以使抽象深奥的事物浅显易懂，而且听来妙趣横生，耐人寻味。

第二种，比拟。包括拟人和拟物。恰当地运用比拟，对于加强人际沟通活动中感情抒发和增强说理议论的形象性，都有很大的作用。

第三种，排比。排比句是几个语意相关、相同或相似的句子连用，它可以增强语言的节奏感和旋律美，能够加强语势，如江河奔泻，势不可当。

第四种，借代。就是用与甲事物有密切关系的乙事物代替甲事物。它可以使人际沟通语言形象具体，简洁精练，更富于鲜明的感情色彩。

第五种，设问与反问。其共同的特点是“明知欲问”。所不同的是，设问是自问自答，反问则用不着回答。其作用就是提醒听众注意，引起听众期待、深思，增强语言的感情力量。

第六种，引用。在人际沟通活动中，根据说明观点和表达主题的需要，适当地引用经典名言、警句、格言、俗语、谚语、歇后语、寓言、故事等作为阐述问题的依据，可以使沟通语言生动而雄辩，发人深思。但要注意，一定要紧紧围绕主题和观点，切不可把引用作为点缀，以卖弄学识、哗众取宠。

第七种，对比。就是把两种不同的事物或同一事物的两个不同的方面进行对照比较的修辞方法。运用对比，可以把假恶丑和真善美进行鲜明的对照，相得益彰地揭示其截然不同的本质，表现出沟通者的强烈爱憎感情。

此外，恰当地运用双关、反复、感叹、歇后、象征、反语等修辞手法，都有助于沟通时语言的表情达意。

二、人际沟通活动涉及的观察能力

有个医学教授带着学生做实验，他把手指伸进糖尿病人的尿样里，又放在嘴里尝了尝。然后，他让学生同样做一遍。学生皱着眉头，只好照办。其实教授伸到尿里的是食指，舔的是中指，学生犯了先入之见的毛病。

利用各种感官有意识地去了解周围的事物，便是通常意义上的观察。表面看来，观察是件非常容易的事情，很多人都以为我们观察得一样好。其实不然，不仅训练有素的科学家、艺术家在观察能力上高出常人，就是普通人中，观察能力也是参差不齐的。

在自然状态下，人们只对那些更加重要的、更加奇异的信息或适于视觉记录的事物看得更清晰。如想到买双鞋，就一直在注意鞋，其他信息不会在意，除非具有吸引力的、美的东西，能激起人们的情绪反应，才会引人注目，且经久不忘。

绘画、摄影都可以提高视觉观察能力。要画树，首先要观察树；要拍树，也得围着树转上几圈，寻找最好的角度和最恰当的细节。

为了克服动机障碍，只能采取强化的观察训练。有位教师教学生拍摄风景照，他带着一瓶豆子，让学生到田野里，班上的每一个同学都要把一粒豆子扔到地里，然后告诉学生站在他的那粒豆子上，用一天的时间拍摄风景照片。这种练习就是让学生去观察。人们可以不费多大力气详细观察，就能够拍摄科罗拉多大峡谷或其他风景奇特的照片。然而，在田野里，始终站在撒的那粒豆子上，真正需要发挥视觉能力才能拍摄出一张秀丽的风景画。

“行走课堂”实践活动中观察能力十分重要，观察能力不仅有助于沟通，而且有助于人际沟通以外的活动开展。训练有素的观察一般都是从整体把握，然后再由点到线、由线到面、由面到体、由比例到尺度、由轴线到对称、由实体到空间。

人们在观察的过程中，原有的思维方式、思维角度、记忆的信息量对人们观察的质量影响非常大，这时需要跳出原来的圈子，用全新的观察角度重新审视观察对象，才能获得新的信息。要实现全新的观察，可以做好如下两方面工作。

一方面，变化角度获得全新观察的基础。既然已经了解到观察是由许多层面构成的，那么，在观察的时候我们就可以尝试着从不同的角度用不同的推理去观察同一事物，这样，可以使我们的观察结果相对全面一些。这种全面的观察总可以让你发现新的东西，使你对事物持有一种持久的新鲜感。

首先，观察的焦点。在一般情况下，我们观察事物总是粗略的，当密集的信息铺天盖地地涌来时，必须从大量信息中作出选择，我们只能对那些符合我们暂时需要的信息作出自动反应。我们观察到大量事物，但它们并不在我们的脑海中存留印象。我们观看，但我们熟视无睹。意识到这一点，我们就可以通过对某个焦点事物更多的细节的认识来加深对事物的理解。

其次，让眼睛在触觉和动觉的帮助下去感受质感、肌理。一般来说，对“观察”的理解往往局限于“观”的功能，即眼睛的看，忽略了另一个“察”，察则需要利用多种感官。在观察中，眼睛不一定是孤立的，在很多情况下，我们可以利用其他的感觉，如听觉、触觉、嗅觉、运动觉等来丰富、完善我们的视觉，从而加深加强对事物的理解。在平时，可让你的同学选择一些小东西，不让你看见，藏在一只纸口袋里。然后，你仅凭手的触觉去猜你摸到的每一件物品是什么，可以先画在纸上。都猜完后，把东西拿出来对照一下。看看你的触觉是否比视觉差了很多。

另一方面，掌握全新化观察的技巧。

首先，重新分类。一般我们都是把家里的东西按电器、家具、床上用品、厨房用品等分类，现在让我们打破常规，分别用色彩、造型、质感进行分类，也可以随机把不关联的两种事物分在一起成为一类，如：把红色与床分为一类。这种新的方式肯定会使你获得一些全新的体验。

其次，颠倒。就像弯腰从两腿中间看事物，一切都颠倒了，找一个熟悉的孩子的照片，将其倒置，从中发现原来没有观察到的新信息。或者打开一张画，颠倒后，从上往下画这张画儿，不要想画上画的是什么，把注意力集中到线条的走向。画好后，再把你的画正过来，你会为自己的倒画技能惊呼

“画这么好！”

再次，有意忘记。观察你的同座，在纸上写下他（她）的一些特征。然后，将纸条揉成团儿，扔进纸篓，再拿出一张纸，忘记他（她）的一般特征，重新观察你的同座，看是否能得到你过去从未注意到的一些特征。这才是全新的观察。

最后，运用比例观察。这是一种形式方面的专业化训练。第一步，把一白纸剪成许多2cm宽的带，用眼睛估计比例，把带剪成下述尺寸的矩形：2cm×2cm，2cm×4cm，2cm×8cm，2cm×16cm。剪之前，想象矩形的宽度由各个方格的边长重叠而成。第二步，用一直尺量每个矩形的长边，找出比例的偏差，重复进行直到偏差最小为止。第三步，另取一张白纸，画相似的矩形，用纸带对比检查精确与否，标出矩形的偏差尺寸。第四步，用一直尺量每个矩形的长边，找出比例的偏差，重复进行直到偏差最小为止。

三、人际沟通中的联想能力

联想是由于某种诱因导致与人脑记忆储存中的相关表象或意象间的相互联合或组合而产生新的形象的心理过程。联想思维方式也就是平常说的举一反三、由此及彼、触类旁通，也就是说人脑思维系统根据输入的信息对大脑中“记忆库”中的相关信息（表象或意象）进行搜索、比较，综合形成新的信息的过程。

联想虽然具有非逻辑性，但与想象过程联系起来，就能发挥其重要作用。此外，联想往往需要借助于类推或“形成类比”，才能与想象结合而共同实现非逻辑思维的创新作用。联想思维的特征主要表现为如下几方面：

第一，相关性。联想思维是人头脑中潜在的、自发的心理过程，是在客观（直观形象或意象）和主观（记忆中的表象或意象）因素相互作用下完成的。客观条件的激发和主观条件的存在形成共同机制，二者缺一不可。

第二，连续性。联想思维是由此及彼并连续不断地进行的，可以是直接的，可以是迂回曲折的，也可以是在潜意识状态下完成的（通过顿悟呈现）。联想中的事物彼此之间形成联想链，逐步扩展形成近距离或远距离的连锁反应，最终也可能出现首尾两端“风马牛”不相及的跨越式结果，形成大范围的创新转移。

第三，形象性。联想思维是形象思维的具体化，其基本的思维操作单元是表象和意象，形象鲜明、生动，有如画面，也有些表现出结构性。

第四，概括性。联想思维是由直观形象记忆表象与意象相互作用渗透组合后形成的形象，是多种形象的加工结果，具有形象的整体性，因此其思维操作过程具有明显的概括性。

联想主要包括如下几种形式：

第一，类比联想。类比联想是通过直观诱导事物的规律及意象特征联想到其他事物的规律或现象的思维活动。类比联想是最基本的也是作用最为突出的联想，类比方法是其操作的基本方法，并通过事物类型及其特征相关关系比对来实现事物规律或现象的转移。

第二，相关联想。相关联想是由直观诱导事物联想到经常与之同时出现或在某个方面有内在联系的思维活动。相关联想的基本机制是以内在或外在因素相关为诱导链而进行联想思维以扩展思维空间和发现新的诱发点。苏联心理学家哥洛万和斯塔林茨研究实验表明任何两个概念（词语）都可以经过四五个阶段建立起相关联系。

第三，相似联想。相似联想是由直观、诱导事物的特征（外形、可见结构、性质、功能、意义等）联想到其相似事物的思维活动。

第四，对称联想。对称联想是由直观、诱导事物联系到在空间、时间、形状、特性、功能等特征与之对称的事物的思维活动。对称联想实质是一种逆向思维，比如由黑想到白、由光明想到黑暗等。

第五，因果联想。因果联想是由事物的某种原因而联想到它的结果，或由一个事物的因果关系联想到另一事物的因果关系。因果联想在日常生活中是很多的，往往存在一种原因可能产生多种结果，而一种结果又是由多种原因造成的。由结果寻找原因，找到原因可以通过优化得到更佳的结果，同样可以根据原因，通过比较分析联想到可能产生的其他结果，寻求多种应用的途径，通过因果的辩证联系进行创新。

“想象”在现实生活中如影随形。人们面对任何问题和需求，都要想一想，并根据需求的具体目的，依据联想机制的相似接近、对比等关系，调动记忆中储存的各种表象和意象，比对现实需求情况进行筛选、联结、改造和组合，以产生新的形象来适应需求。可以说没有记忆中的表象和意象也就没有想象，也就无法完成组合要求了，因此说联想是想象过程的前提条件。

联想借助类比推论的结合，便与逻辑思维在一定程度上联系起来，从而可以获得对事物的未知属性和发展趋势等新的认识，可以为创造性活动提供新的思路和更为广阔的空间，这也是联想思维的又一重要作用。单纯的类比联想只能是事物的表象联系，比较表象的差异，也是一种分析过程。通过对表象的比较、分析、概括，可以从事物间的相似联想，推论出某一事物其他属性存在的可能性。

四、人际沟通中的口头表达能力

人际沟通的目的性很强，它所表现的形式差异很大，即便是公众演说稿篇幅也可长可短，这就充分体现出表达者的驾驭语言功力。我国著名的社会活动家邹韬奋先生在1936年10月19日上海各界公祭鲁迅先生大会上的发言，就是一篇言虽短而意幽深的独具特色的演讲。其内容如下：

“今天天色不早，我愿用一句话来纪念先生：许多人是不战而屈，鲁迅先生是战而不屈。”

人际沟通中语言表达的简单深刻，并不是表达者在沟通时的灵机一动，而是深思熟虑之后的产物。林肯为了准备在葛提斯堡公墓的演说，废寝忘食、专心致志地准备了两周多。当时葛提斯堡公墓委员会怕他跳不出政治演讲的老框子，只是出于礼节，才向他发出“适当地讲几句话”的邀请，这时距离正式演讲的时间还有两个多星期。林肯得知后，便立即着手准备这几句话的演讲了。他首先写信要来安排在他前面演讲的爱德华的演讲原稿，然后他拿到照相馆拍照，等候的时间他边看边思考。这以后的许多天里，不论往返在路上，还是在办公室里，一有时间就思考着他的演讲。当写出演讲稿之后，他随身携带，有空就思索、推敲。在正式讲前的一个星期天，他对别人说：“确切地说，这个演讲稿还没有写，无论如何还没有完成。这个演讲稿已经改过两三遍了，但在我没有感到满意以前，还得不断增加养料。”演讲的前夜林肯到了葛提斯堡，当天早饭后，他为演讲内容做最后的增减。在去开会的路上，他骑着马，低着头，身向前倾，双臂下垂，目不旁视，他在抓紧最后的时间思考、温习他的演讲。在演讲现场他做了下面的演讲：

87年以前，我们的祖先在这个大陆上创立了一个新的国家，它主张自由，并且坚决相信所有的人生来都是平等的。

现在，我们卷入了一个伟大的内战之中，我们在试验，究竟这一个国家，或任何一个有这种主张和信仰的国家是否能够长久存在。我们在战争中的一个伟大的战场上集会，并且奉献这个战场上的一部分土地，作为那些在此地为国家生存而牺牲了自己生命的人的永久眠息之所。我们这样做是完全应该和正当的。

可是，从广泛的意义上来说，我们不能使奉献的这片土地更加神圣和更加尊严。因为，那些勇敢的人们，活着的和死去的，他们在这里奋斗，已经使这块土地神圣了，远非我们的能力所能予以增减的。世界上的人们不大会注意，更不会长久地记得我们在此地所说的话，但是他们将永远不会忘记这些人在这里所做的事。因此，我们活着的应该继续完成英雄们为之战斗并使之前进的未竟事业。从先烈身上，我们将取得对那事业的更多的忠诚，而先烈们已为之奉献出忠诚直到最后。我们在此立下誓言，要使他们不致白白死去，要使这个国家在上帝的庇佑之下得到自由的新生，要使那民有、民治、民享的政府不致在地球上消灭。

他的演讲获得了巨大的成功，在场的1500名听众眼含热泪。第二天，爱德华写信给林肯说："如果我两小时的讲话能像你两分钟的讲话那样切题，我就感到十分欣慰了。"对林肯的演讲给以高度评价。林肯回信说："昨天，就我们各自的身份来说，你没有理由作短篇发言，我则不能长篇大论。你认为我那三言两语还不是彻底失败，我为此感到十分高兴。"

因此，全面提升人际沟通中的口头表达能力十分必要。

五、人际沟通中的倾听能力

巴顿将军为了显示他对部下生活的关心，搞了一次参观士兵食堂的突然袭击。在食堂里，他看见两个士兵站在一个大汤锅前。

"让我尝尝这汤！"巴顿将军向士兵命令道。

"可是，将军……"士兵正准备解释。

"没什么'可是'，给我勺子！"巴顿将军拿过勺子喝了一大口，怒斥道："太不像话了，怎么能给战士喝这个？这简直就是刷锅水！"

"我正想告诉您这是刷锅水，没想到您已经尝出来了。"士兵答道。

从这则笑话可以看出：在人际沟通过程中，只有善于倾听，才不会做出愚蠢的事。

倾听不是简单地用耳朵来听，它也是一门艺术。倾听不仅仅是要用耳朵来听说话者的言辞，还需要一个人全身心地去感受对方的谈话过程中表达的言语信息和非言语信息。狭义的倾听是指借助听觉器官接受言语信息，进而通过思维活动达到认知、理解的全过程；广义的倾听包括文字交流等方式。其主体者是听者，而倾诉的主体者是诉说者，两者一唱一和有排解矛盾或者宣泄感情等优点。

在人际沟通中，倾听可以赢得他人的欣赏。倾听，不仅是对别人的尊重，也是对别人的一种赞美。我们知道，在社交过程中，最善于与人沟通的，往往是那些善于倾听的人。也许在交谈过程中他并没有说上几句话，但是他一定会得到他人的肯定。倾听还是一种重要的学习技能。倾听是一种能力、一种素质。好的倾听能力是人们获取知识的主要途径之一，倾听能力是学好各门学科的基本功，是尊重他人的行为，是与人交往的一种能力。养成良好的倾听习惯不仅是学习的需要，更是学生今后学习、工作和生活必备的能力之一。它有着非凡的价值。如今光会表达是不够的，如何倾听别人的意见也是一种重要的学习技能。

在“行走课堂”实践活动中，倾听不仅要虚心，还要不断反馈。就像下面的例子，只有不断反馈，才能让倾听者帮助回答，实现解决问题的目标。

老师问：“树上有10只鸟，猎人开枪打死了1只，还剩几只？”

学生：“是无声手枪，还是其他没有声音的枪？”

老师：“不是无声手枪，也不是其他没有声音的枪。”

生：“枪声有多大？”

师：“80~100分贝。”

生：“那就是说，会震得耳朵疼？”

师：“是的。”

生：“在那个地方，打鸟不犯法？”

师：“不犯。”

生：“您确定那只鸟真的被打死啦？”

师：“确定。”

老师有些不耐烦了：“拜托，你只需要告诉我还剩几只鸟就行了，OK？”

生：“OK！鸟里有没有聋子？”

师：“没有。”

生：“其中有没有智力有问题的？就是呆傻到听到枪响都不知道要飞的？”

师：“没有，智商都在200以上！”

生：“有没有关在笼子里？”

师：“没有。”

生：“有没有残疾或饿得飞不动的鸟？”

师：“没有，身体都倍棒！”

生：“算不算怀孕的肚子里的小鸟？”

师：“都是公的。”

生：“都不可能怀孕？”

师：“我晕！绝对不可能！”

生：“打鸟的人有没有眼花？保证是10只？”

师：“10只。”

学生仍追问：“有没有傻到不怕死的？”

师：“都怕死。”

生：“有没有是情侣的，一方被打中，另一个主动要陪着殉情的？”

师：“笨蛋！之前不是告诉你都是公的嘛！”

生：“同性不可以相爱啊？”

老师愤怒了：“10只鸟的性取向都很正常！”

生：“会不会一射二鸟？”

师：“不会。”

生：“一枪打仨呢？”

师：“不会。”

生：“4呢？”

师：“更不会。”

生：“5呢？”

老师彻底崩溃：“再说一遍，一枪只能打死1只！”

生：“好吧，就是所有鸟都可以自由活动？它们受到惊吓起飞，会不会惊慌失措而互相碰撞？”

师：“不会，每只鸟都自由飞行。”

生：“如果您的回答没有骗人话，”满怀信心地说，“打死的鸟要是挂在树上没掉下来，那么就剩1只；如果掉下来，就1只不剩！”

终于等到学生的答案了，老师几乎倒地。

六、人际沟通中微笑的作用

一个人的素质修养不仅体现在穿着打扮、言谈举止中，还体现在一颦一笑中。人们都将微笑视为抵御无聊、尴尬、为难的手段。面带微笑的人永远受到人们的欢迎。

笑是人的本能，在人际沟通中真诚的微笑可以缩短人与人之间的距离，也可以影响他人的情绪。走在街上，遇到一个陌生人向你微笑时你的感觉是什么？你可能发现似乎有一种无形的力量在推着你跟他接近；如果看到的不是面带微笑的人，而是一张阴沉的脸，感受又会怎样呢？恐怕原本高涨的情绪也会跟着低落下来。

微笑不仅可以感染他人也能影响自己；可以消除人与人之间的隔阂、误会，也能让隔阂误会加深。当和朋友吵了一架之后，忽然有一天见面时，给朋友送去真诚的一笑，之前的愁云自然烟消云散。对方再还一个友善的微笑，双方一定可以和好如初。倘若双方见面时，摆出一副“苦瓜脸”，矛盾不但不能化解反而还有激化的可能。对方会认为你心胸狭窄，不懂礼貌。有句谚语说得好：“微笑是两个人之间最短的距离。”人际交往中离不开笑，一个没有笑的世界简直就是人间地狱。的确如此，幸福来自笑容，健康来自笑容，修养来自笑容，成功的交际来自笑容。由此看来，微笑便成了生活中不可缺少的礼仪。评价一个人是否懂礼仪、有修养，不仅要看他的穿着打扮、言谈举止，还要看其是否常常面带微笑。与人交往时，不妨加点微笑，这是联络双方感情最有力的工具，只要你笑得真诚、笑得和善，就能叩开他人的心扉，达到相互信任的目的。

在人际沟通活动中，微笑是最美的礼仪。它可以使人变得妩媚动人、可亲可敬。任何人都不会拒绝别人的微笑，但并不是每个人都能对他人微笑，真正做到经常以亲切的微笑对待他人的人并不多。

微笑可以缩短双方的心理距离，增进感情、促进交流、缓解气氛。不管是在商务交流中，还是在职场交往中，微笑都成为一种代表和平、友好、关怀、问候的信号。有了微笑，萍水相逢的陌生人可能会成为无话不谈的知己；有了微笑，相互记恨的仇人可能成为至交；有了微笑，大叹人情冷暖的人可能会感觉到爱的温馨。

微笑是最好的仪态礼仪，是送给别人最好的见面礼。它以真诚、宽容、信任、礼貌、友好、亲切等为能量，为人们的社会交际点燃绿灯。

微笑是最好的礼仪，是人际沟通活动中不可缺少的面部表情，是礼貌待人的具体体现。在人际沟通活动中，微笑可以使人心旷神怡、神采奕奕。

自然、发自内心的微笑是最美的，自信、善良、可亲等特点会在微笑中自然流露出来。由此，人们才能对你产生信任感。而牵强、虚假的微笑不但不能展现出美感，还会令人生厌，因而令人们失去对你的信任，从而影响个人整体形象。

因此，在微笑时应注意以下几点：

第一，忌假笑。所谓假笑是指“皮笑肉不笑”，这种笑不但不能产生好的作用，反而会影响个人形象，让别人认为你是个伪君子，所以在微笑时千万要杜绝“皮笑肉不笑”的情况发生。

第二，忌冷笑。所谓冷笑是指面带怒意、讽刺、不满、无可奈何的笑，这种笑表现出来的是轻狂、自大，失去了微笑的作用。

第三，忌怪笑。所谓怪笑顾名思义是指阴阳怪气的笑，这种笑充满恐吓、嘲讽，令人心里不舒坦，继而产生厌烦情绪。

第四，忌媚笑。所谓媚笑指的是阿谀奉承、溜须拍马、具有一定目的的笑，这种笑令人毛骨悚然，警惕心大增。

第五，忌窃笑。所谓窃笑是指背地里偷笑，这种笑免不了幸灾乐祸、洋洋自得之嫌。

微笑是善意的标志，是最好的仪态礼仪，象征着友好、礼貌。“逢人面带三分笑。”在人际沟通过程中，熟人也好，萍水相逢的陌生人也罢，微笑可拉近双方的距离，传达彼此的盛情美意。俗话说得好：“相视一笑泯恩仇。”可见微笑的重要作用。

七、人际沟通中的体态礼仪

中国人常说“站有站相，坐有坐相”，古人很早就对人的行为举止提出了要求。随着人类文明的进步，人们对自身行为的认识也日益加深。温文尔雅、从容大方、彬彬有礼已成为现代人的一种文明标志。

体态是指在生活中，一个人身体所表现出的各种姿势的总称，主要由躺卧式、屈膝式、直立式及其他一些辅助性姿态组成。人通过身体各种姿势的变化，完成各项活动，以此展现人独具的形体魅力。体态的好坏、美丑除了对个人身体健康有着很大的影响外，对人的心理状况也有着一定的透视性。在人际沟通过程中，人的行为举止也是一种语言，它是无声的，但有时比有声的言语更富有表现力。

具体的体态礼仪包括很多方面，有手势礼仪、站姿、坐姿等。

（一）手势礼仪

手势是日常生活中常用的一种体态语言，可以作为人的第二张“面孔”，在表情达意过程中，起着很大的作用。通过手势可以判断出对方想要表达的意思，通过手势还可以展现优美、高雅的气质。不过，这些都是在正确使用手势的前提下才能实现的。这就要求人们要掌握一些手势礼仪，为生活增添色彩。

一般情况下，使用手势时要注意以下几点：

第一，简单明了。手势不同于语言，它是无声的，不像语言一样可以清清楚楚地表情达意。因此，在运用手势时，不要过于复杂，这样不利于他人理解；简单明了，清晰易懂，让别人很快领悟你的意思并揣摩到你的心理就可以了。

第二，摆动幅度适中。运用手势时，要把握幅度。幅度过大，会被认为太过张扬，心境浮躁；幅度太小，可能会被别人认为态度暧昧不清。因此，要注意手势的摆动幅度。一般说来，手势的活动范围大体分为3个区域：一是肩部以上，它表达出一种理想、希望；二是肩部至腰部，这个部位大多可传达比较平静的思想；三是腰部以下区域，通常表示否定、消极的态度。

第三，大方得体。手势的选择要与谈话内容相统一，必须与谈话者的身份及所在场合相符合，刻意模仿别人，会妨碍自己思想感情的表达，给人以人云亦云的感觉。

需要注意的是，无论在什么情况下，都不要用食指对别人指指点点。这是严重的失礼行为，别人会认为你没有教养，不懂得礼仪。尤其是女性，这种做法更是不雅的行为。

（二）正确的站姿

站立是人们生活交往中的一种最基本的举止，正确的站姿也可以增加自己的体态美。优美而典雅的造型，是优雅举止的基础。在站立时，男生要做到“站如松”，刚毅洒脱；女生则应表现出秀雅优美，亭亭玉立。

在站立时，目视前方，嘴角微闭，面容平和自然，双肩放松，稍向下沉，挺胸，收腹，立腰，双臂自然下垂于身体两侧，两手自然放松，双腿立直、并拢，脚跟相靠，两脚尖张开约60度，身体重心落于两脚正中。

在多数场合，只需要保持直立的站姿就可以了，身体立直，两手背后相搭，贴在臀部，女生可以将右手搭在左手上，自然贴在腹部，两腿分开，两脚平行，比肩宽略窄些。正确健美的站姿会给人以挺拔笔直、舒展俊美、庄重大方、精力充沛、信心十足、积极向上的印象。

（三）正确的坐姿

坐也是体态的主要内容之一，无论是参加会议，还是会客都离不开坐。"坐如钟"就是对优美坐姿的最好写照。优美的坐姿会让人觉得安详、舒适、端正、大方。

想要让自己的坐姿更加优美，那就要掌握正确的坐姿，在即将入座时，缓慢地走到座位的左边，轻轻地坐下。女生如果穿裙子，在入座之前应用手将裙子稍稍拢一下，不要坐下后再拉拽衣裙。如果在正式的场合，如开会，应该坐在椅子的前2/3处，后背不要倚靠在椅子上；双肩平正放松，两臂自然弯曲放在腿上，也可放在椅子或是沙发扶手上，以自然得体为宜，掌心向下，上体要自然挺直，双膝自然并拢，双腿正放或侧放，不要跷二郎腿，双脚并拢或成小"V"字形；在离座时，也要从椅子的左边离座。

第五章　公众演说、会议沟通与公关谈判能力

青年学生在参与“行走课堂”实践活动的过程中，需要公开发言、参加会议，甚至参加一些简单的谈判，在这些环节中实现有效沟通是十分必要的。

第一节　公众演说的能力培养

公开发言是一次公众演说，也是一次志愿者形象展示，公众演说的目的就是赢得听众支持。赢得听众的认可非常重要，所以必须做好充足的准备。演讲要有风度和仪态，要有合适的着装，要保持大方得体的形象；要注意语速、语调、音量、音调、发音、停顿；要注意肢体语言和面部表情；要有情感的投入，要控制好演讲时间等。总之，公开演讲之前应进行必要的和基本的技巧学习和训练。本节就将解决除着装礼仪以外的其他问题。

一、公众演说

“一人之辩，重于九鼎之宝。三寸之舌，强于百万雄师。”刘勰在《文心雕龙》中的论述极其精练地概括了口语表达能力的意义和作用。演讲，作为现实活动中比较典型的实用性独白体口语表达艺术为人们所热衷、学习、追求和运用。成为一名优秀的演讲者，首先要对演讲的相关问题有一个比较全面的了解。

李燕杰先生说：“什么是演讲？简单回答：是就某个问题对听众讲明事理，发表意见，如此而已。”

从概念去理解“演讲”，“演”和“讲”具有两层含义：“讲”是表述、表达，是“说”；而“演”一是多种语言表现形式的口语艺术，诸如修辞、节奏、声调等，二是演讲者现场形态的表现形式，如态势、动作、表情、风

度等。因而从广义上理解“演讲”是人类有声语言和其他无声语言相结合的表现形式，是一种艺术。

著名相声表演艺术家侯宝林曾跟朋友开玩笑时说：“想要学演讲并不难，可以先学说相声！”话虽诙谐、却道出了“演讲”与其他语言表演艺术的相似和内在联系。

（一）公众演说的特征

公众演说的特征主要包括如下几点：

第一，公开性。公众演说的活动形式就是一种一人讲众人听的言态表达，并且是在特定的公开的场合进行的当众的言态表达，具有很强的社会公开性，可以说公众演说就是一种公开的当众讲话，它面向社会、面向公众，公开地发表意见。公众演说的内容也是公众关心的、具有普遍意义的话题。至少是公众演说者和听众都共同关心的有价值的话题，这种话题又都是可以，而且有必要在大庭广众面前公开谈论的。公众演说要获得很大的社会效应，就要有很大的社会公开性。社会公开性不仅是一人讲众人听的当众讲话的形式上的公开性，而且也是公众演说内容（主要话题）的社会公开性，这种公开性意味着内容的社会普遍意义，它触及问题甚至具有全社会性、全民族性乃至时代性。

第二，整体性。公众演说作为实用性言态表达艺术，是一个多元素综合统一的整体，即系统结构体。这个整体结构是由构成它的各个要素相互配合、相互作用、和谐统一而成的，它不是由哪一个要素单一构成的。公众演说具有严密的结构，即便是即兴公众演说，整篇公众演说腹稿的结构也都要做设计。公众演说者必须善于把各要素综合起来构成和谐整体，才能显示出言态表达艺术，达到公众演说目的。一个公众演说者在大庭广众面前公开讲话，需要把听觉系统和视觉系统综合统一起来。视觉要素要为听觉要素服务，听觉要素又离不开视觉要素的配合，只有这两个方面综合统一，构成和谐整体才能构成一篇好的公众演说。公众演说的语言既有口头表达朗朗上口的特点，又有书面语规范、缜密的特性，是口语与书面语的结合。在公众演说的过程中一般要求公众演说者声音洪亮，语流通畅，高低起伏，错落有致，轻重快慢，张弛有度，具有节奏感；叙事状物，绘声绘色，抒情说理，精当感人；有虚有实，虚实结合，循章不失机敏，纯朴不失幽默，既具有感染力，又具有震撼力。

第三，直观性。任何公众演说都是在一定场合进行的，这个场合就是既有公众演说者又有听众参加的具有直观性的时空环境，也就是公众演说现场。在这个现场里，公众演说者面对听众，听众也面对公众演说者，既能听到也能看到，彼此互为直观。如果不构成这样一个现场，没有互为的直观性，那么公众演说就无法进行。公众演说者演说的全过程和听众听公众演说的全过程都置于同一现场，都属于同一过程。公众演说者演说过程中的一切都是面对面地、近距离地、直接地作用于听众的听视感官，公众演说所讲的一切都是听众直接感知到的。听众的反应（诸如鼓掌、欢呼等）也都是面对面的、近距离的、直接的反应，公众演说者既能听到也能看到，也是一种直观性反应。因此，公众演说比其他表达方式更重视身姿、手势、表情等形体语言，讲究表现力和审美感，服饰打扮也要求美观得体。

（二）公众演说的作用

公众演说的作用巨大，在人类历史上，公众演说伴随着许多重大历史事件产生、发展。概括地说公众演说的作用包括如下几方面：

第一，传播真理。公众演说重在说理。一般的公众演说都是要摆事实讲道理，以理服人的。能对听众产生影响的公众演说，公众演说者所讲的道理首先要是客观真理。公众演说的首要作用就是传播真理。古希腊大公众演说家德摩西梯尼的“斥腓力演说”之所以对雅典同胞有那么大的激发力和感召力，根本原因还是由于他揭示了正义、民主、自由以及不能投降，只有抗战才有民族生存的社会真理。正是这种关于民族存亡的真理启迪，才会使听众觉醒起来，群情激愤、摩拳擦掌，纷纷投身抗战。李大钊“庶民的胜利”的公众演说；鲁迅的“北平五讲”；闻一多的“最后一次的讲演”；毛泽东在延安时关于党风和文艺的多次公众演说；周恩来在亚非全体会议上的公众演说，无一不是以他们揭示的真理影响了听众，产生了广泛的社会影响及深远的历史意义。

第二，激发情感。公众演说不仅能以理服人，还能以情感人。公众演说是公众演说家在现场声、态并作的直观性的言态表达，他表达的理性内容是饱含着情感的，比如对某一事物的看法既有理性认识又有情感体验，表达时也是带着情感的表达，情感又必然在声音、语调、态势、动作、表情上直观地表现出来，近距离地感染听众、激发听众，使听众无法平静，或激动欢呼，或愤愤不平，或热泪盈眶，这种情感就会驱动听众产生符合目的的行动。所谓公众演说特有“煽动”作用，主要是体现在情感的激发作用上。

第三，指引行动方向。公众演说最高宗旨在于能引导听众向符合公众演说者希望的方向行动。公众演说指引行动方向的作用有时是直接的、立竿见影的；也有时是间接的、循序渐进的。

(三) 公众演说语言使用的注意事项

公众演说语言使用过程中要注意如下几点：

首先，演讲语言要准确，就是遣词造句能够确切地表情达意，如实地反映客观事物的真实面貌。演讲要有科学性，离开了准确的语言，科学性就无从谈起。所以，对演讲语言的第一个要求就是准确地阐述事物、表情达意。

其次，演讲语言要平易，就是平顺、通俗、易懂。俗话说：“话需通俗方传远。”演讲是讲给一定对象听的，听众听不明白，必然影响信息的传递和思想的交流，演讲也就失去了原有的意义和价值。当然，平易绝非浅薄庸俗，而要浅显中见深沉，平实中见奇伟，用浅显易懂的语言，表达深刻的道理。

要使演讲的语言通俗易懂，需注意以下三点：

第一，多用口语化语言。演讲语言口语化，表现在要多用简洁明快的语言；多用通俗易懂的常用词；多用音节清晰、不生歧义的词；多用成语、俗语、谚语、歇后语等听众喜闻乐见的精辟易懂的语言；适当运用有生气和活力的新词语。

第二，多用自己的语言。演讲者在演讲中是以现实中的“我”出现的，他要表达的也是现实中“我”的真实思想感情。演讲的这一现实性特点，首先就要求演讲者多用自己的语言去演讲。这样，演讲的内容和思想感情才具有真实性和平易性。

第三，要在推敲锤炼上下功夫。首先，浅显不等于浅薄，通俗不等于庸俗。语言平易正是为了让听众借助浅显平易的语言，领会演讲者寓于其中的丰富的内容、深刻的思想和道理。历史上许多著名的演讲家所留下的脍炙人口的演讲名篇，无不见著于思想的渊博、见解的精辟及言词的通俗易懂，这也正是他们深思熟虑、反复推敲的结果。我们做到用最平易的语言，表达最深刻的概念，没有深厚的语言功底是不行的。其次，演讲语言要精练。就是要简洁明了、言简意赅、用最短的时间说明最重要的道理，用最少的语言传递尽量多的信息。最后，演讲语言要生动，要加强演讲中的语言修辞。

二、闻一多先生《最后一次讲演》赏析

1946 年 7 月 15 日，闻一多先生在云南纪念四天前被国民党特务暗杀的民主人士李公朴先生的集会中，当时面对着李公朴夫人过度悲痛泣不成声，而特务们嬉笑、破坏会场秩序的情景，闻一多怒火中烧，拍案而起，即席发表了这篇气壮山河的《最后一次讲演》。

在讲演的开篇，闻一多便以低沉的声音在会场上响起："这几天，大家晓得，在昆明出现了历史上最卑劣最无耻的事情！"这一句便将国民党反动派的卑劣行径直截了当地公布了出来，也是最为精练的"概括叙述"。

接下来，为闻一多质问特务："李先生究竟犯了什么罪，竟遭此毒手？他只不过用笔写写文章，用嘴说说话，而他所写的，所说的，都无非是一个没有失掉良心的中国人的话！大家都有一支笔，有一张嘴，有什么理由拿出来讲啊！有事实拿出来说啊！（闻先生声音激动了）为什么要打要杀，而且又不敢光明正大的来打来杀，而偷偷摸摸地来暗杀！（鼓掌）这成什么话？（鼓掌）"

通过一连串的反诘，表达出全部的悲痛与愤怒，也是对惨案制造者的强有力的控诉。同时，针对国民党当局的无耻栽赃，闻一多厉声斥责道："今天，这里有没有特务？你站出来！是好汉的站出来！你出来讲！凭什么要杀死李先生？（厉声，热烈地鼓掌）杀死了人，又不敢承认，还要诬蔑人，说什么'桃色事件'，说什么共产党杀共产党，无耻啊！无耻啊！（热烈地鼓掌）"并且一针见血地指明："这是某集团的无耻，恰是李先生的光荣！"直指国民党反动派统治集团。同时，说明这不仅是李公朴先生的光荣，更是昆明人的光荣，得到市民支持与拥护："李先生在昆明被暗杀，是李先生留给昆明的光荣！也是昆明人的光荣！（鼓掌）"

为了鼓舞昆明市民的斗志，闻一多举出"一二·一"游行的例子，号召昆明市民继承民主斗争的光荣传统，为民主与自由而战！"去年一二·一昆明青年学生为了反对内战，遭受屠杀，那算是青年的一代献出了他们最宝贵的生命！现在李先生为了争取民主和平而遭受了反动派的暗杀，我们骄傲一点说，这算是像我这样大年纪的一代，我们的老战友，献出了最宝贵的生命！这两桩事发生在昆明，这算是昆明无限的光荣！（热烈地鼓掌）"

为增强人民斗争下去的信心，闻一多进一步抨击敌人，分析现状，指出

人民必胜，真理永存，反人民的势力终将为人民毁灭。言词铿锵有力，切中要害："反动派暗杀李先生的消息传出以后，大家听了都悲愤痛恨。我心里想，这些无耻的东西，不知他们是怎么想法，他们的心理是什么状态，他们的心怎样长的！（捶击桌子）其实简单，他们这样疯狂地来制造恐怖，正是他们自己在慌啊！在害怕啊！所以他们制造恐怖，其实是他们自己在恐怖啊！特务们，你们想想，你们还有几天？你们完了，快完了！你们以为打伤几个，杀死几个就可以了事，就可以把人民吓倒了吗？其实广大的人民是打不尽的，杀不完的！要是这样可以的话，世界上早没有人了。"

闻一多以辩证的观点指出：最黑暗的时候也就是光明就要到来的时候，光明就在我们眼前。他满怀信心地宣布："你们杀死一个李公朴，会有千百万个李公朴站起来！你们将失去千百万的人民！你们看着我们人少，没有力量？告诉你们，我们的力量大得很，强得很！看今天来的这些人都是我们的人，都是我们的力量！此外，还有广大的市民！我们有这个信心：人民的力量是要胜利的，真理永远是要胜利的，真理是永远存在的。历史上没有一个反人民的势力不被人民毁灭的！希特勒、墨索里尼，不都在人民面前倒下去了吗？翻开历史看看，你们还站得住几天！你们完了，快了！快完了！我们的光明就要出现了。你们看，光明就在我们眼前，而现在正是黎明之前那个最黑暗的时候。我们有力量打破这个黑暗，争到光明！我们光明，恰是反动派的末日！（热烈地鼓掌）"

最后几段，闻一多再一次号召昆明青年发扬"护国"运动、"一二·一"运动的光荣传统，为争取民主和平而战斗，完成历史赋予的使命，并再一次警告反动派，他们施行挑拨离间的卑鄙伎俩决不会得逞，人民决不会任他们猖狂下去的。

"李先生的血不会白流的！李先生赔上了这条性命，我们要换来一个代价。'一二·一'四烈士倒下了，年轻的战士们的血换来了政治协商会议的召开。现在李先生倒下了，他的血要换取政协会议的重开！（热烈地鼓掌）我们有这个信心！（鼓掌）

'一二·一'是昆明的光荣，是云南人民的光荣。云南有光荣的历史，远的如护国，这不用说了，近的如'一二·一'，都属于云南人民的。我们要发扬云南光荣的历史！（听众表示接受）

反动派挑拨离间，卑鄙无耻，你们看见联大走了，学生放暑假了，便以为我们没有力量了吗？特务们！你们看见今天到会的一千多青年，又握起手来了，我们昆明的青年决不会让你们这样蛮横下去的！

反动派，你看见一个倒下去，可也看得见千百个继起的！

正义是杀不完的，因为真理永远存在！（鼓掌）

历史赋予昆明的任务是争取民主和平，我们昆明的青年必须完成这任务！”

最后，在结尾中，闻一多先生再次义正词严，掷地有声，发出了最后的战斗的号角，体现出大无畏的牺牲精神，使情感发展到最高峰：“我们不怕死，我们有牺牲的精神！我们随时像李先生一样，前脚跨出大门，后脚就不准备再跨进大门！（长时间热烈地鼓掌）”

这篇事先毫无准备的即兴讲演，既是闻一多先生人格生命与学问道德的结晶，也凝结着我们民族在暴力面前所能表现的最英勇的气概；这既是他用鲜血与生命写成的千古奇文，也是他留给青年们的不朽遗言。

确凿的事实、浓烈的情感与犀利明快的议论是这篇讲演的一大特色。闻一多先生在极度悲愤的情绪中走上讲台，他所讲的，乃是他内心世界的真实流露。在演讲中，闻一多先生以情激情，内在情感的喷发也格外地感染着听众、激励着听众。他使用的语言，短促直接，质朴流畅，字字铿锵，具有很强的战斗性，有力地斥责、打击敌人，成为战斗者的绝唱。

三、公众演说常用技巧

演讲与其他口头表达形式不同之处在于，为了达到预期的效果，表达者往往会采取一些语音语调修饰技巧，来增强感染力和表现力。

（一）使用轻重音

演讲者在演讲时，根据演讲内容的需要，有些需要强调的地方，会有意识地把一些词语乃至句子说得重一些，这就形成了重音。重音的使用是演讲者在演讲过程中，为了增强感染力使用的一种方法。

语句的轻重能显示出语意的层次、主从和体现语句目的。重音的确定首先要准确理解说话或演讲的内容，找出为了突出思想内容而应该强调的词语。其次重音不能确定得太多，重音多了，就等于没有了重音。相反重音越少，主题越突出。重音的运用并不一定就是加强音量，也可以用延长音节、适当停顿、变换音色或重音轻说等方法来突出应该强调的内容。例如，一位演讲者在进行爱国主义演讲——“记住你是中国人”有这样一段：

一九三七年卢沟桥事变之后，抗日战争全面爆发；爱国的中国人民投身到抗日洪流之中。许多身居海外的爱国者也回国参加抗战工作，著名的翻译家戈公振先生正在苏联养病，拖着虚弱的身体毅然回国，回国不久病逝。在他病重期间，邹韬奋先生去医院探望戈公振先生，戈先生拉着邹韬奋先生的手说：“我是一个中国人，现在国家有难，我要回到祖国。”戈先生病逝后，邹韬奋先生写了一篇纪念文章讲述了这件事情。有人因此写了一首悼念戈公振先生的诗：“哀哉韬奋作，壮哉戈先生。死犹断续说，我是中国人！”

这段演讲词最末的“我是中国人！”这五个字应说得坚定有力，字字控辩，充分表达出对爱国者的崇敬之情。而前面的叙说要尽量平缓，“哀哉韬奋作，壮哉戈先生。死犹断续说”则应该用轻音修饰，以衬托最后一句的重音！

（二）巧用停顿

演讲者在演讲时，不能一口气连续不断地说下去，词与词之间，句与句之间都应有相应的停顿。停顿是体现语言节奏和意义的不可缺少的表达手段。恰当地处理停顿，语言会显得参差错落、间歇有序，语音层次分明。

英国政治家赖白斯曾在伦敦演讲劳工情况，讲到一半，他突然停顿下来，取出了表，站在那儿一声不响地眼看观众，达 1 分 12 秒之久，其他人坐在椅子上很奇怪，互相看来看去，不知发生了什么事？后来大家一致认为：赖白斯忘了演讲词！

就在这时，赖白斯突然大声地讲道：“诸位适才所感觉的局促不安的 72 秒的长时间就是每个普通工人垒起一块砖所用的时间。”

这里，赖白斯巧妙地利用了逻辑停顿，让听众领略了普通工人劳动的辛苦，突出了演讲的主题。

演讲者在演讲时，停顿的方式一般分为生理停顿、结构停顿和强调停顿。生理停顿是由一定的呼吸量来决定的，说话过程中有时需要做适当的停顿来补充气息。结构停顿是根据语句的构成成分而作的适当的停顿，结构停顿是运用得较多的一种停顿方法。演讲者在演讲时，虽然是利用口语进行表达，但是仍然会经常使用较长的句子。这种情况下，把握好结构停顿就显得十分重要。在长句子，尤其是使用排比、顶针的句子中适当停顿，就可以很容易形成一种较强的语势。强调停顿是为了充分表达说话人的思想感情、立场态度，在需要突出的词语间所做的停顿。前文提到的演讲中“我是中国人!”五个字就要一字一顿，这样才能把重音的效果表达得更好。演讲时，生理停顿要尽可能地借助结构停顿和强调停顿，在需要停顿补气时抓住补气的机会，要补得巧妙，不要深吸气息，要使听众感觉不到其间的停顿。

（三）调节语流速度

速度快慢调节也是一种十分重要的修饰手段，这种方法主要是指演讲者对语言的快慢缓急节奏的控制。语言的速度同个人的风格、心理状态、演讲内容、语言环境等多种因素密切相关，和语言的轻重、停顿也密切相关。语言速度的快和慢是相对而言的，是对立统一的。说话或演讲时，要从实际内容出发，根据情节的发展，感情的变化来确定演讲或说话的速度。要做到快慢得体，缓急适合，快而不乱，慢而不滞，使语言极富节奏变化。例如，下面的演讲：

1995 年，我从东北大学计算机应用专业毕业，来到了辽宁商业高等专科学校任教。工作是平淡而紧张的。日子过得很快。

然而有一天的一件事拨动了我的心弦：那是一个北风凛冽的初冬的早晨。我们早早来到学校，准备参加我系退休老教师——邓国士老师的追悼会。大客车驶出市中心医院，缓缓地行驶在初冬的风里……

我猛地发现，车行驶的方向发生了变化，那不是殡仪馆的方向，而是我们学校的方向。正当我一脸疑惑的时候，我身边的一名邓老师的生前好友说起了这样一件事：

邓老师病危期间，学校的校长和党委书记去医院探望他。他拉着党委书记的手说：“我是一名土家族‘娃子’，是共产党给了我读书上大学的机会，几十年的教学工作，我爱上了东北这块土地，最忘不了的是我们的学校。如果我……，能不能让车再回一趟学校，让我再回到那校园看看，再回一次我们共同的辽宁商专科……走……走……”

这段演讲，是演讲者为学生演讲比赛做评委时的一次即兴演讲。当时的情况是，比赛过程中，选手发挥得较为一般，而当天晚上又有一场重要的足球比赛直播；演讲结束后，记录台填写获奖证书的速度比较慢，主办者担心学生这个时候中途退场，要求演讲者做一个基本无准备的即兴演讲。当时，一名外请的评委给演讲者出了一道题为“新世纪门槛前的回忆”的命题演讲。

为了吸引观众，演讲者在演讲的尾声之前，讲了一个发生在学校里的真实例子，讲了一名热爱学校的老教师临终前的故事。

这段演讲的开始部分，演讲者用的是正常语速，而在叙述故事开始时就适当放慢了速度，而在讲邓国士老师的临终遗言时则更加缓慢。一位老教师的遗愿，真挚动情、含义深远，在学生中引起共鸣，会场“鸦雀无声”，也为活动赢得了时间。

（四）应用语调变化

语调的基本单位是句调，表示一个句子的高低升降变化。语调一般可分为高升调、平直调、抑降调、曲折调四类。

高升调：语调由低逐步升高，语势呈上升趋势。常用于呼唤、号召、惊疑等情感较为激昂的句子。如：

让我们高举起振兴中华民族的希望火炬，去奋斗，去开拓，去创造我们美好的未来！

在我们中国的信念中，“国”与“家”是密不可分的。爱国犹如爱家，爱国胜于爱家。“以天下为己任”的这种传统感情，传统信念，已经融化在中华子孙的血液里了。正如《我的中国心》这首歌中所唱到的“流在心里的血，澎湃着中华的声音”，中华儿女对祖国的赤子之心，爱国之情，报国之志，是任何力量也动摇不了的。

这段话演讲者的感情是强烈的。整段演讲词的语气、语调一路攀升，到最后“赤子之心，爱国之情，报国之志，是任何力量也动摇不了”的，字字铿锵有力，形成最强音，使听众的感情也受到强烈的震撼而与演讲者产生共鸣。

平直调：语调平直舒缓，没有太明显的高低升降变化。多用于一般的叙述、说明句，表示庄重、严肃、悲痛、冷漠等感情色彩。如：

我不相信天上有上帝，宇宙有鬼神，但是我相信，每个人都有他自己的命运。

近些年，越来越多的学校害怕带领学生外出活动，理由是不安全。安全当然重要，但带领学生经风雨，见世面，增强创新精神更重要，提高实践能力更重要。要知道，保险柜里种不出参天大树，防盗笼里只能培育自私、懒惰和怯懦。

这段话整个的语调平直、严肃，表达了演讲者对年轻一代如何培育，使他们能健康成长的担心和忧虑。

抑降调：声音从高扬逐渐低抑，语势渐降。多用于祈使、感叹等句子。如：

我明白了，真正有所作为的中国人，都是把自己的命运同中华民族的命运紧密相连的。每个人都有自己的人生航线，但是没有一条会是笔直的，它充满着曲折。我的经历就是这样。

曲折调：语调成先降后升或先升后降的语势，一般表示含蓄、反诘、夸张等情感。如：

什么“人权自由”“博爱平等”，全是骗人的鬼话。

（五）植入情感

口语表达，特别是演讲，除了要准确地表达思想内容之外，还应使自己的思想感情抒发得淋漓尽致，紧紧地吸引听众，让听众的感情随着演讲的行进而起伏跌宕，时而紧张严肃，时而轻松愉快。要做到这一点，演讲者可以借鉴其他表演艺术门类中处理语言艺术的摹声、气音、颤音、拖腔等表现手法。将这些表达技巧恰当地运用到演讲中来，就可以使演讲合理地艺术化，合乎演讲主题、情感表现的要求，合乎演讲内容的要求。

摹声：是用模拟某种声音的方法来说某些词语或某些人物的语言。摹声主要是象声词和人物语言的模拟。摹声的主要手法就是象声词的使用。象声词是模拟某种声响的词语，如时钟走动的声音，语言中用“滴答，滴答”来描写。通过这些摹声，就能唤起听众诸多感觉的联想，收到让人亲临其境、逼真可信的艺术效果。

气音：气音是发声时声带收缩不产生振动，用带有气流的语气来说话。演讲中表示感叹、惊讶、不安的感情或自言自语时，可用这种发声方法来增强表达效果。如：

“这是谁呀？怕是来偷东西的吧？”我心里想着，“这回我要是逮着了，非把他送到派出所去不可！”

颤音：表示某种激动或愤怒的情绪时，声音往往有些发抖。颤音发声时，声门突然打开又闭上。如前文提到的闻一多先生的“最后一次演讲”中有这样一段颤音：

杀了人，又不敢承认，还要污蔑人，说什么“桃色事件”，说什么共产党杀共产党，可耻啊，可耻！

“可耻啊，可耻！”用颤音讲出来，充分表达了闻一多先生对国民党反动派的切齿痛恨。

拖腔：拖腔是声乐表演艺术中运用音节结构有韵头、韵腹、韵尾的特点，有意地把这些成分说得层次分明，使声音漫长、委婉的一种说唱方法。在演讲或说话时，如表示迟疑、支吾、回忆、惊讶、强调等情感时，就可以用这种发声方法。如前文提到的笔者的即兴演讲的结尾一句就使用了拖腔：

“……，能不能让车再回一趟学校，让我再回到那校园看看，再回一次我们共同的辽宁商专科……走……走……”

四、公众演说稿写作的布局、谋篇

公众演说稿的写作涉及很多内容，而对于不同演讲者来说都很重要的是公众演说稿写作的知识准备、写作技巧和公众演说稿的布局、谋篇三部分内容。而公众演说稿写作的知识准备、写作中涉及的表达手法和技巧，则是写作学的范畴，已在前文论述，在此不做论述。

要写出一篇好的演讲稿，首先要确立中心论点，然后再围绕中心论点，选择论据和论证问题的方法。这项工作就是演讲稿写作的布局和谋篇。

演讲稿的布局、谋篇是写好演讲稿的关键，这项工作的目标就是使整篇演讲稿中心突出，条理清楚，符合逻辑，从而有比较完整的结构，有较强的说服力。演讲稿的内容是通过语言传达给听众的，听众是依靠听觉来领会演讲者的思想观点的。由于人的听觉具有“一次过”的特点，听众不可能返回来去思考演讲者讲过的内容，这就要求在写作演讲稿时，层次要清晰，结构不要太复杂。而在具体的工作中，演讲者需要做好如下几方面的工作：

第一，选择演讲稿所用的材料。材料的取舍对于演讲来说是十分重要的。决定取舍首先要注意材料的真实性和代表性。材料在论述中是论据，如果论据不可靠就得不出正确的结论，如果论据没有代表性，那么论证就没有说服力。在选择论据时要十分注意论据的代表面不能太窄了，也不能太偏了，这样才能显得更有现实意义和更为真切。在选择论据时，还应注意尽量采用第一手材料。因为这些材料是演讲者切身体会到的，所以在讲述时就容易表露出强烈的感情。只有演讲者感情强烈，才可能去感染别人。要是用的材料隔了一手，演讲者在演讲时产生不了激动，平平淡淡，听众听起来也觉得平淡无奇。

第二，保证各层次逻辑清楚。完成了演讲稿所用的材料的选择，就要安排演讲稿的层次。层次安排得当，演讲的逻辑力就强，说服力也就强。

演讲主要是通过听觉来传递信息的。听众手里一般是没有讲稿的，因此演讲稿的层次不能太复杂。同时，演讲稿的写作不能像写论文一样，列出汉字一、二、三、四，阿拉伯数字1、2、3、4，带括号的（1）（2）（3）（4）。因为，这些编号在听觉上没有区别，会造成听众理解和接受上的困难。因此，演讲稿的写作过程中最好用过渡段或过渡句分割层次。对于逻辑性要求很强的演讲，需要对层次有清晰要求的情况，可以用“首先”“其次”“再次”“最后”代替一、二、三、四。

第三，保证结构合理完整。演讲稿写作布局的第三步是设计演讲的结构，即设计恰当的开头和结尾，选择贯穿全篇的线索，处理各个段落之间的过渡与呼应等。在这项工作中，写作者需要遵循如下几个原则：

首先，中心主线统领全篇，段落流畅自然。在演讲时，如果能选择一条贯穿全篇的线索，并且这条线索本身带有一定的形象性，就可以在谋篇上显得特别紧凑，使人听完之后留下较深的印象。所谓主线就是演讲的中心思想和立意。演讲中心思想的选择最为重要的是要明确演讲的目的、主旨，吃透演讲的题目。

演讲稿段落之间的过渡与呼应也非常重要。各段之间要有内在的逻辑联系，也要有外在的“顺理成章”。相互照应既是保障演讲者自身思维逻辑的需要，也是照顾到听众思路和接受的需要。一般过渡，可以用平滑顺当的过渡句，而要引起听众的注意时，可以利用转折，从反面进一步论证演讲的中心。还可以利用递进方法，把听众引向论点的深层。这几种方法还可以交替使用，使演讲在结构上显得活泼而不呆板。

其次，写好演讲稿开头，吸引听众注意。演讲成功与否的重要因素之一是开头是否能吸引住听众。因此，演讲者历来都十分重视演讲稿开头的写作。演讲稿的开头为整篇演讲定下了“基调”，它可以使演讲者与听众之间迅速建立起感情联系，同时，打开场面，引入正题。演讲稿开头的写作有很多种，常用的开头写法有如下几种类型：

（1）故事型。在演讲开头讲一个与你所讲内容有密切联系的故事从而引出你的演讲主题。这个故事要求完整，要有细节和主要人物，并且与演讲的内容密切相关。

比如有一篇爱国主义“壮哉，军人的回答”的主题演讲，是这样开头的：

我有一位战友叫宋伟清，入伍前是温州市拥有100多万元资产的养鸡大户，可他不坐轿车来扛枪，不穿西服来穿军装，不做名利双收的企业主来当扛枪弄炮的义务兵，令许多人大惑不解。然而，在他入伍后的第一次班务会上，他向我们倾诉了那感人的初衷。在一次出差途中，他遇到了两名拦路抢劫的歹徒，眼看手里的5万元就要遭殃，一名探亲的老兵“嚯”地站了起来，歹徒落荒而逃。宋伟清取出1000元钱递给这位战士，被断然拒绝了。他以为嫌少，开口问：“你要多少？”老兵斩钉截铁地答道：“你看错人了！如果是为了钱，那我这身军装就白穿了！”宋伟清满脸愧色，那位战士犹豫了一下，说：“如果你真要谢我，请你帮我介绍一位姑娘。我们的指导员是个孤儿，在边防哨所干了10年，都35岁了，还没成家。这次探亲回来，哨所的战友们把省吃俭用留下的津贴一分一分凑起来，交给我一个特殊的任务，必须给咱找个嫂子。”宋伟清满口答应了下来，可就在他回到家不久，那位老兵来信说：指导员已在巡逻中光荣殉职了。他说他有一个冒昧的请求，如果“嫂子”找到了，请那位姑娘给指导员写一封信，哪怕一两个字也行，我们好把它敬献在指导员的坟头，以告慰他九泉之下的孤魂。面对这质朴的请求，宋伟清热泪盈眶。他感到这些当兵人的身上，有一种巨大而神奇的魔力。一个人活着不能没有钱，也不能没有轻松自在的生活，但往往缺乏的正是这种催人奋发、震撼灵魂的力量。带着激动，带着疑惑，带着思索，他来到了河西走廊一个荒凉的戈壁滩上。风沙，抽打着他的脸庞；烈日，炙烤着他的脊梁；困苦，阻挠着他的脚步；寂寞，煎熬着他的心灵。3年1095个日日夜夜，军营，磨砺了他的意志，军营，增添了他的胆识，军营，锤炼了他的品格。他以优异的成绩考入了军校。

（2）开门见山型。开门见山型演讲就是，开始就用高度凝练的语言把演讲的基本目的和主题告诉听众，引起他们想听下文的欲望，接着在主体部分加以详细说明和论述。

恩格斯的《在马克思墓前的讲话》便是一篇著名的演讲，其运用的就是开门见山型的开头：

3月14日下午两点三刻，当代最伟大的思想家停止了思想。让他一个人在屋里总共不过两分钟，等我们开门进去的时候，便发现他在安乐椅上静静地睡着了，但已经是永远地睡着了。这个人的逝世对于欧美战斗着的无产阶级、对于历史科学，都是不可估量的损失。这位巨人逝世后形成的空白，在不久的将来就会使人感觉到。

开门见山型的开场白适合于比较庄重的演讲场合，使用这种开头方式，要求演讲稿写作时必须进行高度的总结概括，防止以偏概全或挂一漏万。

（3）幽默型。幽默型是以幽默或诙谐的语言及事例作开场白，这样的开场可以使听众在演讲者的幽默启发下集中精力进入角色，接受演讲。

某次演讲比赛，一位选手很胖。他是这样开场的：

今天，我是本场比赛的重量级选手，我的体重 0.1T，就是 0.1 吨。

这样就比较迅速地把观众的注意力从演讲者的身材转到演讲上。

但是，请注意积极的幽默是高雅的。像领导干部竞争上岗演讲是非常严肃的，因此绝对不能用低级的笑话或粗俗的语言来表达。这样做的结果既会损害了演讲的主题，又贬低了演讲者自己的形象。

（4）引用型。引用型开头就是直接引用名人的富有哲理的名言，以此作为演讲前的铺垫和烘托，概括了演讲的中心思想。比如，要写一篇讲学习知识重要性的演讲稿，就可以这样开头：

记得伟大的哲学家、诗人培根说过："知识就是力量！"

（5）对比起兴型。闻一多先生"在鲁迅逝世九周年纪念会的演讲"就用了对比的手法起兴开头：

有些人死去，尽管闹得十分排场，过了没有几天，就悄悄地随着时间一道消逝了，很快被人遗忘了。有的人死去，尽管生前受到很不公平的待遇，但时间越过得久，形象却越加光辉，他的声名却越来越伟大。我想，我们大家都会同意，鲁迅是经受得住时间考验的一位光辉伟大的人物。因为他对中华民族的文化事业留下了宝贵的遗产。他是中国历史上最伟大的文学家。鲁迅生前所处的环境异常危险，他是一个被"通缉"的"罪犯"！但是他无畏惧，本着有一分热，发一分光的精神，他勇敢、坚决地做他自己认为应该做的事，在文化战线上打着大旗冲锋陷阵，难怪有的人为什么那么恨他！

（6）礼貌化解矛盾型。如果在演讲时演讲者的意见与听众中许多人的理解相反，演讲者就是在向听众挑战，在与听众争辩。演讲者"最头痛"出现这种局面，在这种情况下为了取得演讲的成功，用礼貌型语言开头来表达友好的热情，显示自己的演讲在讲道理而不是与听众故意对立，这样可以消除听众的敌对情绪，使演讲成功。

1775 年 3 月 23 日美国人亨利在弗吉尼亚州议会上，面对第一次大陆会议上向英国统治集团的妥协主张占上风的不利局面，做了“不自由，毋宁死”的演讲，这篇演讲稿就是运用的这种开头：

主席先生：

对刚刚在会议上发言的先生们的爱国精神和才识，没有人会比我更钦佩了。但是，人们常常从不同的角度来观察同一事物。因此，尽管我的观点与他们截然不同，我还是要痛痛快快地、毫无保留地讲出自己的观点，并希望不要因此而被认为是对先生们的不敬。此时不是讲客气话的时候，摆在各位代表面前的是关系国家存亡的大问题，我认为，这是关系到享受自由还是蒙受奴役的大问题。鉴于它事关重大，我们的辩论应该允许各抒己见。只有这样，我们才有可能搞清事物的真相，才有可能不辱于上帝和祖国所赋予我们的伟大使命。在这种时刻，如果怕冒犯各位的尊严而缄口不语，我将认为自己是对祖国的背叛和对比世界上任何国君都更为神圣的上帝的不忠。

主席先生，人总是免不了要沉湎于希望的幻影之中。我们总想闭上眼睛，不愿正视痛苦的现实。我们总想听女海妖惑人的歌声，虽然那是将人变为禽兽的歌声。这难道是在这场为获得自由而从事艰苦卓绝的斗争中，一个聪明人所应持的态度吗？难道我们愿意做那种对这关系到是否蒙受奴役的大问题视而不见充耳不闻的人吗？就我个人而言，无论在精神上承受多大的痛苦，我也愿意知道真理，知道最坏的情况，并为之做好一切准备。

亨利的这篇演讲明确地表露出来的意思是不愿妥协，是号召全国人民“拿起武器”。然而在提到他的对立面时，亨利首先“赞赏他们的才干和爱国之心”，实际是在向听众表明，在所谓的爱国心和才干上，双方是一致的。这无疑显示了亨利先生求同的诚意，以便于消除对方的抵触情绪使对方明白双方有合作的基础。接着，他又明确提出自己的主张与对方是截然不同的。最后，他列举“唱着蛊惑之歌的女海妖”的典故来提醒大家，不要一味沉湎于幻想而忘记了真相。经过这些铺垫，基本上消除了对方的敌对情绪。这时候，亨利才开始了他的关于“拿起武器”前正面论述。这种追求技巧的演讲能够达到化敌为友，使更多的人站到自己的立场上来的效果。

最后，写好演讲稿的结尾。演讲的结尾同样非常重要，好的演讲稿结尾可以使听众回味无穷，甚至能给听众以美好的回忆。常用演讲稿结尾的写法有如下几种类型。

（1）高潮式。高潮式结尾方式是指在演讲主题思想的升华、情绪氛围的浸染都达到最高点时干脆利落地收尾。萧乾的演讲《龙须与蓝图》就是一个典型的例子：

在十九世纪初期，中国这个新生被迫进入这个课堂。他留着长长的辫子，指甲有四寸之长，腼腆而又倨傲，拙笨而又不自在。在此之前，他本来在高山、大海和长城的阻隔下，逍遥于这课堂之外。如今，既然进了这课堂，他就得取得文凭——我指的是民族的生存，否则就得灭亡。尽管这个新生年岁比谁都老，又受过经书的训导，可他来得迟。于是，这个拧他的鼻子，那个拽他的辫子。那他还不在乎。可有个家伙，要活活地把他掐死。那个学生的名字大家不难猜出，就是日本。他从未料到这个小家伙可以为害到这地步。这使他大为震惊。他在老师面前，简直狼狈不堪。

“你会几何吗？”老师问。

“不会，可是我能说出八十种不同的兰花的名字。”

“你能画机械图吗？能设计个排水道吗？”

这回这个年纪大的学生想试它一下。他研了墨，挥起如椽之笔，刷刷几笔画出了在云中出现的龙须。

老师气得把笔夺了过来。

“排水道是个有实际用途的东西。你得先研究水的流量，然后考虑灌溉的需要。你这是瞎画些什么！你在做梦呢吗？”

课堂里大家都笑了。年纪大的学生咬咬嘴唇，把眼泪吞下去，气得说了声：“你们都滚蛋。”

老师又问他会什么体育项目。足球？网球？还是板球？

他只说：“我会吹笛子，拉胡琴。”你看他的爱好多么高雅。只是那不能使他有资格领到文凭。

从那以后，同学们经常拿他开玩笑。在这种情况下，他还画龙须吗？他不认为几何多么高雅，可他一定得背个烂熟。他梦中也会把热水袋当作足球来踢。他一定刻意学会排水道的图，尽管他不认为那比画龙须更容易做到。大家发现这个年纪大的学生认真画起蓝图，练起足球了，就跑过来对他说：

“当初你的龙须画得多么奇妙啊？你现在画这些粗糙的蓝图不觉得无聊吗？而且，像你这样文雅的人，去踢那粗鲁的足球，未免太委屈了。你应当继续穿你的长袍马褂，留那漂亮的长指甲。怎么，辫子也剪掉了？”

那个懂礼貌的年纪大的学生只是朝他们苦笑，同时喃喃地说：“不必担心我那龙须。那是我祖传的，丢不了。可我先得拿到文凭，然后，我也许让你们全来画龙须呢！”

（2）总结式。总结式结束就是在演讲结尾时，对前面所讲的内容进行提纲挈领的归纳和总结。例如，有一篇题为《记住我是中国人》的演讲。演讲者对古今中国人爱国事迹进行了叙述后说道：

朋友，也许我们不能驰骋沙场成为一代英雄；也许我们不能填补科技领域的空白，成为科技精英；但是，我们同样可以在平凡的工作岗位上为祖国建功立业。因为，我们都会记得：我是中国人！

有人曾问一生为官清廉的林则徐：“为什么不设法给子孙后代留点钱物呢？”林则徐回答道：“子孙若如我，留钱做什么？人子必不如我，留钱做什么？”林则徐的回答极其委婉含蓄，余韵无穷，在一种反复的回味中使听者能清楚地感受到他那清正廉洁的为官准则和人生价值观。这就是典型的余韵式回答法。

在一篇《如何使雷锋精神常在》的演讲稿中，作者是这样结尾的：

坐而论道，评价别人不难！难的是如何尽好自己应尽的责任。要使雷锋精神常在，你，我，他，我们大家应该做些什么？

演讲的结构由开头、中场和结尾三部分构成。开头应有吸引力，中场论证要衔接自然、有说服力，结尾要有回味。一篇演讲稿要想成功，就要努力做到虎头、凤肚、豹尾。

第二节　青年学生需要掌握的会议沟通技巧

在“行走课堂”实践活动中，召开会议是开展工作的一种重要形式。人们经常通过召开会议进行沟通，达成一致目标，形成工作目标和方案，好的会议沟通可以推动工作开展。因此，掌握会议沟通的技巧，用高效率的会议推动活动开展意义重大。

一、会议与会议沟通

要成功地举办一次会议，尤其是比较大型的会议，需要考虑很多方面的问题。做好会议沟通是核心，很多辅助性工作也十分重要。一般来说，会议的准备和礼仪工作是两个典型工作。下面简单介绍会议、会议沟通的概念，会议的准备和礼仪工作。

（一）会议的概念

所谓会议，是指人们怀着各自相同或不同的目的，围绕一个共同的主题，进行信息交流或聚会、商讨的活动。一次会议的利益主体主要有主办者、承办者和与会者，其主要内容是与会者之间进行思想或信息的交流。

我们可以说会议实际上也是会议召集者针对特定对象所组织的一种沟通活动。不论是会议的主持、发言、讲话，还是会议的讨论、决定、总结，都会涉及沟通的技巧。一次成功的会议，通过会议主要组织者的讲话，所有与会者的讨论，最终达到统一思想、达成共识的目的。与会者掌握了相应的沟通艺术，就能把每次会议都开得生动活泼，富有实际成果。会议沟通，是一种成本较高的沟通方式，沟通的时间一般比较长，常用于解决较重大、较复杂的问题。需要采用会议方式进行沟通的情况主要有如下几种：第一，需要统一思想或行动时；第二，需要当事人清楚、认可和接受时；第三，传达重要信息时；第四，澄清一些谣传信息，而这些谣传信息将对团队产生较大影响时；第五，讨论复杂问题的解决方案时。

（二）会议准备

只有事先做好准备工作，才能保证会议的顺利进行与圆满结束，比较典型的会议准备工作包括：开会的时间是否能保证主要与会者都能参加，如果与会者不能出席时是否有替代人选，怎样联络；会议的主席、主持、记录人员、现场服务人员等相关人员的安排是否妥当；会议需要什么辅助器材，由谁负责；会议进行的时间预计有多久等。.

会议场所的选择有很多种，最常用的是自己的会议室；大型的、重要的会议则可以专门租用饭店的会场。不管采用哪种方式，对会场的基本要求是一致的，一般要求如下：会场应该舒适宽敞，隔音效果好，采光通风良好，没有其他干扰，最好有窗帘，便于在放投影资料时看得清楚，安静不嘈杂，空调良好，插座、电源、白板、麦克风等设备齐全。

在准备会议的过程中，必须把工作做细致，有关会议的各个事项，如时间、地点、会议议程等都应该用文字记录下来，便于在后续工作中按照计划执行。有关会议的决定、通知等要打印出来发给相关人员，不能只进行口头通知，以防止被忘记。

现代化的会议离不开各种辅助设备，在召开会议之前，就应该把各种辅助器材准备妥当。一般需要做好如下几方面工作：

第一，桌椅、名牌、饮水。桌椅是最基本的设备，可以根据会议的需要摆成圆桌型或报告型，如果参加会议的人数较多，一般会使用报告会的形式，这时不需要准备座位牌；如果参加会议的人比较少，往往可以使用圆桌的方式，这时常常要制作座位牌，即名牌，让与会人员方便就座。会议上的茶水饮料最好准备矿泉水，因为每个人的口味不一样，有的人喜欢喝茶，有的人喜欢喝饮料，还有的人喜欢喝咖啡，所以如果没有特别的要求，矿泉水是最能让每个人都接受的选择。

第二，签到簿、名册、会议议程等资料。签到簿的作用是帮助了解到会人员的多少，分别是谁，一方面使主办会议者能够查明是否有人缺席，另一方面能够使主办会议者根据签到簿安排下一步的工作。打印名册可以方便会议的主持人和与会人员尽快地掌握各位参加会议的人员的相关资料，加深了解，彼此熟悉。打印会议议程等资料可以让全体与会者了解会议内容、程序，保证会议按照计划进行。

第三，黑板（白板）、笔。在很多会议中，与会人员为了更好地说明问题需要在黑板或者白板上写字或画图，在黑板或白板上表述具有即兴、方便的特点，是 PPT 和视频等需要事先准备的表达方式的有益补充；因此，不能忽视。同时，粉笔、万能笔、板擦等配套的工具也需要一起准备。

第四，各种视听器材。现代的投影仪、幻灯机、录像机、电子教鞭等视听设备，给人们提供了极大的方便。在召开会议前，必须先检查各种设备是否能正常使用，如果要用幻灯机，则需要提前做好幻灯片。录音笔和摄像机能够把会议的过程和内容完整记录下来，在与会者同意的情况下可以录音和录像。当需要立即把会议的结论或建议打印出来时，就需要准备一台打印机。

第五，会标、背景板、展板。会标一般指会议名称和会议标语横幅。有时为了强化会议效果，可以采用喷绘将会标美化、渲染为会议背景板。采用喷绘写真画面时，一定要注意采用环保材料，否则喷绘写真画面散发的刺鼻气味不仅影响会议氛围，对与会者，尤其是主席台就座人员身体健康不利。为渲染会议或活动，还可以在会场内外放置展板进行宣传。

（三）会议中的礼仪

会议中的礼仪十分重要，一般来说需要从主持人和会议座次的安排角度注意。会议主持人在主持会议时要在介绍参会人员、控制会议进程、避免跑题、控制会议时间等方面做好工作，保证会议畅通。

会议座次的安排一般可以分成两类：方桌会议和圆桌会议。

大多数情况下会议室中是长方形的桌子，包括椭圆形，就是所谓的方桌会议，方桌可以体现主次。在方桌会议中，特别要注意座次的安排。如果只有一位领导，那么他一般坐在这个长方形的短边这边，或者是比较靠里的位置。就是说以会议室的门为基准点，在里侧是主宾的位置。如果是由主客双方来参加的会议，一般分两侧来就座，主人坐在会议桌的右边，而客人坐在会议桌的左边。

还有一种是为了尽量避免这种主次的安排，而以圆形桌为布局，就是圆桌会议。在圆桌会议中，则可以不用拘泥这么多的礼节，主要记住以门作为基准点，比较靠里面的位置是比较主要的座位，就可以了。

二、会议沟通的具体技巧

会议沟通的具体技巧很多，主要包括会议主持人的沟通技巧、会议上发言的沟通技巧、组织会议讨论的技巧三个方面。

（一）会议主持人的沟通技巧

为了会议的顺利进行，作为会议主持人需要在开会前进行准备，确定会议议程，在会议进程中要完成宣布开始、掌握具体议题讨论、做好会议总结、宣布散会等几项工作；并要因会制宜，调动情绪，让与会者去听、去记、去发表意见，达到开会的预期目标。因此，会议主持人在主持会议时，要讲究分寸，说话的分量要适度，不能不到位，也不能太过，不然会使人产生歧义和误解，影响会议效果。语言的分量主要由词意和态度来决定，词意是指语言的本意；态度是指表达时所持的表情和情绪。

会议主持人的沟通技巧主要体现在两个方面：一方面是主持人要善于提问；另一方面要尽量有效地控制好会议的进程。

1. 会议主持人提问的技巧

提问是会议中不可缺少的环节，作为会议主持人更是需要经常提问。一般情况下，主持人在主持会议过程中的提问主要表现为如下三种：

第一种提问是以确认事实为目标的，主要目的是确认事实或信息，或者寻找某一个或一类广泛问题的事实答案等。比如主持人可以问："这件事是什么时候发生的?""这次意外事故有多少人受伤?""活动报道发出后，网名对此反响如何?"等。

第二种提问是以寻找解释为目标的，主要目的是希望被提问者能够对问题给出解释。比如主持人可以问："我们对这个现象如何解释?""您怎么解释出现的问题"等。

第三种提问是以向被提问者征求意见为目标的，主要目的是希望对方做出判断。比如主持人可以问："您为什么觉得这是最好的?""这个方案可以解决我们面临的问题吗?""我们是否可以接受对方的条件?"

在会议讨论阶段，以确认事实为目标的提问最好在讨论开始就提出来。一般情况下，这个阶段的讨论主要是以分析问题为重点。而随着讨论的深入，主持人往往使用以向被提问者征求意见为目标的价值判断性问题来提问。而以寻找解释为目标的提问，往往会在整个讨论过程中多次出现。

主持人的提问方法又可分为一般性的发问和反语性的发问两种类型。一般性的发问大多数是用来引发讨论的开场白，希望与会者中的一些人能就准备讨论的主题提出意见并进行讨论。主持人的这种提问，往往可以自己先对问题做出介绍，然后提问。比如主持人可以说："……以上是我对这个问题的一点看法，希望大家继续补充，谁有好的想法?"

而反语性的发问则是用来激发与会者的思考，而不是用来寻求特定答案的。这种发问多半用来引发参与者的兴趣，引起他们集中注意，或者建议他们从其他的角度深入探讨。比如主持人可以说："毫无疑问，我们对准备提交的汇报材料进行了比较细致的调研，但是如果要在大会上做出很好的展示，我们应该如何做去适应现场的环境呢?"

主持人在主持会议时，即便不使用头脑风暴等思维激励方法也要注意不要对每一个意见都加以评论，因为过多的评论会妨碍与会者自由地交流意见。

2. 主持人如何有效地控制好会议的进程

会议在何时开始？需要多长时间？解决什么问题？如何讨论每个问题？这些方面都需要主持人有效地控制，否则，会议就很难达到预期效果。

主持人要有效控制会议进程需要做好三方面的工作：第一方面，在时间上和议题上把握好会议进程。第二方面，要善于处理会议上出现的各种局面。第三方面，做好会议总结。

在时间上和议题上把握好会议进程需要做好如下几方面工作：

首先，要保证会议按时开始。这样才能够使迟到的与会者感觉到迟到的错误所在。

其次，制定基本的规则。只要是会议，即使是“头脑风暴型”会议，也要做到有章可循，基本的规则可以为每个人建立一个共同遵循的会议行为标准。一般会议规范应该包括以下内容：(1) 按时出席；(2) 有备而来；(3) 遵循议程；(4) 别人发言时不要插话；(5) 不要喋喋不休，讲完后，给别人一个发言的机会；(6) 对别人要表现出礼貌和尊重。

再次，控制好会间休息时间。当主持人宣布会议休息时，要讲明休息时间多长，会议再次开始前一两分钟，巡视一下会场。如果还有许多人没有回到座位上，就应该发出召集信号，宣告下一阶段会议即将开始。

最后，从程序上控制会议。主持人要想保证会议进行的连贯性，就需要用会议的议题掌控会议、循序渐进。具体地说要做好如下四方面工作：(1) 界定需要解决的问题；(2) 对该问题进行会面讨论；(3) 探讨可行性方案，并权衡各项解决方案的利弊；(4) 确定最终解决方案。为了保证会议在预期的轨道上，一旦发现话题偏离正题，主持人可以通过提示与会者注意的方式将讨论者拉回到正题上来。

会议上出现的需要主持人处理的局面主要表现为如下几种情况。

第一种情况，面对发言太长的与会者。首先，如果发言人一再地重复陈述自己的意见，主持人就可以问一些只需回答“是”或“不是”的问题，然后，马上向其他参与者提出一个可自由发挥意见的问题。其次，可以利用总结。主持人打断一个人发言以便汇总成综合意见，很少有人会认为这是一种拦阻。当主持人做完总结以后，只需指向另一个参与者发问就可以了。最后，如果前两种方法失效，主持人只能有技巧地、直接指示他停止发言，主持人可以这样说：“您说的这点很重要，我们希望听到更多人的意见。”或者

“其他的人还没有发表意见的机会呢！我想先听听他们的意见，然后请您针对他们的观点发表意见，好吗？”

第二种情况，面对不愿发言的与会者。一个有活力的群体需要每一个成员都能够发表意见，因此引导不愿发言的与会者发言就显得十分重要。主持人可以这样说：“已经有好几位朋友对这个问题提出了很多宝贵的意见，但是还有人没有机会发言，请问哪位愿意再贡献一些意见呢？”

第三种情况，处理不同的观点。主持人在听不同的看法和意见时，不要试图寻找对方的错误，应该注意自己和参与者的想法有哪些相同的地方。听的态度要尽量和善，要尊重对方的观点，要多从对方的立场来考虑，这样才能避免冲突，有利于双方的沟通。

做好会议总结是保证会议善始善终的关键。因此，在会议即将结束前，主持人要根据会议的要求、会议气氛、与会人员、时间安排等情况，对会议的有关情况及所取得的成果进行全面、客观的总结，对不能确定的或未解决的问题作出解释说明。会议总结要简明扼要、全面准确、重点突出、实事求是，一般需要包括会议基本情况、会议的主要收获、如何在今后的工作中落实会议决定的意见。

会议总结的技巧和方法主要有如下几种：第一，回顾法。即简要概括地回顾叙述会议讨论哪些问题，达成了哪些共识，解决了什么难题，加深与会者的印象。第二，归纳法。即在简要回顾会议的基础上，对整个会议进行高度归纳、概括。比如：“我们这次会议开得很成功，概括起来有几个特点：一、二、三……或者我们这次会议形成了几个方面的共识：一、二、三……初步解决了几个方面的问题：一、二、三……现在，对解决这几个方面问题的对策，与会者已经形成了共识，拿出具体的对策措施，下一步关键是抓好落实。”第三，鼓动法。对会议不做全面总结的情况下，用鼓舞人心的话做总结，对大家提出希望和要求，号召大家为实现某个目标或完成某项任务而努力。

（二）会议上发言的沟通技巧

会议上发言是沟通重要形式，要实现更好的沟通除了用好目光、姿态、手势等演说技巧以外，还需要做好如下三方面的工作。

1. 会议上发言讲话要注意避免歧义

口头表达无法像书面语表达那样借助字形区分一些词语的确切含义。因此，在说话时要有意识地避免使用一些容易造成歧义、误解的词语。像“这个学期我们不再进行期中（终）考试”，说出来就会有歧义，因为“期终”和“期中”是一组同音词。同音词是声音相同而意义完全不同的一组词。这种同音词在即席讲话中有时可能造成意义的混淆，妨碍人们顺利地进行交际。例如：食油——石油，骄气——娇气，财物——财务，漫画——漫话，抱负——报复，旷工——矿工，水利——水力，会话——绘画，等等。在讲话中需要使用这些词的时候，可以有意识地加以变换调整，如把“期终”改说“期末”，把“食油”改说“食用油”，把“骄气”改说“傲气”等。如果实在不好变换说法，就要对这种同音词另外略加解释，以避免产生歧义。

2. 明确自己的观点，防止跑题

会议发言大多数是即席发言，观点是即席发言的核心，应该贯穿于发言的始终的全过程，观点起着纲领的作用。支撑观点的材料使用、词语的选择、语句的结构，甚至发言时的情感控制、表情姿态等，都要受到观点的影响制约。会议发言要努力要做到观点正确、鲜明、集中、深刻。

3. 以精彩的哲理名言启迪听众

科学家、思想家等伟人的哲理名言，是实践经验的总结、历史经验的概括、丰富生活的凝练、人生奋进的指南。组织者在会议讲话中，如能准确、恰当地直接引用哲理名言，不仅可以增加讲话的理论分量，而且可以起到纲举目张的作用。

发言者在会议讲话中还可以适当地引用名人的诗文。恰当引用诗文，不但使演讲变得熠熠生辉，而且对揭示主题、衔接过渡都有奇妙的作用。当然引用诗文必须准确，必须服务主题，绝不能为引用而引用，否则就会画蛇添足、适得其反了。

（三）组织会议讨论的技巧

讨论会议是会议的重要环节，只有充分讨论才能提出新观点。要想巧妙安排好组织会议讨论，需要做好如下工作。

1. 巧妙地掌控讨论的节奏

会议的讨论议题应当明确、集中，不宜太多。议题要符合下列要求：时机适当，所要讨论的议题应是工作中亟待解决的问题；合法可行，所讨论的问题要合法并具备实现条件；主题明确，会议议题中心是什么，要解决什么问题，必须使与会者明确，这样才能便于讨论。

会议要根据议题来合理安排会议程序。一般来说应当注意以下几点：需要立即作出结论的议题应排在前面，其他问题可排在后面；需要会议成员集中精力商讨的问题，应安排在会议的前半段；最后一项议程以努力实现大家的意见一致为好。

组织者要掌控讨论的节奏，还要注意以下三个方面的问题：

首先，不要心不在焉。会议主持者在听取与会者的意见时如果态度认真，精神专注，与会者会感到会议主持者重视他的意见，从而把自己的想法毫无保留地讲出来；如果心不在焉，就会使与会者感到会议主持者并不重视他的意见，并不是真心诚意地听他讲话，从而把一些准备谈的重要意见留下不讲了。

其次，不要仓促表态。会议主持者在听取意见时，最好多提问题，不仅使与会者把全部意见毫无保留地谈出来，还要引发他谈出事先没有考虑到的一些意见。

最后，不要只埋头记录，不思考。会议主持者在听取意见时，既要记下要点，也要注意思考，善于从与会者的发言中捕捉和发现有意义的内容，并及时把它提出来，借以引发全体与会者的进一步思考。

2. 要正确对待反面意见

“兼听则明，偏听则暗”，如果会议组织者能正确对待反面意见，并从反面意见中吸取智慧，就能集思广益，博采众长，作出正确的决策。因此，与会者要认识到如下几点：

首先，反面意见不一定是错误意见。反面意见往往是指与居主流地位的多数人的意见相反的意见。反面意见可能是错误的，也可能是正确的。因此，不能将它同错误意见混同起来。明确这一点，组织者主持会议时，才有可能在思想上重视听取反面意见。

其次，提反面意见未必就是和会议组织者唱对台戏。人们看问题的角度各不相同，认识、判断能力也不一样，意见相左，观点相悖，都是正常现象，用不着大惊小怪，更不能胡猜乱疑。

最后，处理反面意见要妥善。出现反面意见时，会议组织者既不要断然拒绝，也不要急于解释，而应以热情欢迎的态度，认真地、耐心地听取，要让提意见者详尽地阐明自己的意见和理由，然后对他们的意见进行认真的分析。对其中合理的部分应给予肯定，并纳入方案或决议之中，有的合理意见由于某种客观原因一时不便纳入的，也应明确说明，以使提意见者理解。对其中不合理的部分，也应通过讨论，从正面说明道理。

在一般情况下，对会议组织者不宜反面意见采取少数服从多数的方式予以否决。因为“真理往往在少数人手里”，少数人所持的反面意见也可能是正确的。有些具有突破性的真知灼见，也往往是由少数人甚至个别人提出来的。所以，不轻易采取少数服从多数的表决方式解决，有利于等待多数人在实践中转变认识，接受少数人的正确主张。即使在客观形势要求必须马上作出决定，需要采取少数服从多数的表决方式时，也需要允许少数人保留意见。

3. 巧妙处理讨论进程中出现的问题

首先，讨论中出现争吵时。会议活动中发生不同意见的争论，有时会出现争吵、无理纠纷等情况，常常导致会议开不下去。这时就需要会议主持者立即恢复会议的正常秩序与正常气氛。在讨论过程中出现争吵与纠纷时候，会议主持者要及时处置，不可漠然置之任其发展；要从会议大局出发说话，不可就纠纷的微小细节仲裁，以免把自己变成纠纷的一方，而失去仲裁的资格；要镇静，不可因反感而气恼发火。

其次，讨论中出现冷场时。冷场，是会议活动中的一种常见而又使会议主持人感到难办的问题。如果是由于与会者对议题不明白、不理解，因而感到无从开口，会议主持者就要详细、明晰地交代议题，邀请与会者发言。

最后，讨论中出现跑题时。当讨论出现跑题时，会议主持者可以接过讨论中的某句贴着议题边缘的话，顺势向着议题讨论的方向引申一下，使讨论回到议题上来；也可以联系正在议论中的某一层意思，提出新的话题，使议论者在无意中回到正题上来；也可以以时间不多了为由，直接提出新的问题，以扭转离题。

第三节 青年学生需要掌握的公关谈判技巧

在人的社会交往活动中，公关谈判是一种最具挑战压力的沟通形式之一。在“行走课堂”实践活动中，尤其是开展调研等活动时，公关谈判也是不可避免的一个环节。理解公关谈判的内涵，掌握公关谈判的技巧。

一、谈判的概念和基本问题

可以说从有人类社会出现，谈判就存在于人类活动的各个方面。无论是在政治、文化、教育、卫生、家庭、婚姻、社交等领域中，还是在大量的经济活动领域；无论是解决有关战争、领土、民族等重大问题的矛盾冲突，还是处理人们日常社会生活的问题，经常需要通过谈判。有分歧、有矛盾、有利益冲突，就会有谈判。谈判是解决分歧、化解矛盾、平衡利益的必然选择。

翻开中国近现代史，很多重大历史事件都有谈判参与，“西安事变”“重庆谈判”等就是实例。

（一）谈判的概念

什么是谈判？谈判是利益各方就共同关心或感兴趣的问题进行磋商，协调和调整各自的经济、政治或其他利益，谋求妥协，从而使各方都感到是在有利的条件下达成协议，促成均衡的一项工作。

谈判的目的是协调利害冲突，实现共同利益。谈判作为协调各方关系的重要手段，广泛应用于政治、经济、军事、外交、科技等各个领域。因此，可以说谈判具有如下内涵：

首先，谈判是由一些特定的社会需求而引起的人类社交活动，人们为了保护和寻求某种利益而进行谈判。

其次，谈判双方必须有一定关系和联系，利益和需求的结合点是谈判的纽带，谈判中一方的需求和利益的满足，往往会涉及或影响到谈判中另一方的需求和利益的满足，谈判双方的需求和利益，形成一种既统一又矛盾的关系。

最后，谈判双方为了自己的需求和利益，必须通过信息交流、磋商来解决，通过协商来努力达成一致意见，满足各自的需求。语言是他们进行信息交流、磋商沟通的主要工具。

（二）谈判的特点

“一言之辩，重于九鼎之宝；三寸不烂之舌，强于百万之师”这既是对包括谈判者在内的口才优异者的赞美，也从另一个角度说明处理重大事件中谈判的重要性。因此，可以说谈判有如下四种特点：

首先，谈判的形式是对等的。谈判的双方在谈判中都有对等的权利。谈与不谈，谈什么，在什么时间、什么地方谈，谈到什么程度，取决于双方的立场和合作的诚意。任何一方如果缺乏合作的诚意，谈判活动都将无法开展。

其次，谈判结果大多是不平等的。一般情况下，谈判的某一方获得的好处较多，而另一方获得的好处则较少。导致谈判结果不平等的主要原因在于谈判各方所拥有的实力和技巧各不相同，有实力和掌握谈判技艺的一方往往因掌握谈判的主动权而获益。

再次，谈判是双方由对立到妥协的动态过程。谈判只有在双方都有妥协或合作意向的情况下，才有可能顺利进行。单方面的给予或者单方面的接受，无论是自愿付出还是被动让步，都不能算作真正意义的谈判。

最后，谈判的最终目的是根据各自不同的利益进行抉择。如果谈判的结果不是互惠的，谈判将无法进行下去；只有谈判双方都认可的结论才会成为最后谈判结果。要实现谈判目标就需要谈判双方求大同存小异，得与失之间进行选择，尽可能以最小的损失换取最大的利益。

（三）谈判的构成要素

谈判的构成要素主要包括谈判者、谈判背景、谈判目标。

谈判者可以包括台上谈判人员和台下谈判人员。台上谈判人员包括主谈人、谈判组长、负责人。主谈人是指谈判桌上的主要发言人，主要任务是亲自并组织参加谈判的助手与对方进行辩论，将台下研究的谈判目标和策略在谈判桌上予以实现。谈判组长是谈判的总负责人，可以和主谈人是同一个人，也可以是主谈人以外的人；当谈判组长不是主谈人时，他在谈判桌上发言的主要内容一般是补充主谈人的论述，并在主谈人出现与方案明显误差时，做出修正。台下谈判人员主要指负责谈判的领导者以及各种辅助人员。

谈判背景是指谈判所处的客观环境条件。谈判的背景主要包括政治背景、经济背景和人际关系背景。谈判的政治背景有时直接决定交易成败，谈判开始前应首先考虑这个背景。宏观经济、市场景气、产业走向等无疑对商务谈判具有重要影响。

谈判的目标是谈判的核心，也是谈判的起因、动力，并决定当事各方参加谈判的人员以及所属组织所持的态度，也会影响到谈判的内容和具体进程。

（四）谈判的基本原则

谈判者在谈判过程中，一般需要遵循如下原则：

首先，双方互利。双方互利是指所提出解决方案对谈判各方彼此有利。要实现这一目标，就要在谈判之前做出多种方案，并逐步筛选出共同利益，这样让双方各得其所，这样才能将双方立场、观点、意志力的较量转换成双方共同解决问题的努力，变“对方是否愿意做”为“问题该如何解决”，变双方用各种方法争夺上风为彼此有诚意的沟通。

其次，扩大总体利益。谈判开始，谈判双方首先应一起努力扩大双方的共同利益，然后再讨论和确定各自分享的比例；通过双方的努力降低成本、减少风险，使双方的共同利益得到增长，最终使双方都有利可图。

再次，平等互利。任何谈判都是自愿的活动，谈判双方的力量不论强弱，在相互关系中都处于平等的地位；任何一方都可以在任何时候退出谈判或拒绝进入谈判；谈判双方应根据需要与可能，有来有往，互通有无，努力做到双方有利。

最后，目标明确、善于妥协。在谈判中，最终目标要明确，在具体的问题上，则可以采取灵活的态度、变通的办法，应积极去寻找隐藏于各自立场背后的共同利益所在，从而使问题逐步解决。因此，在谈判过程中既要坚持科学性原则，同时又要讲究艺术性原则，两者有机结合，才能取得成功。

（五）谈判的一般过程

比较正式谈判的过程一般包括谈判开局、交流试探、磋商交锋、签订协议。

谈判开局阶段的工作主要包括谈判双方见面后，在开始具体谈判内容之前，相互介绍、寒暄以及就谈判内容以外的话题进行交谈的那段时间和经过。开局阶段所占用的时间较短，谈论的内容也与整个谈判主题关系不大或根本无关，但这个阶段却很重要，因为它为整个谈判过程确定了基调。谈判的内容、形式、地点不同导致谈判气氛也大不相同。有的谈判气氛十分热烈、积极、友好，双方都抱着互谅互让的态度参加谈判，通过共同努力去签订一个双方都满意的协议，使双方的需要都能得到满足；有的谈判气氛却很冷淡、对立、紧张，双方均抱着寸步不让、寸利必争的态度参加谈判，针锋相对、毫不相让，使谈判变成了没有硝烟的战争。有的谈判简洁明快，节奏紧凑，速战速决；有的谈判却咬文嚼字，慢条斯理，旷日持久。大多数情况下，可以通过谈判气氛初步感受到对方谈判人员谈判的气质、个性和对本次谈判的态度以及准备采取的方针。

交流试探阶段主要是指谈判人员集中发表各自的意见、动机和意图，通过交换观点，达到相互了解。这个阶段，谈判者要注意聆听对方谈判人员的发言，准确地理解对方的观点。然后与本方谈判人员商量，有针对性地调整谈判方案，确定谈判策略，为磋商交锋阶段做好准备。因此，在交流试探阶段要尽量防止话题过分单一，应该努力探讨各种途径；最好不要互相询问，更不要在具体问题上无休止地纠缠。

磋商交锋阶段是谈判的核心阶段。在这一阶段，双方谈判人员都会依据自己的谈判目标，为达成协议而努力。在磋商交锋阶段，谈判人员应该坚定立场与信念，尽量向本方事先确定的目标努力。同时，磋商、交锋、讨价还价的目标是为努力实现各自的目标和需要，探讨和寻求共同利益的结合点。这一阶段既需要针锋相对、坚持不懈，又要见机行事，适度让步，相互妥协。

签订协议阶段主要是指谈判双方经过反复协商，在各项重要问题达成一致后，把具体条款写成书面协议的过程。协议内容必须与双方谈妥的事项及其要求完全一致，特别是双方权利和义务要明确和肯定，所涉及的概念不应有歧义，前后的叙述不能自相矛盾或出现疏漏和差错。达到上述标准，才能正式签字。

（六）谈判的准备

凡事预则立，不预则废。要实现公关谈判的目标，谈判前的准备工作十分重要。

当可供商谈的对象有很多时，就需要选择那些容易达成一致的谈判对象进行谈判，这样也有利于谈判成功后的合作。各个谈判对象的条件千差万别，因此要从总体目标出发，在知彼知己的前提下，慎重选择。在确定谈判对象后，制订谈判计划和进行模拟谈判非常关键。

制订谈判计划需要做好以下工作。

第一，确定谈判的具体目标。公关谈判具体目标可分为期望目标和临界目标。期望目标是在公关谈判中所追求的最高目标水平；临界目标是在谈判中可以接受的最低目标水平。当对方提出的条件低于临界目标时，往往需要重新考虑谈判的形势或者终止谈判。在期望目标和临界目标之间是可以商谈的范畴。在此范围，谈判人员可以充分发挥个人的才智，争取尽可能多的利益。目标的确定，必须以客观条件为基础。一般需要考虑下述内容：谈判的性质及其领域；谈判的对象及其环境；谈判所涉及的具体指标要求；各种条件变化的可能性、方向及其对上述各方面的影响程度；与谈判密切相关的事项和问题以及解决这些问题必须提出的要求或期望等。谈判的具体目标并非一成不变，它往往会根据谈判进程适当调整和修订。

第二，确定谈判要点。确定谈判要点是制订计划的核心工作，它包括以下几项具体内容：

首先，明确谈判目的。一般情况下，一次谈判一般只为一个目的服务。制订谈判计划，往往以谈判目的为中心。

其次，确立谈判程序。谈判程序是议事日程，是决定谈判效率高低的重要环节。在拟订谈判议事日程时，要注意两方面问题，一是互利性，既要符合己方的利益需要，又要兼顾对方的实际利益和习惯；二是简洁性，议事日程要明确，点要尽量少，便于记忆，以保证谈判的总体效率。

最后，选定谈判的时间和地点。谈判前需要认真选择谈判时间，布置好谈判场地，同时，根据谈判对方时间充裕程度相机把握谈判进度。

为了更好地实现谈判目标，有时还可以进行模拟谈判。

一般情况下，模拟谈判的形式有以下两种：

第一，组织假设对手，进行实际排演。这项工作是在模拟谈判全过程的前提下，人们扮成不同角色进行试演。一般情况下可以按照从始至终的谈判顺序去演习双方面对面交锋时可能出现的一切情形，包括谈判的气氛、面部表情、可能涉及的问题，对方可能提出的问题及意见，己方的各种答复及策略、技巧的运用等。

第二，就关键问题进行模拟辩论。具体地说，就是把参与谈判准备工作的人员召集在一起，尽量让大家提反对性意见，主谈人练习回答这些反对意见。

二、谈判的案例分析

按照参加谈判的利益主体的数目差异划分谈判可以分为双边谈判和多边谈判。在双边谈判中，只有两个利益主体参加。这种情况下，谈判的利益关系比较明确、具体、简单，因而比较容易达成一致意见。在多边谈判中，有两个以上的利益主体参加。多边谈判的利益关系相对于双边谈判来说复杂得多，一般情况下在短时间内难以协调一致。下面分别选择双边谈判和多边谈判案例进行分析。

案例 1：双边谈判案例——分橙子的故事

有一个人给了两个孩子一个橙子。这两个孩子商量如何分这个橙子。两个人吵来吵去，最终达成了一致意见，由一个孩子负责切橙子，而另一个孩子选橙子。结果，这两个孩子按照商定的办法各自取得了一半橙子，高高兴兴地拿回家去了。第一个孩子把半个橙子拿到家，把皮剥掉扔进了垃圾桶，把果肉放到果汁机上打果汁喝。另一个孩子回到家把果肉挖掉扔进了垃圾桶，把橙子皮留下来磨碎了，混在面粉里烤蛋糕吃。如果两个孩子充分沟通，就可以想办法将皮和果肉分开，一个拿到果肉去喝汁，另一个拿皮去做烤蛋糕。即便有一个孩子想要全部橙子，也可以选择其他的替代方案。

在双边谈判中，双方不断沟通才能通过资源的置换，实现合理分配，达到双赢的目标。

案例 2：多边谈判案例——史蒂芬斯招家庭游泳池的承建商

1999 年 4 月 5 日，美国谈判专家史蒂芬斯决定建一个家庭游泳池，建筑设计的要求非常简单：长 30 英尺，宽 15 英尺，有温水过滤设备，并且在 6 月 1 日前竣工。虽然史蒂芬斯是谈判专家，但在游泳池的造价及建筑质量方面是个彻头彻尾的外行，如何解决这个难题呢？

第一阶段，选择谈判对手。首先，史蒂芬斯在报纸上登了个建造游泳池的招商广告，写明了建造游泳池的具体要求。很快有 A、B、C 三位承包商前来投标，各自报上了承包的详细表单，里面有各项工程的费用及总费用。史蒂芬斯仔细地看了这三张表单，发现所提供的抽水设备、温水设备、过滤网标准和付款方式等都不一样，总费用也有不小的差距。

第二阶段，请谈判对手来谈判。4 月 15 日，史蒂芬斯约请这三位承包商到自己家里商谈。第一个定在上午 9 点钟，第二个约定在 9 点 15 分，第三个则约定在 9 点 30 分。三位承包商如约准时到来，但史蒂芬斯客气地说，自己有件急事要处理一会儿，一定尽快与他们商谈。三位承包商只得坐在客厅里一边相互交谈，一边耐心地等待。

第三阶段，与不同的谈判对手分别谈判。10点钟的时候，史蒂芬斯出来请第一个承包商A先生进到书房去商谈。A先生一进门就介绍自己干的游泳池工程一向是最好的，建好史蒂芬斯的家庭游泳池实在是小菜一碟。同时，他还顺便告诉史蒂芬斯，B先生经常使用陈旧的过滤网；C先生曾经丢下许多未完的工程，现在正处于破产边缘。接着，史蒂芬斯出来请第二个承包商B先生进行商谈。史蒂芬斯从B先生那里了解到，其他人所提供的水管都是塑胶管，只有B先生所提供的才是真正的钢管。后来，史蒂芬斯出来请第三个承包商C先生进行谈判。C先生告诉史蒂芬斯，其他人所使用的过滤网都是品质低劣的，并且往往不能彻底做完，拿到钱之后就不认真负责了，而自己则绝对能做到保质、保量、保工程。

第四阶段，确定合作者。史蒂芬斯通过耐心地倾听和旁敲侧击的提问，基本上弄清楚了游泳池的建筑设计要求，特别是掌握了三位承包商的基本情况：A先生的要价最高，B先生的建筑设计质量最好，C先生的价格最低。经过权衡利弊，史蒂芬斯最后选中了B先生来修建游泳池，但只给C先生提出的标价。经过一番讨价还价之后，终于达成一致。

这个质优价廉的游泳池建好之后，亲朋好友赞不绝口，对史蒂芬斯的谈判能力也佩服得五体投地。史蒂芬斯却说出了这样一段引人深思的话："与其说我的谈判能力强，倒不如说我用的竞争机制好。我之所以成功，主要是设计了一个公开竞争的舞台让竞争者们在上面做充分的表演。竞争机制的威力，远远胜过我驾驭谈判的能力。一句话，我选承包商，不是靠相马，而是靠赛马。"

史蒂芬斯在极短时间内，不仅使自己从外行变成了内行，而且还找到了质量好、价钱便宜的建造者。就这样，三个精明的商人，没斗过一个谈判专家。实际上，面对多个谈判对象选择一个合作者时，作为有选择权的谈判者是处于优势的一方。中国有句古语叫"货比三家"，这其中的"比"就是谈判的关键，通过比较，可以选择最合适的合作者。比较的关键是把要完成的目标当作一个系统去思考，实现整体最优的目标，为了达到这一目标可以在局部上做出调整。同时，作为提供选择的谈判者，相互之间处于竞争状态。如何在竞争中胜出是关键，这同样需要系统性思维，提供需求方所需的条件。同时，在与谈判竞争者的交流中，有时会透漏出关键信息，可能影响谈判走向。谈判双方应该善于透过现象去把握实质内容，这样才能在谈判中取得成功。

三、谈判的操作技巧

语言是谈判的工具，在谈判中语言表达能力至关重要。要在谈判中获得成功，谈判者为了维护自己立场、观点，除了需要提高自身的政策理论水平和专业知识、经验外，还必须娴熟使用谈判语言的基本技巧。事实上，谈判进程往往因人而异，灵活应用谈判技巧，根据谈判对手的处境、心理动向和要求，有针对性地使用谈判表达技巧说服对方实现谈判目标是一个优秀谈判者需要具备的素养。比较典型的谈判技巧有如下几种。

（一）复述观点法

复述观点法包括两种情况：一种是复述自己的观点，加强表达；另一种是复述对方的观点，简单归谬。

在谈判中，谈判者为了实现谈判目标，有时会不断复述本方的观点，引起对手的重视。用好复述方法的关键是有耐心和锲而不舍的顽强态度。只要问题得不到解决，就坚持不懈去复述表明要求，不管对方以什么样的理由、态度来拒绝你的要求，都置若罔闻，绝不被对方的言辞困扰。当对方不耐烦，甚至大发雷霆时，绝不可被对方吓倒或激怒。只要自己心平气和，坚决地“按既定方针办”，使对方认识到你的要求是无法回避的，必须高度重视，认真对待。这样，谈判目标就有可能达到。

谈判高手苏联外长葛罗米柯的谈判特色之一就是不断地说“不”。当对手带着充分的理由来谈判，自己在道理上很难取得优势，也不具备摆脱对手的条件，葛罗米柯就无理由地讲“不”字。1979 年，美国国务卿万斯在维也纳同苏联人谈判时，他记录了葛罗米柯说“不”字的次数，共 12 次。葛罗米柯靠这种无理由的不断说“不”的谈判技巧，营造了一种使对手感到沮丧和绝望的谈判气氛，常常摆脱应承担的义务，竟然在外交谈判中立于不败。

在谈判中，当对方发表不同意见时，谈判者可用自己的语言将对方的意见复述一遍，在复述时适当置换概念，是把内容变成自己的观点，并在复述时削弱甚至改变了对方观点，这样，一个十分尖锐的问题就被弱化成一个普通的问题，从而降低谈判的难度。

西奥多·罗斯福在任总统之前，曾在海军服役。一天，一位朋友向他问及在某地生产潜艇的计划，罗斯福看了看四周，压低声音说：“你能保守秘密吗?”

“当然能。”朋友保证道。

“那么”,罗斯福微笑着说,“我也能。”

罗斯福预设的动作——“看了看四周”、提问——“你能保守秘密吗?”使他的朋友认为接下来罗斯福肯定会将自己知道的情况一一道来,没有遭到直接的拒绝想必也令那位朋友欣喜不已,但罗斯福接下来的一句让他大跌眼镜,却又无从抱怨,只能笑笑了事。因为他自己前面的回答意味着如果他处于罗斯福的位置一样不会泄露计划的有关事宜。罗斯福的幽默感使其既达到了目的,又没伤了朋友情谊。

(二)赞扬对方法

真诚的赞扬会使对方心情愉快,认为自己受到肯定,同时也容易对对方产生好感,这样就可以迅速谈判双方缩短距离,为更好地沟通打下了良好基础。赞扬对被赞扬者是一个极大的鼓舞,用好这种表达技巧十分重要。在谈判活动中,不是每一次赞扬都让人愉快,赞扬是一种艺术,需要技巧。在赞扬别人时,应该注意如下问题。

首先,赞扬要真诚。赞扬别人必须是真心实意的,热诚的赞扬才能让人听了愉快、高兴。真诚的赞扬必须是发自内心、出自肺腑的,而且在表达时一定要热情、诚恳,决不能漫不经心,敷衍了事。在 1999 年国际大专辩论会 A 组的第四场初赛,西安交通大学与新南威尔士大学就“足球比赛引进电脑裁判利大于弊还是弊大于利”展开辩论。西安交通大学自由人谭琦同学发言时,面对对方四位女同学,先以一段真诚的赞美开始,而后引入问题分析。不仅逻辑层次清楚合理,而且显示出良好的绅士风度。在激烈的辩论场上能够出现的真诚的赞美是很值得谈判者学习的。

谢谢!我本来想说,对方辩友今天讲得不完全对,可是我听到后来,就是想说,对方辩友讲得不完全错。为什么?因为你们今天出现的问题实在太多,表演可以赏心悦目,但是,理论应该让我们心领神会。你们有比较利弊权衡得失吗?如果你们没有这样做,你们怎么能够从裁判、球员、球迷三者的权益出发告诉我们弊大于利呢?我们今天赞美对方辩友,我们一定是真心的赞美。你们无比的可爱,无比的活泼,无比的动感,无比的美丽,但是我们要真诚地指出……

其次,赞扬要具体。赞扬别人要找被赞扬者最满意、最倾心的事情去赞扬，这样才能博得对方的好感。

汉高祖刘邦问名将韩信："我能统领多少军队?"韩信回答："陛下不过能带10万兵马。""那你呢?"韩信回答："我多多益善。"刘邦又问："既然你多多益善，为什么被我所用呢?"韩信回答说："陛下不能带兵，而善于带将，这就是臣为陛下效力的原因。"能够带兵的人，已属人中豪杰了，而能够带这些人中豪杰的，更应是举世少见的伟人。韩信的话，既表明了自己的才干，更是具体地讲明了刘邦的领导才能，刘邦听了自然觉得合理。

最后，赞扬要得体。赞扬美好的东西，如果无止境地夸大，那么它就变成了丑恶。在赞扬别人的时候一定要掌握一个分寸，要适度。很多赞扬都是虚实结合，有时又不可一味地对号入座。如果过分夸张或较真就会出现笑话，下面的两个例子正好分别说明了这两个问题。

有个很好面子的小财主，一次带着佣人外出，出门前就对佣人说："你跟我到外面的时候，要说些夸耀我家的大话，替我装装门面。"佣人点了点头。

佣人跟财主出发了，路上有人说："最大的房子要算太和殿了。"佣人忙对人家说："我家老爷的房子和太和殿一样大。"

财主听了，说："好。"

过了一会儿，又听人说："最大的船要算龙船了。"佣人又忙着说："我家老爷的船和龙船一样大。"

财主听了，说："好。"

回家的路上，又听人说："最大的肚子要算牛肚子了。"佣人又忙对人家说："我家老爷的肚子和牛肚子一样大。"

财主听了，气得一句话也说不出来了。

（三）巧用拒绝

在谈判中，人与人之间需要互相理解、帮助与合作。但是，由于受到主客观因素（能力、情感、时间条件、利害关系、法律政令）的制约，在无法满足对方提出的要求的情况下，为了充分尊重对方，不伤害他人感情与自尊，就需要拒绝，需要指出的是"拒绝"也需要讲求方式、方法。谈判涉及现场和场外，比较典型的拒绝主要可以分为两种：一是直接拒绝，一是间接拒绝。直接拒绝，就是当他人向你提出某一要求或请求时，直接说"不"，表明不能接受或帮助的理由。直接拒绝时应该在尊重对方人格的基础上，讲清理由。间接拒绝是用比较委婉的方式拒绝对方的要求。这种方式是交际活动的常用方法，拒绝时态度要诚恳和蔼。措辞要委婉含蓄。比较典型的拒绝方法有如下几种。

首先，装聋作哑、假癫不痴。有时遇到难以回答的难题时，也可以采用故作糊涂的“假癫不痴”方法来加以应对。

1945 年 7 月，苏、美、英三国首脑在波茨坦开会。一次会议休息时，美国总统杜鲁门对斯大林说，美国已研制出一种威力非常强大的炸弹（暗示美国已经拥有原子弹），企图以此讹诈斯大林，进行心理战。此时，英国首相丘吉尔观察斯大林的表情，但斯大林装聋，未露丝毫异常表情。其实，他不仅听懂了杜鲁门的话，而且听出弦外之音。会后，他对莫洛托夫说：“应该加快我们工作的进度。”两年后，苏联爆炸了第一颗原子弹，打破了美国的核垄断地位。

其次，强调客观、转移话题。当接受请求时，由于客观原因不便答应时。可以结合客观条件摆明事实，也可以“顾左右而言他”实施拒绝。

一位经理为了得到某教授的帮助，想请教授吃饭、联络感情。

经理：“我想今晚请您吃顿便饭，我们好好聊一聊。”

教授诚恳地说：“对您的要求，我非常荣幸和感激，不巧的是，今晚我已经安排了一个单位的讲座，实在无法脱身。我们再找机会，如何？”

回答恳切、真诚，避免了失望和尴尬。

最后，先扬后抑、留有余地。对于有些无法定论的请求，可以先给以模糊的评价和答复，待充分考虑后再作决定。既不因贸然拒绝而伤了和气，也不因盲从支持留下遗憾。

请求者：我有一个项目要开发，请您给予支持。

回答：您的想法很好，我最近太忙了，给我一点时间，考虑好了再答复您。

（四）简单归谬法

简单归谬法，就是不从正面对对方的观点进行驳斥，而是从对方的观点出发，顺着对方的逻辑错误进一步推导，把对方的观点尽情引申、发挥、夸张，用违反常理、颠倒是非的话来显示其观点的荒谬性，让对方自己醒悟；或是按照对方的推导逻辑仿造一种更为荒谬的说法，以其人之道还治其人之身，使其错误进一步明朗化，尽显荒唐可笑。

妻子对丈夫说："我打算假期去旅游一次。"

丈夫说："干吗花那个冤枉钱，买本《旅游》杂志看看，又开眼界又省钱。好啦，别瞎想了，快去买菜做饭吧。"

妻子马上答道："买菜？干吗花那个冤枉钱，买本菜谱看看，不是又开眼界又省钱吗？"

妻子用自己的机敏把丈夫荒谬的逻辑与结论用演绎的方式返还给他，令丈夫哑口无言，又不得不佩服妻子的智慧与语言的艺术性。

一个吝啬的雇主让伙计汤姆去买酒。汤姆向他要钱，他说："用钱买酒，这是谁都能办到的；如果不花钱买酒，那才是有能耐的人。"

一会儿，汤姆提着空瓶回来了。雇主十分恼火，责骂道："你这个笨蛋，你让我喝什么？"

汤姆不慌不忙地答道："从有酒的瓶里喝到酒，这是谁都能办到的；如果能从空瓶里喝到酒，那才是真正有能耐的人！"

对待如此吝啬又强人所难的雇主，争辩是没用的。汤姆使用归谬法给予老板很好的反击，机敏幽默，有理有节。

有一对夫妇前去迈阿密海滩附近开会。当他们进到已经预订好房间的一家旅馆登记住宿时，才发现旅馆已经客满，而且没有他们预定的记录。前台职员设法使盛怒中的丈夫平息下来："我们会给你们一间蜜月套房。""荒唐！"那位丈夫大叫："我们已经结婚15年了！""先生"，职员说"要是我把你们安置在舞厅里，你们也不一定非跳舞不可，对吧？"

应对盛怒中的客人，一味好言相劝有时不能很快见成效，跳出原有思路，恰当地调侃，反而易于让对方平息下来。

（五）以曲求直法

以曲求直法，就是不把想说的话直接说出来，而是先谈一些貌似与主题无关，令对方感兴趣、能接受的话题，然后由小及大、由少到多、由浅入深、由远及近、由轻到重、由易到难地一步一步引入正题。这样借助前面的层层铺垫，对方难以接受的观点就会稍微显得缓和，比较容易接受了。有时，为了达到目的，可以多花点时间，先绕开谈判主题，谈点别的，舒缓谈判的紧张气氛，与对方建立心理相容关系后，然后一步步引出主题，让对方接受。在使用这种方法时，应当选择对方感兴趣又和谈判主题有潜在联系的话题，在谈话中慢慢地、自然地使这种潜在关系明朗化，最终让对方自愿谈下去。事实上，在不同的国家、民族、时代、地域、阶层，敏感的话题和对象是不同的，这就要求谈判者在与对方交流时要慎言慎行，不要因为冒失造成尴尬，影响谈判进程。

20世纪80年代初，我国最后一个太监李大爷八十多岁了，许多媒体都想采访这个独特的历史人物，但采访成功的却很少。有一次，一个西方记者去采访李大爷，又是摄像，又是录音，记者打机关枪似的发问："李先生，No，no，按贵国的习惯应该叫您李公公，我们对你十分不幸的人生深表同情，你是怎样进宫为皇上、皇后服务的？""阉割给你带来什么样的身心痛苦？""我们将给您多少美金，你才愿意让我们拍一张裸照呢？"……李大爷一听就反感，拂袖而去，拒绝了记者的采访。

一位香港女记者成功采访了李大爷。她了解到大爷平时爱喝茶，便带了一盒西湖龙井登门拜访，不摄像，不录音，不做记录，亲切地说："李大爷，您老跟我爷爷同龄呢，您这位老北京见多识广，今天就跟我这个孙女聊一聊老北京的故事，好吗？"李大爷来了兴致，跟"孙女"聊起老北京的旧事来，很自然地逐步切入太监这个话题，聊到无拘无束的程度，李大爷连"净身"的问题也不回避了。

事例中那个西方记者按照西方人的思维逻辑采访李大爷，话语直白，开诚布公，但意图过于外露，甚至"哪壶不开提哪壶"，有咄咄逼人之势，缺少保护隐私的态度，采访只能以失败告终。而香港那位女记者则采取了比较亲近又低调的谈话姿态，收敛锋芒，委婉含蓄却又源源不断地引出了李大爷的话头，达到了自己的采访目的。

（六）旁敲侧击法

由于客观原因，谈判者如果直接阐述观点会给对方造成伤害而形成对抗，这时可用隐约闪烁的话，旁敲侧击启发对方，间接表达思想，让对方细细品味，最终接受。

一位顾客坐在一家高级餐馆的桌旁，把餐巾系在脖子上。经理很反感，叫来一个女服务员说："你让这位绅士懂得在我们餐馆里，那样做是不允许的。但话要讲得尽量委婉些。"女服务员来到那个人的桌前，有礼貌地问道："先生，您是刮胡子，还是理发？"话音一落，顾客立即意识到自己的失态，赶快取下了餐巾。

女服务员真是个聪明的姑娘，她由顾客系餐巾的方式联想到了通常只有发廊在刮胡子或理发前才会把毛巾系在客人的脖子上，并顺势为顾客提供了两个与餐馆并不匹配的服务项目，进而间接地提醒顾客他放置餐巾的方式是错误的。如此不仅不会得罪客人，还很可能会令客人感激并赞赏女服务员的礼貌与机智。

马文潜教授曾经讲过这样一件事：赶集时，有人到陶器店买夜壶。顾客看了看之后说："好是好，就是大了点。"卖者说："哎，冬天，夜长呵！"马教授很推崇这一答话的艺术性，他说倘若卖者直言："大是大，尿装得多呵！"这样一来，含蓄全无，而且使买方尴尬，甚至连生意也做不成了。

陶器店的那个卖主真可谓深谙经商之道，转弯抹角地否定了顾客的看法，并顺水推舟地为自己的商品附加了一个卖点。

（七）顺水推舟法

谈判过程中，常常会有因说错话而陷入尴尬困境的情况，这或多或少会给人际交往带来负面的影响。如何巧妙补救十分重要。将错就错、顺水推舟就是一个好办法。具体做法就是在错话出口之后，能巧妙地将错话续接下去，最后达到纠错的目的。这样，能够不动声色地改变说话的情境，使听者不由自主地转移原先的思路，不自觉地顺着自己的思维而思考，随着自己的话语而调动情感。

有一次，在苏联党的代表大会上，赫鲁晓夫再次批判斯大林的错误，这时，有人从听众席上递来一张条子。赫鲁晓夫打开一看，上面写着："那时候你在哪里？"

这是一个非常尖锐的问题，赫鲁晓夫的脸上很难堪。他很难做出回答。但他又不能回避这个问题，更无法隐瞒这个条子，他也知道，许多人有着同样的问题。更何况，这会儿台下上千双眼睛已盯着他手里的那张纸，等着他念出来。

赫鲁晓夫沉思了片刻，拿起条子，大声念了一遍条子的内容。然后望着台下，大声喊道："谁写的这张条子。请你马上站起来，走上台。"

没有人站起来，所有的人心怦怦地跳，不知赫鲁晓夫要干什么。写条的人更是忐忑不安，心里后悔刚才的举动，想着一旦被查出来会有什么结局。

赫鲁晓夫又重复了一遍他的话。全场仍死一般的沉寂，大家都等着赫鲁晓夫的爆发。

几分钟过去了。赫鲁晓夫平静地说："好吧，我告诉你，我当时就坐在你现在的那个地方。”

赫鲁晓夫巧妙地即席创造出一个场面，借这个众人皆知其含义的场景来婉转、含蓄地隐喻出自己的答案。这种回答既不失自己的威望，也不让听众觉得他在文过饰非。这种巧设情景的圆场之所以很奏效，是因为能让人真正地体验到纸条上问题的苛刻。

（八）引证事实法

引证事实法就是在谈判时列举事实或数据来证明自己的观点，通过令人信服的事实、精确的数字来表达，使对方感到证据充分，进而赢得信任感。人们对数据普遍有一种信赖的心理。数据可以客观、精确地反映问题，表现事物。人们常说：“事实胜于雄辩。”事实、数据往往是公正、客观的，具有很强的说服力。引证事实、列举数字法直来直去，朴实无华，运用得当可以事半功倍。

（九）比喻说理法

面对谈判中的难题，使用比喻说理，不仅可以使谈判者的表达生动、具体，有说服力、吸引力，而且容易让对方理解和接受自己的观点。谈判者要善于在谈判中就地取材，用眼前、身边事物比喻说理，帮助自己阐述观点。喻体近在眼前，双方有目共睹，对方也比较容易被说服。

德国女数学家爱米·诺德获得博士学位后，还不能立即开课，因为她还没得到讲师资格，但她的学识和才华受到了从事广义相对论研究的希尔伯特教授的赏识。在一次教授会上，为爱米·诺德能否成为讲师发生了一场争论。一位教授激动地说：“怎么能让女人当讲师呢？如果她做了讲师，以后就要成为教授，甚至进入大学评议会。难道允许一个女人进入大学最高学术机构吗？”希尔伯特教授反驳道：“先生们，候选人的性别绝不应该成为反对她当讲师的理由，我请先生们注意：大学评议会毕竟不是澡堂！”对方顿时哑口无言。

希尔伯特用比喻把大学评议会这一崇高学术机构和世俗的澡堂联系起来，让大家看到以性别决定学术资格的荒唐可笑。

第六章　展示材料准备、陈述与游说答辩能力

在“行走课堂”实践活动中，有时会遇到项目申报及汇报活动，这就涉及展示材料的准备、陈述与答辩等相关内容。

第一节　视频与PPT制作

制作视频和PPT是学生做好汇报、答辩等工作的两个重要环节，下面将分别对这两个主题进行介绍。

一、视频的制作

（一）视频的概念

根据视觉暂留原理，连续的图像变化每秒超过24帧画面以上时，人眼无法辨别单幅的静态画面，这样的画面看上去就会产生平滑连续的视觉效果，这种连续的画面就是视频。视频技术一般是指把一系列静态影像运用捕捉、记录、处理、存储、传送、重现的各种技术转变成电信号。

电影是利用照相术将动态的影像捕捉为一系列的静态照片。视频与电影属于不同的技术，它最早是为以阴极射线管技术为基础的电视系统服务的，随着时代的不断进步，新的显示技术的发明，使视频技术所涵盖的范围更大，逐步发展成为可以用各种不同的格式将视频记录下来的技术，并能够在电脑上播放。计算机网络的发展也使视频得以在网上传播。

电视的标准和计算机的标准，使人们试图从两个不同的方面来发展视频通信技术。随着计算机性能的提升，并且伴随着数字电视的技术，这两个领域又有了新的交叉和集中。伴随着电脑运算速度、存储容量的提高，以及宽带技术的逐渐普及，普通的计算机都具备了采集、存储、编辑和发送视频文件的能力。视频制作软件的增多也使视频质量越来越高，同时也使普通人可

以制作视频，这就是越来越多的活动规定展示环节需要提供视频的原因之一。

（二）视频的主要格式

（1）MPE格式。GMPEG-1是被广泛地应用在VCD的制作和一些视频片段的技术，MPEG-2则是应用在DVD的制作，同时在一些高清晰电视上也有应用。

（2）AVI格式。AVI格式，也称音频视频交错格式，就是视频和音频交织在一起进行同步播放，是一种桌面系统上的低成本、低分辨率的视频格式。它的一个重要的特点是具有可伸缩性，性能依赖于硬件设备。它的优点是可以跨多个平台使用，缺点是占用空间大。

（3）RM格式。RM格式是视频流技术的始创者，图像质量比VCD差些。

（4）WMV格式。WMV的主要优点在于：具有可扩充的媒体类型、本地或网络回放、可伸缩的媒体类型、流的优先级化、多语言支持、扩展性等。

（5）n AVI格式。n AVI是New AVI的缩写，追求的目标是压缩率和图像质量。

（6）DivX格式。DivX格式是由MPEG-4衍生出的另一种格式，它采用了MPEG4的压缩算法同时又综合了MPEG-4与MP3各方面的技术，其画质直逼DVD并且容量只有DVD的数分之一。

（7）RMVB格式。RMVB格式是一种由RM视频格式升级延伸出的新视频格式，它的先进之处在于RMVB视频格式打破了RM视频格式平均压缩采样的方式，在保证平均压缩比的基础上合理利用比特率资源，就是说静止和动作场面少的画面场景采用较低的编码速率，这样可以留出更多的宽带空间，而这些带宽会在出现快速运动的画面场景时被利用。这样在保证了静止画面质量的前提下，大幅地提高了运动图像的画面质量，从而图像质量和文件大小之间就达到了微妙的平衡。

（8）FLV格式。FLV格式由于形成的文件极小、加载速度极快，使得网络观看视频文件成为可能，它的出现有效地解决了视频文件导入Flash后，使导出的SWF文件体积庞大，不能在网络上很好地使用等缺点。

（9）F4V格式。F4V格式的主要的优点是，在相同文件大小情况下，清晰度明显比FLV要好。

（10）MP4 格式。MP4 是一种描述较为全面的容器格式，被认为可以在其中嵌入任何形式的数据，各种编码的视频、音频等都可以使用。

（三）视频制作过程

只有重视视频制作的计划性，遵循视频制作流程的科学性，才能提高视频制作的质量。不同的视频内容和形式，其制作流程会存在差异，有着不同的制作过程，但考虑到实践活动的特点，所需的视频编制流程是基本相同的，从准备到完成的过程大致可分为三个阶段，即策划构思阶段、拍摄录制阶段和编辑合成阶段。

第一个阶段，策划构思阶段。策划构思阶段是视频制作的第一阶段。视频要实现预期目标，就必须先进行策划构思，选择适合的主题、表现角度和表现方式。在具体工作中，重点做好如下工作：

首先，确立视频主题，搜集相关资料，草拟脚本。青年学生所拍摄的视频必须要有特定的表现主题。参与活动的全体成员应共同讨论，按照选题原则，扬长避短，确定主题，充分展示利用电视手段的优势。选题要具备独创性、前沿性。对视频的拍摄主题、形式形成总体规划后，便开始撰写脚本。撰写文学脚本是视频创作的基础，是用文字对视频内容的表述，脚本是对大量生活素材的加工和提炼，是直观形象艺术的构思，是视频的制作蓝图，是关系到视频质量优劣的关键。视频的脚本，是为拍摄而写的，因此必须有可拍性，必须能用电视镜头表现出来。

其次，小组成员开会，确定分镜头方案。脚本确定后，就需要根据脚本的内容进行创造性的总体构思，并用文字将要表达的内容，分成一系列可供拍摄的镜头单元剧本。分镜头剧本是按照时间和逻辑顺序来描述若干不同景别、不同角度的“镜头”，从而交代事物整个发展过程的一项工作。分镜头剧本体现着创作意图、艺术构思以及创作风格和个性。在写作分镜头剧本时，应当尊重调研基础，并采纳其他人员的意见，内容必须具体、细致和明确，使脚本更加具有可拍性，不笼统、含糊。

最后，制订拍摄计划。工作小组应确定摄制视频人员名单，筹集经费，讨论分镜头剧本，为视频制作做好全面的准备。考虑到静态计划存在局限性和不确定性，在准备阶段要严格按视频要求勘查现场，确定场景，并细化自己的计划。

第二个阶段，拍摄录制阶段。完成第一阶段工作后，摄制人员就要投入实拍阶段。这一阶段的主要工作就是根据拟定好的方案（包括拍摄提纲或分镜头剧本）进行现场拍摄和录制，用摄像机将画面内容与现场音响录制下来。

第三个阶段，编辑合成阶段。这一阶段的主要工作是审看、剪辑、制作合成视频，由主要策划人和编辑完成。策划人负责对内容和形式进行再创作，编辑负责技术支持。面对素材，制作人员在电子编辑系统或非线性编辑系统等设备上工作，编辑思路可按分镜头剧本或拍摄大纲，也可按照对内容的理解进行创造性编辑。在具体工作中，重点做好如下工作：

首先，检查所拍摄的素材。对照脚本，拟定出编辑方案。

其次，素材粗编。确认编辑方式，按照分镜头剧本顺序和内容进行拼接，在需要时，可以根据主题要求和素材情况，改变原来的构想。粗编主要是完成视频的大体框架，基本确定镜头的顺序和视频内容。

再次，视频精编。加入字幕、特效和动画，配对白、录解说词、配音响效果声、加入音乐，进行音调、音量等处理，并使声音与画面和谐。视频编辑后，可进行初步审看，看结构是否合理，段落层次是否清楚，有无错误并修改。

最后，完成片审看。请指导老师和其他专家审看并提出修改意见，直至完成成片。

视频制作是一项复杂的工作，每一个环节都需要专业技巧的支持，每一道工序都是紧密联系的。因此，青年学生要努力熟悉每个工序，并根据视频内容具体情况具体分析处理，才能使制作流程更合理，也才能制作出满意的视频。

（四）视频制作中的技术性技巧

在制作视频过程中需要掌握如下几方面的技术性技巧：

首先，处理好声音和画面。

在制作视频过程中，声音与画面是构成视频的主要基础性材料，两者形影相随、相辅相成、不可割裂。因此，处理好画面和声音关系十分重要。

在拍摄活动所需视频时，声音和画面之间的关系主要有两种，一种是声画同步，一种是声画分立。声画同步通常是指画面中的影像和它所发出的声音同时呈现、同时进行、同时消失，声画统一、互相吻合，是画面、声音关系处理的一种方式，也是视频中最基本、最常见的声画组合形式，给视频增光添彩、使其真实感人。声画分立就是画面、声音之间平行、分立，比较典型的就是在视频创作中使用画外音。

不管使用何种方式，“行走课堂”实践活动所需视频的声音画面都要求从现实中来，实有其事，真有其声，要善于发现，精于挑选，采录富有表征意义和有价值的声音画面。因此，要注意处理好两种关系：第一，动与静的关系。动和静对立统一，相辅相成。以动写静，以静写动，是传统的艺术手法，事物往往是在对比、冲突等抗衡因素中显出风貌、神采。生命不止，运动不息。动，是永恒的；静，是相对的、暂时的。在视频中动与静手法的运用更是常见，更能表现出影片的主题和真实性。第二，虚与实的关系。虚与实、藏与露，是艺术创作中的一条重要规律，也是处理视频中声画关系不可忽视的问题。视频画面的声音，贵在有虚有实，有藏有露，有艺术的直接形象，也有艺术的间接形象，相映生辉，相得益彰。

其次，合理运用解说词。

视频中的解说词是对人物、画面、展品或旅游景观进行讲解、说明、介绍的内容，采用口头或书面解释的形式，或介绍人物的经历、身份、所做出的贡献、社会对其评价等，或就事物的性质、特征、形状、成因、关系、功用等进行说明。解说词可以是主持人讲解，也可以是字幕讲解。

视频中解说词的作用主要包括如下内容：第一，补充画面背景。视频的所有画面都是在进行时态下拍摄，但要完整表现一个事件，就必须讲清过去和未来，对事件背景进行介绍，这时就需要解说词在视频中和画面一起相互串联、铺垫，互相补充，构成完整又形象的主题信息。第二，整合画面、衔接内容。视频是由一个个画面组合而成的，如果没有解说词的衔接、整合，画面则可能因为没有明确的指示关系而显得无序、杂乱。同时，画面与内容的衔接与转场，往往也需要解说词的过渡和连接。好的解说词可以保证视频内容的自然、流畅与和谐。第三，表现细节解说可以对处于无序状态的画面信息进行概括、整合，又可以对画面信息给予逻辑重点的强调突出，将画面中未曾强调、观众未曾留心的细节放大。第四，突出画面，深化主题。画面以形象、生动见长，可以充分给观众展示一个个具体、逼真的影像、事件过程。视频画面本身具有转瞬即逝性，对其中的一些能够深化主题的信息，画面本身有时并不具备时间延展性。通过解说词的内容完全可以调动观众的想象和联想能力，引导他们联想到画面之外更多的信息、更深的含义和其他信息。解说词可以通过外在语言的强调和刻画，更有利地突出展现视频的主题。第五，增添审美，创造意境。视频的解说词与画面是同一生活情态的两种不同的语言渠道，画面是社会生活的形象化反映，画面与画面的组合构成一种画面语言。但这种语言只能通过画面形象和画面的内在逻辑性来对生活实施审美，即视觉审美。而对此更深层次的理解和联想，就是解说词通过语言抒情等多种手段完成的对生活的审美，是听觉上的审美。

写作解说词时，需要注意如下问题：第一，做好总体构思，整体布局。视频的解说词写作必须从总体出发，综合考虑画面、同期声、音乐音响、图片、表格、字幕等各种元素之间的作用，整体布局。第二，注重细节描写。在“行走课堂”实践活动中所拍摄的视频中，解说词对细节的描写可以使画面信息的逻辑重点的强调更加突出，将画面中未曾强调、观众未曾留心的细节扩大。第三，选择合适的叙述角度。第三人称的叙述角度可以多方面、全方位地叙述，还可以给人留下深刻的印象，但是这种叙述方式往往使观众感觉是个旁观者，从而感到冷漠、生疏、不够真实亲切。第一人称的叙述角度具有明显的主观参与意识，有很强的现场气氛，容易给观众真实亲切的感受，同时便于发表意见，直抒胸臆，表达情感。但是第一人称的叙述角度受到“我”与“我们”主观视点的限制，超过这一视点之外的活动，就难以表现。多种人称叙述角度交替出现也是一种很好的叙述方式。这种方式灵活多变，既有深度又有广度，既能客观介绍，又能畅抒主观情感，兼有第三人称与第一人称的共同优点。需要注意的是，最基本的人称应该统一，不能太混乱，不分主次。第四，做好解说词结构布局。也就是处理好解说词的开头、主体与结尾的关系。努力实现“虎头、凤肚、豹尾”的目标，开头要引人注目，主体要丰厚翔实，结尾要响亮有力。解说词尽量注重时代感与生活化，做到叙事干净利落，语言晓畅明白，词句短小简洁精练，语言力求口语化、形象化，在满足上述要求的基础上追求文学性。

再次，视频制作过程中节奏处理合适。

在视频制作过程中作者对作品节奏的把握，是决定视频制作成败的因素之一。节奏一般是指物体运动时交替出现的包括张弛、紧松、徐疾、长短、高低、跳跃、平稳、流畅、重复、凝滞、轻、重、强、弱等合乎规律的状态。

视频节奏的体现方式主要包括外部节奏和内部节奏。所谓外部节奏，主要是指画面上一切主体的运动，以及镜头转换的速度而产生的节奏。也就是观众可以直接耳闻目睹到的节奏形态。如画面转换节奏、解说词快慢节奏、音乐旋律节奏等，这些节奏形态有机地交融在一起，构成了作品的外部节奏。所谓内部节奏，主要是指由情节发展的内部联系或人物内心情绪起伏，以及创作者的思绪波澜而产生的节奏，当然也包括观众欣赏的情感接受节奏。视频的制作，虽然可以体现为内、外两种节奏方式，但在作品中都往往有机地交融在一起：作品的外部节奏，往往以内部节奏为依据；作品的内部节奏，往往以外部节奏为表现形式。在创作时，要巧妙地用外部节奏为内部节奏服务。视频作品的节奏主要表现为镜头在视频中的长短、快慢、张弛程度。好的编辑手段、和谐的内在运动规律、有序的表现手法，都会使视频呈现出活力，主导着观众在流畅、自然的节奏中感受视频主题。视频的节奏主要表现为编辑节奏、动作节奏、声音节奏和情绪节奏等四种节奏形态。

编辑节奏是指视频在素材完成之后，进行后期编辑制作过程中的组合手法。主要是根据视频所需要传递的社会价值而确立，要求编辑节奏围绕事物发展的内部联系再现其运动状态。一个镜头在屏幕上停留的时间越短，作品的节奏便越快；一个镜头在屏幕上停留时间越长，作品的节奏便越慢，也就是说，短镜头，造成快节奏；长镜头，造成慢节奏。编辑节奏要充分和视频的内容结合起来。

动作节奏主要表现为视频中动态镜头本身所表现出的动作内容，主要包括：被摄景物是运动的物体，并表现着一定的运动节奏，或是用固定的镜头去表现人物内心活动等。这就需要根据镜头的动作节奏，去合理地把握视频的节奏。

声音节奏主要是有声语言的运动节奏，它是指视频中所有有声语言因节奏运动变化而产生的效果。这种效果为视频内容服务，又因内容而产生节奏形态。具体包含人声语言节奏、音乐语言节奏和音响语言节奏三种节奏形态。人声语言节奏形态的主体是人发出的声响及其因人发出声响速度的快慢、高低而产生的效果。它主要是指以片中人物的语言、电视解说词的解说语言、主持人语言、播音员语言等为主的语言节奏。音乐语言节奏形态的主体是通过后期艺术加工塑造的适合于视频内容的音乐节奏效果。如背景性、戏剧性音乐语言状态，抒情性、描绘性语言状态，说明性语言状态等。在视频中，音乐语言的运动节奏必须依托视频的内容和节目形式来进行。音响语言节奏形态主要是指人声和音乐以外的其他音响形成的节奏形态。有时候，观众不看画面语言，仅听音响语言节奏，就能受到情绪感染。

情绪节奏主要是指情节发展的节奏或因人物内心情绪起伏，以及视频制作者的思绪波澜而产生的节奏，还包括观众欣赏的情感接受节奏。情绪节奏是关系着视频能否受到欢迎和被接受的极为重要的组成部分，把握好视频的情绪节奏，才能相应地调整好视频的编辑节奏和其他语言节奏。视频中的所有语言节奏，都依托情绪节奏而展开，依托情绪节奏而运动。情绪节奏作为整个视频的节奏核心，主导着整个视频运动的快慢。因此，在画面编辑的过程中充分考虑到了节目的运动节奏，画面长短、快慢处理得当，讲求有序合理，章法有度，讲究起伏有高潮，有落点，高潮迭起，形成运动节奏曲线，就能激起观众的情绪和波澜，切忌一慢到底或一快到头的做法。

所以，在构思及制作前，一定要细细揣摩题材的深度性，多捕捉些微妙细节，制作者要努力透过事物为人熟知的一面，去揭示事物不为人知的另一面，从熟视无睹中发现、挖掘典型，揭示出一些值得关注的有价值的东西。在剪辑时要极力体现出创作者的主导理念，把碎片有机地拼接成有观赏性且具深思性的视频作品。

最后，注意细节表现。

在视频作品中，细节是个非常重要的因素。所谓细节，是指在视频中构成人物特点、事件发展、社会情境的最小组成单位，是对表现对象的局部或细微变化的展示。

视频首先要真实，内容是非虚构的，客观真实是视频创作的基本原则。视频画面往往是具体、逼真、生动、感性的，细节就是体现这些特点的最好方式，细节的具体性、逼真性，可以为表现主题服务。要使小组提交的视频感动评委和观众，就要源于真实的生活，从真实的生活中取材，记录生活中感动人的故事和细节，来表现视频真实性的本质特征。

细节在视频中的表现是多种多样的，大致可以分为动作细节、神态细节、物品细节、环境细节和解说或口述细节。所谓动作细节主要是指用身体特别是四肢所表现出来的细节。所谓神态细节主要是指人物面部、眼睛表现出来的细节。神态细节的冲击力特别强，喜、怒、哀、乐等在人物脸上一看便知，可以用特写镜头实现。所谓物品细节主要是指借助物品与人的各种关系实现视频制作目标，通过物品反映人们情感的依托，使用物品细节时物品实际上是用来反映主题思想的一种情感、一种象征。所谓环境细节主要是指利用一些特殊环境所具有的特征来展现交代环境的细节。所谓解说或口述细节主要是指通过解说或口述方式进一步说明画面，使信息量加大，满足观众对信息的需求。

细节的主要价值是表现主题，因此，一切细节都必须为主题服务。在视频拍摄时，细节的捕捉是非常重要的，细节捕捉得好，视频就会精彩，就会更容易吸引评委和观众。一般需要注意以下三点：首先，要从所调研的事件中找出最有代表意义，最吸引人、打动人的细节。其次，努力进入角色，"感情投入"换位思考感受所采访对象的真实感受，捕捉拍摄视频的关键细节。最后，合理使用特写镜头的冲击力对细节画面进行全面展现。特写镜头是观众在生活中不常见的视觉感受，它可以突出细节特征，清晰地展现细节，从而达到透视事物、揭示事物本质的目的。

二、PPT 的制作

（一）PPT 的概念

PPT 一般是指 Microsoft Office PowerPoint。Microsoft Office PowerPoint 是微软公司开发的演示文稿软件。使用者可以在投影仪或者计算机上进行演示，也可以将演示文稿打印出来，进行交流。利用 Microsoft Office PowerPoint 不仅可以创建演示文稿，还可以在会议、远程会议或在网上给观众展示演示文稿。Microsoft Office PowerPoint 做出来的文件叫演示文稿，其格式后缀名为：ppt、pptx，也可以保存为 pdf、图片格式等；2010 及以上版本中还可保存为视频格式。演示文稿中的每一页被称为幻灯片，每张幻灯片都是演示文稿中既相互独立又相互联系的内容。

一套完整的 PPT 文件一般包含：片头动画、PPT 封面、前言、目录、过渡页、图表页、图片页、文字页、封底、片尾动画等；所采用的素材包括声音、视频等。

在中国，PPT 正成为人们工作生活的重要组成部分，在工作汇报、企业宣传、管理咨询、教育培训等领域都有着广泛的应用。

（二）制作 PPT 的原则

去书店购买讲述制作 PPT 的书籍，会发现绝大多数的书都在讲解如何使用 PowerPoint 软件；讲如何插入文字、插入图片、如何调整母版、如何添加动画、如何添加过场特效等，显然本书的篇幅是无法叙述如何使用PowerPoint软件的内容。下面将介绍PPT制作过程中，使用PowerPoint软件具体方法以外的技巧。

一份成功的团队展示PPT材料通常由幻灯片、注解和发言背景资料三部分组成。因此，在开始设计、制作PPT时要努力避免把文字、数据等所有信息都放到幻灯片里。设计、制作简单扼要、图文并茂的幻灯片是提高团队展示演说质量的有力保证。

要制作出质量好的PPT，应当注意遵守以下原则：

第一，简单性原则。所谓简单性原则就是在设计PPT时，追求简约，就像威廉·奥卡姆在著名的“奥卡姆剃刀”理念中论述的：“如无必要，勿增实体。”如果遵循简单性原则，一般能够设计出优秀的幻灯片。简约思想是设计时需要遵循的一个重要原则，但这并非要把幻灯片设计得过于简单。设计过程所要追求的是得体、适度的简单，就像爱因斯坦曾经说过的那样：“凡事需要尽可能地简化，但不要简单过了头。”在设计PPT时，尽量少用要点列表，一般情况下应当在其他表达方式无法实现时再用，这是设计PPT时需要注意的。同时，不要受模板里某些默认格式影响。

第二，优先使用图片原则。在观看PPT时，图片比文字更容易被记住。也就是说，相比文字而言，观众对图片的印象会更加深刻。当图片能够代表普通而且具体的事物时，画面往往能够达到最好效果。图片的使用是人与人之间一种有效而且自然的交流方式。

比如要说明一场自然灾害对社会造成的不良影响，如果选择用PPT写出来或者仅仅是口头描述一下显然没有使用灾后的照片并配以简练的文字效果更好，对于观众来说，图片更具视觉冲击，更让他们印象深刻。

在设计PPT时，可以假设幻灯片上哪些文字内容可以用图片替代，然后选择合适的图片。

在引用别人的观点时，有时也可以加入图片以增加画面效果，从而调动观众的情感。这时，通常可以选择大图而不是小图来作为幻灯片的背景，然后在图中的适当位置插入必要的文字。因此，必须保证图片的分辨率至少与幻灯片的大小相当，而且这些图片上要有足够空间插入文字。

第三，留白原则。在设计PPT时，很多人都想在留白处填充更多元素。事实上，在设计幻灯片时最容易犯的错误就是，不留一点空白部分，在每张幻灯片上塞满文字、图框、剪贴画、图表、脚注等。

留白是带有目的性的。有些设计者可能会重点关注文字、图形等“积极”元素，而忽视运用留白使设计作品达到吸引观众眼球的效果。从表面上看，在幻灯片上运用留白是一种空间的浪费，但是，很多情况下，正是留白赋予 PPT 新的活力。需要注意的是留白并不等同于空白和一无所有，因此，需要在 PPT 设计中考虑平衡问题。

PPT 设计中的平衡问题非常重要，巧妙地利用空白是达到 PPT 画面平衡的有效方法之一。一个平衡的设计作品能够传递出清晰、独立却又统一的含义。设计优秀的幻灯片往往需要目的明确，并能够时刻引导观众积极阅读，使他们不用刻意寻找哪里是需要关注的内容。因此，要努力通过清晰明确的主次排序，实现画面元素的良好平衡，帮助把不同重要程度的团队展示内容展现得清清楚楚。空白绝不是被动或消极元素，相反，它们可以为画面带来积极的作用。通过精心设计和安排展示元素的位置，空白也能产生强有力的效果，并使画面更具动感。因此，如果想使幻灯片更具视觉冲击和动感，可以考虑不对称设计的方法。这样，画面会因包含形状和大小各异的图形变得更具动感而不显得单调沉闷。与不对称的设计方法相比，对称能给人以平和、正式和稳固的感觉。虽然有时居中对称的设计会导致两边空出留白，但这也是可以采用的。在设计幻灯片时，图形大小和形状的选择也十分重要。但是，如果没考虑留白部分所占的空间，就导致设计的盲目和随意性，进而导致最终的画面效果平淡无味。优秀的幻灯片中往往既有对称设计，也有不对称设计。从古到今，艺术家都在追求在其作品中体现“黄金分割”的完美比例。与自然界中那些拥有黄金比例的事物一样，拥有黄金分割的图片更具视觉美感。因此，可以借助从黄金分割衍生而来的三等分原则，作为幻灯片设计中的一个基本技巧。三等分原则能够帮助设计者找到平衡点，从而使画面更加美观，更具艺术美感。

第四，对比原则。对比原则，简言之就是突出事物的不同之处。运用对比原则的幻灯片容易引起观众的注意，从而赋予作品更大的能量。因此，设计者必须将不同的元素加以区别，而且对比要强烈。对比是设计中最重要的概念之一，原因是，几乎所有的设计元素都能成为对比的对象。在设计工作中，通过设计布局（远近、详略）或颜色（深浅、冷暖色调），又或字体（下划线、粗体）以及元素的位置（居上、居下、集中、分散）等都能产生对比的效果。

对比能够突出某些元素，帮助观众迅速地抓住信息。优秀的幻灯片都有一个清晰的焦点，而且不同元素间具有强烈的对比。如果所有元素都是千篇一律的话，观众很难找到重点。设计中如果遵循了对比原则，就比较容易实现调动观众兴趣，帮助他们更好地理解发言者观点的目标。如果对比不够强烈，就会造成画面平淡，很容易影响观众的理解。

在设计 PPT 时，线条、形状、颜色、文本、大小、字体等每一个具体元素，都能产生对比的效果，这是需要设计者认真权衡的。

第五，重复原则。所谓重复原则。就是在设计 PPT 时，多次使用相同或相似的元素。对比的作用是突出区别，而重复则为了给人协调和统一的感觉。人们使用幻灯片模板时，就体现了重复的设计原则。例如，所有的幻灯片拥有相同的背景和字体等。

同时，需要注意的是，不要在一套幻灯片中出现太多的简单重复。因为，许多模板的背景使用多次后，如果不做更新，观众再次看到便会感到厌倦，要改变这种局面就需要适当调整重复的办法。比如，不影响主题表达的前提下，根据文字内容相应地改变插入图表的大小和位置，重复效果会变得更好。

第六，对齐原则。所谓对齐原则，就是不要让幻灯片上的任何东西像是被随意摆放上去的，而要让各元素就好像是被无形的线条贯穿在一起。重复原则主要是针对一套幻灯片中不同幻灯片之间提出的对策，而对齐原则则针对的是每张幻灯片上的元素而言的。

在设计 PPT 时，如果不注意对齐的问题，往往会造成幻灯片中的各元素看起来不整齐，这常常会给评委老师和观众一种业余和粗糙的感觉。有时观众也有可能察觉不出这些细节，但是，如果使画面上的元素互相对齐，就能让幻灯片版面显得更加整洁和清晰。如果再配合其他设计原则，就能使观众理解得更快、更容易，也容易赢得评委老师的青睐获得理想的得分。

第七，就近原则。所谓就近原则，是指设计者为了使结构更加清晰，根据需要把某些相关元素摆放在一起的做法。这样，将相关的内容放在一起，画面就不会显得松散。观众会自然而然地认为那些距离较近的内容是属于一个整体的，同样也会认为那些距离较远的内容相互之间联系没有那么紧密。

幻灯片不是书本或杂志那样可以从容阅读的东西，因此每张上面的内容不能过多。当检查设计好的幻灯片时，要追问几个问题：最先映入眼帘的是什么？其次又是什么？什么最吸引人？

在此基础上，设计 PPT 还需要注意以下几点：

（1）PPT 结构最好采用总分总方式。要在大标题以后，用第一张幻灯片介绍发言人和发言内容。在结尾设计一张结论幻灯片，让自己有机会在结束发言之前再次强调要阐述的核心观点。

（2）内容尽量简练合理。在标题设计方面，主标题画龙点睛，副标题说明具体内容。文字尽量简洁、提纲挈领。

（3）根据演讲的对象和环境选择适宜的模板。幻灯片页面和文字的配色要考虑和模板色系一致。

（4）每张幻灯片最多 5~6 个项目符号，并且每段的句子要短，努力使文字变大，容易辨认。

（5）尽量努力在每页幻灯片采用文字、图表和图形的混合方式展示内容，避免全文字的页面。能使用图表就尽量使用图表，图表要尽量展现关键信息，如最大值、最小值、目标值等。

（6）字体要规范。整套幻灯片中包括颜色、字体、背景等方面的格式应该保持一致。幻灯片的所有标题应当采用相同的字形、大小、格式、位置和颜色。避免使用过多的字体，减少下划线、斜体和粗体的使用，同时，幻灯片中的内容部分尽量使用笔画粗细一致的字体，如黑体字体文本框间应注意对齐。文字较多应注意分区，使用英文时，为了使听众容易辨不要全部采用大写字母。

（7）字体大小合理。要充分考虑在个人电脑上预览和在正式场合幻灯片放映的区别，保证全场都能看清楚。标题字体的大小在该幻灯片中最大，副标题的字体比正标题小一些，放置的位置也要每张都一致。正文字体应该比标题要小，标题字号 36 磅以上，正文字号 28 磅左右。注意同一页字体、字号不超过 3 种。

（8）页面设置美观。可以设置为 35mm 幻灯片，四周保持 12mm 左右的空白边缘，以防内容被幻灯片框所覆盖。不要把整段整段的文字搬上幻灯片，同时避免整张幻灯片都塞满内容，影响美观和听众观看。为了防止内容超出屏幕，同一套幻灯片使用统一的横向或者竖向，不要混杂使用。注意字体颜色和背景色搭配，一般应保证同一页文字颜色不超过 3 种。

（9）幻灯片上只应当出现关键性的词语或短句，而不是发言稿上的每句话，防止把 PPT 文件变为 Word 文件。

（10）动画选择要合理。动画不要超过 3 种，防止为追求效果而影响内容介绍。

第二节　掌握的项目展示技巧

在“行走课堂”实践活动中，经过调查研究、完成撰写汇报材料工作之后，就可以参加项目申请答辩了。做好展示，是答辩取得成功的关键。

一、项目计划展示的基本问题

由于游说答辩本教程将做专门阐述，下面重点分析项目展示的技巧。要实现项目展示的目标，建议参加政府购买社会组织服务项目的学生志愿者组织的指导老师和志愿者们把握如下几条整体原则，在此基础上再从思维上调整，使用技巧实现目标。

首先，要把展示汇报材料陈述和视频展示当作一个整体和系统，并为答辩环节打下基础。存在于系统整体中的部分，无论该部分是否能作为相对独立的部分都应具有作为整体的部分的内在根据，例如汽车的轮子可以作为独立部分存在，而人的手、脚则不能离开整体独立存在。这种部分只有在整体中才能体现它具有部分的意义，一旦离开整体，这个部分就失去了整体的部分的意义；此种特性也称为系统的不可还原性。无论是简单的二元系统还是多元的复杂系统均具有此种特性，如氧原子、氢原子各有其固有特性。氧原子与氢原子按规律组成的二元系统是水，有与氢和氧完全不同特性。一旦水分解为氧原子和氢原子，也就失去了整体系统“水”的意义。因此，不能把汇报材料陈述和视频展示割裂来看，要把视频展示作为汇报材料陈述的基础。一般视频容易给评委留下更深刻的印象，所以要尽量用视频把比较难以用语言和 PPT 阐述清楚的问题说清楚。要做到这一点，需要从确定问题、开始调研、设计问卷、数据整理、文稿写作等环节就要树立整体意识，这样自然而然就会实现汇报材料陈述和视频展示有机结合的目标。

其次，要适当为答辩做出预设性准备。在准备的时候，可以请项目组成员、外请顾问，如果条件允许可以再外请一些对所要提交汇报项目背景了解程度没有团队成员多的人向答辩者提问。这样可以模拟一些重点问题，可能遇到评委在现场提出的问题。

最后，控制好展示时间。“项目申请答辩”活动是一项以评分为依据的比赛，因此，时间控制很重要。如果超时，会给评委留下规划能力不强，时间管理能力不强的印象；如果用时不足，也会给评委留下前期准备工作单薄，不够充分的印象。

在上述总体指导思想指导下，提高思维能力是提高项目展示能力的核心技巧。

思维可以弥补沟通不足，更能保障沟通顺畅。思维能力是提高人际沟通能力的基础。什么是思维？这是个见惯不怪的问题。日常中人们所说的“想一想”“考虑考虑”“思之再三”“沉思良久”“深思熟虑”“猛然醒悟”“眉头一皱计上心来”，乃至“设想”“反思”“抽象概括”“逻辑分析”“判断推理”……都属于人们的思维活动。然而深入理解思维的本质，涉及“生理学”“心理学”“哲学”“语言学”“创造学”等多个科学领域，蕴含深刻。因而，为思维下个定义，则又是个“仁者见仁”“智者见智”很难很难的问题。为了有助于对“思维”的理解，我们从以下几个方面对思维的意义加以解释。

首先，从生理学角度认识思维是“能”的一种形式，是脑的一种职能。脑的这种职能是用于思考问题的（恰如写字是手的职能），思维过程是思考问题的过程即大脑对信息进行加工、整理、复制或再生产的过程。

其次，从语言学角度认识，思维可以定义为：用语言或符号思考。表达一种观念形成的过程，一定的思想形成的过程。在汉语中“思维”“思考”“思索”，是同义词或近义词，表达或含有思维意义的词，还有“思”“虑”“悟”等。特别是知心（“恕”为智的异体字），知心是墨家学派给思维创造的独特会意字，其含义是“以其知论物”，可见思维可以理解为以已有知识对事物的思考。单就词义而言，“思维”是由“思”与“维”构成的概念词。“思”字义为“想”或“思考”，“维”可以理解为“序”或“方向”，据此“思维”可解释为“有秩序的或沿着一定方向的思考”。

再次，从心理学角度认识思维。思维是精神生产的过程，是人脑对客观事物的间接的和概括的反映。

最后，从逻辑学的角度解释思维。思维就是指人脑利用已有的知识，对记忆的信息进行分析、计算、比较、判断、推理、决策的动态活动过程，是获取知识及运用知识解决问题的根本途径。

思维是人类区别于其他动物的最根本的特征。在自然界优胜劣汰的竞争中，人类能成为世界的主宰，是因为人有任何其他动物无法比拟的思维能力。人依靠思维展现无限的智慧，不断探索、了解、利用、征服和改造自然，追求不断地发展，并主宰着世界。

二、项目展示的典型技巧

在项目展示活动中，思维和表达技巧主要表现为如下八个方面，结合这几方面特点进行展示工作，对更好地阐明自己的观点，让提交的汇报项目得到评委的认可很有帮助。

（一）高度概括

概括性是思维最显著的特征，思维之所以能揭示事物的本质和内在规律的关系，主要来自抽象到具体的过程，这一过程是通过分析、综合、比较、抽象、概括等思维活动来实现的。

整体和部分是自然界普遍存在的一对基本矛盾。思维的分析与综合操作就是思维主体对认识对象目标进行分解与组合。分析，是把客观对象的整体分解为一定部分、单元、环节、要素并加以认识的思维方法；综合是在分析基础上把客观对象一定部分、单元、环节、要素的认识链接起来，形成对客观对象统一整体认识的思维方法。人通过分析，综合在头脑中获得对客观现实更全面、更本质的反映。分析与综合是彼此相反又紧密联系的过程，没有分析，就不能清晰地认识客观事物不同组成部分的独立属性、特征与功能及其在整体中的意义、作用、贡献和部分之间的区别、依存与联系。没有综合就无法完整地认识客观事物的整体属性、结构与功能。认识客观事物，分析与综合是必不可少的思维过程。只有分析没有综合只能形成对事物片面的、支离破碎的认识；只有综合没有分析，只能形成表面的认识。因此，不论认识任何一种事物都要对该事物进行分析、综合，分析越细微、越全面，综合就越全面、越完美。在分析基础上的综合，对思维与认识客观事物才是有意义的和完备的。

比较是鉴别、判定事物之间共同点和差异点的思维过程。经过分析与综合，认识了事物的许多特点和属性，为了进一步认识和辨别某一事物，还要在分析、综合的基础上，对与该事物相似的或对立的事物进行比较，找出其间的共同点与差异，以进一步了解该事物的本质属性与客观规律。比较是分析与综合的认识延续，分析和综合则是比较的基础与前提。

抽象是把客观事物的本质和非本质的属性区别开来，从而抽象出事物的本质特征与属性的过程。从事物的诸多属性中首先通过分析，找出事物的本质属性；然后通过比较，找出诸多事物之间的共同属性；最后通过抽象提炼出事物的本质属性，舍弃其非本质属性。

概括，则是指把抽象出来的事物的若干本质属性综合起来，推广到同类其他事物中去，使之普遍化的思维过程。抽象的过程其结果有以下三种类型：第一种类型，如果概括的内容指向各种事物的外部特点和联系，将导致头脑中各种表象的形成；第二种类型，如果概括的内容指向事物内部的共同的本质的特点和联系，则将促成头脑中概念的形成和对事物规律性的认识；第三种类型，如果概括的内容指向事物偶然出现的现象，则概括将带有片面性。

抽象是概括的基础，没有抽象就不能概括。概括就是把分析、比较、抽象的结果进行综合，形成概念。由此可见，概括的作用是使人的认识由感性上升为理性，由特殊上升到一般，从而把思想引向深化，更正确、更全面地反映事物的本质。任何一个概念、一条规律、一个公式、一项原则都是抽象和概括的结果，各种科学知识，都是抽象、概括的产物。

对于任何要解决的问题包括全新的问题，一般的解题程序也是在掌握现有信息的基础上通过分析、综合、比较、判断，抽象出问题的本质属性，并根据其属性进行决策来寻求解决问题的具体方案的。就层次而言，抽象是高级的分析，概括则是高级的综合。抽象与概括同是建立在比较基础上的。概括性在思维活动中有非常重要的作用。首先，抽象和概括是人们形成或掌握概念的直接前提；其次，概括是思维活动的速度、灵活迁移程度、广度和深度、创造程序等智力品质的基础，概括性越高，知识系统性越强，迁移越灵活，人的智力思维能力与创造能力也就越发展；再次，概括是一切科学研究的出发点，任何科学研究的目的，就在于概括出研究所获的成果。因此，概括性不但是思维研究与评价的重要指标，概括水平也是衡量人们思维能力与等级的标志；提高概括水平是提高思维能力的重要体现。

著名的演讲家、美国的黑人民主运动领袖马丁·路德·金，在他的著名演讲《我有一个梦》中首先概括自己想表达的关键信息：人人生而平等，这就是沟通表达中概括的作用。

朋友们，今天我对你们说，在此时此刻，我们虽然遭受种种困难和挫折，我仍然有一个梦想。这个梦想是深深扎根于美国的梦想中的。

我梦想有一天，这个国家会站立起来，真正实现其信条的真谛：我们认为这些真理是不言而喻的：人人生而平等。

（二）善于使用间接表达等手段

使用间接表达手段使间接性思维结果迅速应用于具体活动，其思维表现就是思维通过其他事物的媒介来认识客观事物。首先就是思维凭借已有知识和经验，对没有直接作用于感觉器官的事物及其属性或联系（无法感知）加以反映（如早晨起来看到房顶湿润、庭院积水就可以断定夜间下雨了）。其次是凭借知识和经验，能对根本不能直接感知的事物及其属性进行反映。也就是说，思维继承和发展了感知和记忆表象的认识功能并远远超过了它们的界限，思维的间接性使人能揭示不能感知的事物的本质和内在规律。再次思维凭借知识和经验，能在对现实事物认识的基础上进行蔓延或无止境的扩展。假设、想象、理解，都是建立在思维间接性作用基础上的，例如在申请项目方案设计中的预测，就属思维间接性的表现形式，使思维能反作用于实践与指导实践。

同样是在《我有一个梦》中马丁·路德·金关于“梦想”的描述，就是用一种想象的场景间接阐述追求种族平等的理念。

我梦想有一天，在佐治亚的红山上，昔日奴隶的儿子将能够和昔日奴隶主的儿子坐在一起，共叙兄弟情谊。

我梦想有一天，甚至连密西西比州这个正义匿迹，压迫成风，如同沙漠般的地方，也将变成自由和正义的绿洲。

我梦想有一天，我的四个孩子将在一个不是以他们的肤色，而是以他们的品格优劣来评价他们的国度里生活。

我今天有一个梦想。

我梦想有一天，亚拉巴马州能够有所转变，尽管该州州长现在仍然满口异议，反对联邦法令，但有朝一日，那里的黑人男孩和女孩将能与白人男孩和女孩情同骨肉，携手并进。

我今天有一个梦想。

我梦想有一天，幽谷上升，高山下降，坎坷曲折之路成坦途，圣光披露，满照人间。

（三）概念严谨

逻辑性特征反映出思维是一种抽象的理论认识，表明思维过程具有一定的形式、方法，并按照一定的规律发展。人们在实践中认识了事物的本质、事物整体及其内部联系并生成概念或结论。

概念是用词语来表述的物的本质属性。概念构成思维的基本元素，概念的研究是研读思维的基础和焦点，是在社会实践基础上通过抽象概括形成的。实践中积累的丰富的感性经验使人们的认识活动不断深化，产生概念。随着社会与科学的发展，概念的内涵与外延也会不断变化，即随着新物质或新规律的发现在不断地深化或生成。判断与推理是在概念基础上进一步的逻辑思维活动。判断是对思维对象作肯定或否定的思维形式和过程，也能表示为思维主体对事物的评价。判断或评价是以客观标准为依据，但同时也反映人的认识水平、情感或愿望。推理是一个或数个已知判断的思维形式，有归纳推理和演绎推理两种主要方式。归纳推理是从事实出发，通过概括从而解释观察到的事物之间的关系得出一般结论。演绎推理是从一般到个别，将理论、原则运用于具体的思维过程。具体、全面、深入地认识事物的本质和内在规律进行较系统的逻辑思维有许多方法可以充分利用，如归纳和演绎的统一、具体与抽象的统一、特殊与一般的统一等。逻辑思维发展一般分为两个阶段：初级阶段——普通逻辑思维阶段，应遵循同一律、排中律和矛盾律三个法则；高级阶段——辩证逻辑思维阶段，则应遵循对立统一，量变质变，否定之否定的思维规律。

有一个学生在准备辩论赛，他的同学说："准备这个干什么？辩论全是诡辩！"

这个学生回答道："辩论和诡辩是两个不同层面的概念，您这样说本身就是概念不清。"我举一个例子给你听：

"唐朝的玄奘法师在印度'无遮'大会上摆擂台，提出了著名论点'真维识量'：'真故、极成色，定不离眼识；自许初三摄，眼所不摄故；如眼摄。'结果没任何人能驳倒玄奘法师。"

"这段话听不懂，肯定是诡辩！"

"简单地说，这段话的意思是：客观的视觉对象离不开主观的视觉，世界上没有独立于视觉之外的事物。难道这是诡辩吗?”

……

（四）分析深刻

深刻性，又叫抽象逻辑性。人类的思维是抽象理性的认识，思维是在感性材料的基础上经过思维过程，去粗取精、去伪存真、由此及彼、由表及里，在大脑里形成一个认识过程的突变产生了概括。由于概括，人们了解了事物的本质、事物的整体、事物的内在联系，认识了事物的机理及规律性。思维的深刻性集中地表现在善于全面地、深入地思考问题，善于把握事物的本质和规律性，从而预见事物的发展进程与结果。由于知识储备、实践经验、智力潜能、思维方式的不同，个体在认识过程中深刻性也是有差异的。具体表现为：首先，形成概念、构成判断、进行推理和论证的深度上的差异性。其次，思维方式方法的个性差异，即在如何具体地、全面地、深刻地认识事物的本质和内在规律性关系方面、采用何种思维方法方面是有差异的。再次，运用思维规律和法则的深刻性也同样存在差异。只有正确、自觉地遵循思维规律与相关法则进行思维，才能做到概念明确、判断有度、推理有据、论证得法，才能实现抽象的逻辑性。最后，思维的难度和广度的个性差异。思维过程的系统、周密、精细的程度与思考结果密切相关：具有较强思维能力的人，能充分利用信息与条件，能全面、慎重、细致地思考问题，系统而深刻地揭示事物的本质和内在规律性关系。

某教师，讲述伽利略思想实验时这样说：

大家都听过伽利略在比萨斜塔上扔铁球。其实伽利略为了证明自由落体定律，并没有扔铁球，而是设计了一个著名的斜面实验，即用一个表面非常光滑的金属球从非常光滑的斜面上滚下，实验结果成功地证实了自由落体规律。

伽利略做出了一系列假设，进行了思想实验：

假设有两个质量不等的球，1 号球和 2 号球质量分别为 m_1 和 m_2，m_1 大于 m_2。则它们重量为 G_1 和 G_2，G_1 大于 G_2。它们若在同一时刻从塔上落下，按亚里士多德的传统说法，重球应比轻球下落速度快；那么过段时间后，重球 1 号球就会超过轻球 2 号球落到地面。

然后假设把两个球拴在一起，形成 3 号球，并推论，本应快速下落的重球会受到轻球的牵制而减慢速度，轻球也会受到重球的影响而加快速度。而根据亚里士多德的传统说法，重球应比轻球下落速度快；那么过段时间后，更重的3号球，就会超过重球1号球和轻球2号球落到地面。

这样，就导出了一个矛盾的结论，因此，证明亚里士多德的观点是错误的。

伽利略充分发挥创造性想象的作用，并运用逻辑推理手段。推想，两个球被拴在一起后，理应比它们分开时的任一球都下落得快。可又如何解释它们因彼此牵制而根本不可能比两者都下落得快呢？通过这样的“思想实验”，伽利略终于揭示了事物运动的惯性本质。

（五）善用批判思维

批判性思维是指思维活动与思维过程中严格地把握评估思维信息和精细的检查、反思思维过程的思维品质和智力的能力。信息资料是解决问题的依据，诸多信息资料，难免良莠不齐，如何根据具体问题，分清主次、去伪存真，必须经过严格的批判决定取舍。思维过程是一个动态过程，在解决问题的每一个思维环节，既要充分利用条件进行有序的思维，也要不断地通过反馈进行反思，不断改进思维以期取得较优化的效果。批判思维品质特点主要有如下几个方面：第一方面，分析性。在思维过程中，不断分析解决问题所依据的条件和反复验证拟定的假设、方案和计划。第二方面，策略性。在思考问题前，根据自己的经验与思维水平，在头脑中形成相应的策略或解决问题计划、方式、方法，并在解决问题过程中认真实施。第三方面，全面性。在思维过程中，善于并充分客观地考察论据，认真把握解决问题的进展情况，执行计划的同时不断地通过反馈信息，修正计划。第四方面，独立性。有主见，不人云亦云、盲从附和，对合理意见要认真分析，不为情境所困扰。第五方面，正确性。思维过程缜密、组织有条有理、思维结果正确、结论实事求是、符合思维规律，有现实意义。

思维批判是自我意识作用的结果，自我意识的成熟是人的意识的本质特征，是以个人的素质修养，科学态度与经验为基础的。良好的自我意识构成思维结构的“监控系统”，可以实现大脑对信息的输入加工、储存、输出的控制，调节自己的思维和行为，及时调节思维过程以便于更好地解决问题。自我意识反馈过程实际上是一个主体主动性问题。主体主动性越高，思维活动的效率也就越高，从而减少盲目性、触发性、狭隘性和自我封闭的影响，思维结果的品质也就越好。

据说当时有位“才子”，决心与欧阳修一较诗才。“才子”上门寻访，路遇一株大树，便诗兴大发：“门前一棵树，两朵大丫杈。”这时，背后有陌生人续吟道：“春至苔为叶，冬来雪是花。”“才子”于是邀陌生人同路。二人来至江边，见一群鸭子扑入河中，“才子”又作诗曰：“一群好鸭婆，一同跳下河。”陌生人再续后两句：“白毛浮绿水，红爪荡清波。”最后两人乘船过江，“才子”技痒，高声吟道：“两人同乘舟，去访欧阳修。”陌生人听后，微微一笑：“修已知道你，你还不知修（羞）！”——原来，陌生人正是欧阳修。

（六）反应敏捷

思维的敏捷性是指思维过程的速度。在处理问题的过程中，敏捷性可以在急切的情况下，积极地思维、周密地考虑、随机应变、正确地判断和迅速地做出结论。敏捷性必须以良好的思维品质为前提，轻率的敏捷是失败的思维。敏捷性表现为思维过程短暂，因而必须建立在深刻性、灵活性、批判性、系统性和高度的概括基础上，没有高超的概括思维就不会产生迅速简化，也无法形成正确与迅速的发现。

在题为“机遇是不是成功的关键”的辩论赛中；攻守双方的对攻反驳是比较出色的。

“对方辩友认为实力是成功的关键。那我请问对方同学，三国演义中有两个人——诸葛亮和庞统，同样才华出众，同样雄才大略。为什么一个成为一代蜀相为万世所景仰，另一个却被乱箭射死在‘落凤坡’呢？”

“诸葛亮成功了吗？‘出师未捷身先死，长使英雄泪满襟’啊！”

“谈诸葛就来谈诸葛，诸葛亮当年火烧司马懿，天降大雨，司马父子夺路杀出。诸葛亮仰天长叹：‘我灭司马天不灭！’请正面解释，这‘天’是什么？”

“‘天’是什么？我来告诉对方辩友。‘天’是几十万训练有素的北魏兵马，‘天’是建立一代西晋王朝的雄心大志。为了这‘天’、司马懿可以韬光养晦，为了这‘天’、司马懿可以忍辱负重，于是我们才可以看到‘司马都督多奇志，不爱武装爱红装’啊！”

在这段对攻中，双方可以说运用了理论概括、形象概括、发散思维、“仿词”修辞手法等多种综合表达技巧，博得了观众的阵阵喝彩，也体现了表达中思维的敏捷性。

（七）系统思考

思维的系统性特征，是现代人们认识客观世界的主导性特征，系统思维能力是现代人素质结构的重要组成部分，也是思维现代化的重要标志。因此，揭示思维系统性特征含义对增强人的思维能力、提高人的素质、激发和推动人类对客观世界的认识，乃至不断地改造客观世界和人的主观世界都具有重要意义。

一个古老的寓言故事讲，有位神秘的智者，具有非常丰富的知识和洞悉事物的前因后果的能力，他答复任何问题从来不会答错。

有一个调皮的男孩对其他男孩子说："我想到了一个问题，一定可以难倒那个智者。我抓一只小鸟藏在手中，然后问他，这只小鸟是死的还是活的？如果他回答是活的，我就立刻将手里的小鸟捏死，丢到他脚边；如果他说小鸟是死的，我就放开手让小鸟飞走。不论他怎样回答，他都肯定是错。"

打定主意之后，这群男孩子跑去找到那位智者。调皮的男孩子立刻问他："聪明人啊，请你告诉我，我手上的小鸟是死的，还是活的？"

那位长者沉思了一下，回答说："亲爱的孩子，这个问题的答案就掌握在你手中。"

智者的回答看起来好像是一个两头堵的方法，而实际上却考虑了事物的一切可能，体现了沟通过程中思维的系统性。

第三节　游说答辩技巧

在项目申报或汇报工作中，游说答辩是一个重要的环节。一般情况下，我们都往往认为青年学生在进行展示后的答辩环节是游说答辩，事实上，在开展汇报项目准备时，同样可能面临游说活动。游说答辩的技巧就是本节要说明的问题。

一、游说答辩

游说泛指多方活动陈述自己的建议、主张，希望被采纳。在当代中国的游说形式主要有：第一种，出席有关部门专门组织的立法或者行政政策意见听取的座谈会发表观点；第二种，针对决策者个人及其接近者的交往与意见表达活动，这一形式是游说的主要形式；第三种，利用权威媒体与权威信息收集机构提供高层领导可以阅看的内参文件；第四种，利用人大代表、政协委员与知名专家在两会或者其他场合发表个人意见，尤其借助于媒体压力引起决策部门注意。

答辩是指应答别人的提问，进行辩解。

游说答辩有时在时间上是紧密相连的，有时在时间上是割裂的。当从游说答辩的表达特点看，游说答辩具有一般演讲、辩论的共性，但与其他演讲、辩论相比也有其自身的特点。概括地说，游说答辩有如下一些独有的特性：

第一，游说答辩具有内容的真实性特征。虽然，“演讲”是游说答辩的重要环节，但是，“演讲”必须以真实为基础。游说答辩的环境决定了表达者是以自己真实的姓名和身份用现实的汇报材料向考核人员进行演讲和答辩的，表达的性质首先应该是真实性。“行走课堂”实践活动中的游说答辩不仅是要考查学生的口才，更要通过考核看游说答辩者前期工作的效果或者是否具备本活动需要达到的水平。如果过于夸张地去表演，往往会使专家和评委产生一种印象：不稳重、不成熟。演讲不仅内容要真实，而且感情也要真实，只有真人、真事、真理、真情，才能使专家和评委产生共鸣，才能使专家和评委感受到表达的真实内容。当然，游说答辩中也可以借用一些表演艺术手法来增强演讲的感人效果，如相声般的幽默，故事般的悬念和诗歌般的激情等。但是，它使用的范围、程度，都应该受到严格限制，以不影响演讲的真实性为原则。

第二，从游说答辩场面来看，听众的专业性很强，并具有裁判权。同时，学生是处在一个被考核的地位上，而考核者都是专业人士。听众（专家和评委）都拥有比较高的专业知识，通过学生的陈述（演讲）能够比较准确地判断出学生的能力。在项目申请的游说答辩环节，专家和评委不仅仅是听，真正的目的在于通过听来筛选、确定谁能够获得高分，谁要被淘汰。这就和其他场合的演讲有着本质的区别。

第三，游说答辩的形式具有严肃性。虽然游说、答辩都是以口头语言为主，态势语言为辅的特征。但是表达者就不可能像普通演讲过程中，为了照顾广泛的听众的不同要求，在口头语言为主的基础上，为了增加演讲的效果，可以比较多地使用夸张性的态势语言，比如手势、眼神等。

第四，游说答辩主要是陈述自己的观点和主张。在游说答辩过程中，无论演讲者掌握多少别人提供的资料，最后作为正式演讲的内容一定要经过演讲者自己的咀嚼消化，成为演讲者自己的观点和主张。

第五，游说答辩的内容结构具有系统性。要使自己在游说答辩中获得成功，学生在表达过程中要始终抓住一个中心思想，并围绕着它来阐述。使考核者能迅速抓住陈述的论点、论据和论证过程，一听就懂，并且认可你阐述的观点，同意你提出的主张。因此，在陈述之前，要做好充分的准备，仔细考虑推敲，把要陈述的内容组织得有条有理，保障表达内容结构具有系统性。

第六，游说答辩的过程，具有听众信息反馈的特征。答辩的评委因为要给答辩者评分，也会积极地介入信息反馈。因此，听众在听演讲的过程中是以非常积极的姿态出现的，他们会及时地对演讲者的演讲进行信息反馈，这种反馈有时是通过表情的实时反馈，有时是经过一段时间（陈述完毕后）以提问形式出现的反馈。表达者要时刻关注听众的反应，并且要善于敏锐地观察听众的反应，从听众的眼神、动作和声音等行为中了解听众对自己陈述的看法，并对自己的陈述内容和陈述方式进行适当的调整，以达到与听众之间的沟通。

二、游说答辩的成功案例

秦王嬴政十年，秦国宗室贵族借韩国派水工郑国修灌溉渠，阴谋消耗秦的国力，谏秦皇下令驱逐一切客卿。李斯写给秦王一个奏章，秦王读了李斯这一奏章，取消了逐客令。这篇文章就是著名的《谏逐客书》，全篇原文如下：

臣闻吏议逐客，窃以为过矣。昔穆公求士，西取由余于戎，东得百里奚于宛，迎蹇叔于宋，来邳豹、公孙支于晋。此五子者，不产于秦，而穆公用之，并国二十，遂霸西戎。孝公用商鞅之法，移风易俗，民以殷盛，国以富强，百姓乐用，诸侯亲服，获楚、魏之师，举地千里，至今治强。惠王用张仪之计，拔三川之地，西并巴、蜀，北收上郡，南取汉中，包九夷，制鄢、郢，东据成皋之险，割膏腴之壤，遂散六国之众，使之西面事秦，功施到今。昭王得范雎，废穰侯，逐华阳，强公室，杜私门，蚕食诸侯，使秦成帝业。此四君者，皆以客之功。由此观之，客何负于秦哉！向使四君却客而不内，疏士而不用，是使国无富利之实，而秦无强大之名也。

今陛下致昆山之玉，有随和之宝，垂明月之珠，服太阿之剑，乘纤离之马，建翠凤之旗，树灵鼍之鼓。此数宝者，秦不生一焉，而陛下说之，何也？必秦国之所生然后可，则是夜光之璧，不饰朝廷；犀象之器，不为玩好；郑、卫之女不充后宫，而骏良駃騠不实外厩，江南金锡不为用，西蜀丹青不为采。所以饰后宫，充下陈，娱心意，说耳目者，必出于秦然后可，则是宛珠之簪，傅玑之珥，阿缟之衣，锦绣之饰不进于前，而随俗雅化，佳冶窈窕，赵女不立于侧也。夫击瓮叩缶弹筝搏髀，而歌呼呜呜快耳者，真秦之声也；《郑》《卫》《桑间》《韶》《虞》《武》《象》者，异国之乐也。今弃击瓮叩缶而就《郑》《卫》，退弹筝而取《昭》《虞》，若是者何也？快意当前，适观而已矣。今取人则不然。不问可否，不论曲直，非秦者去，为客者逐。然则是所重者在乎色乐珠玉，而所轻者在乎人民也。此非所以跨海内、制诸侯之术也。

臣闻地广者粟多，国大者人众，兵强则士勇。是以泰山不让土壤，故能成其大；河海不择细流，故能就其深；王者不却众庶，故能明其德。是以地无四方，民无异国，四时充美，鬼神降福，此五帝三王之所以无敌也。今乃弃黔首以资敌国，却宾客以业诸侯，使天下之士退而不敢西向，裹足不入秦，此所谓“借寇兵而赍盗粮”者也。夫物不产于秦，可宝者多；士不产于秦，而愿忠者众。今逐客以资敌国，损民以益雠，内自虚而外树怨于诸侯，求国无危，不可得也。

李斯在这篇文章中，先从历史讲起，引用秦国穆公、孝公、惠王、昭王四位国君招贤纳士的案例，强调秦国应当重用客卿的必然性。接着回到现实，李斯进一步分析秦王的爱好，提出昆山之玉，随和之宝，明月之珠，以及所佩太阿剑，所乘之纤离之马，等等，都是来自诸侯各国；然后，逐步展开分析不应当逐客而应当纳贤。建议被秦王所采纳后，不久李斯被任命为廷尉，逐步进入秦国政治核心。

分析这篇游说文章，可以说具有如下几个特点。

首先，具有明显的实效性。司马迁在《李斯列传》中曾这样叙述过李斯上书的前因后果：秦王拜斯为客卿。……会韩人郑国来间秦，以作注溉渠，已而觉。秦宗室大臣皆言秦王曰：“诸侯人来事秦者，大抵为其主游间于秦耳。请一切逐客。”李斯议亦在逐中。斯乃上书曰：“秦王乃除逐客之令，复李斯官，卒用其计谋。”李斯上书的背景是秦王的逐客令已下，政令已经颁布的情况下，李斯也是被驱逐者逐之列，而就是通过一篇上书游说，最终使秦王收回成命，由逐客变为留客、用客、重客，因此，可以说《谏逐客书》发挥了巨大的作用。

其次，《谏逐客书》在“对事的论断”入木三分。《谏逐客书》开篇的第一句话：“臣闻吏议逐客，窃以为过矣。”就是李斯提出的一个判断，并希望通过说明这一判断成立，使秦王接受，并收回成命，不要逐。为此在下文展开了有力的论说。《史记集解·新序》：“斯在逐中，道上上谏书。”在客卿已被逐的紧急情势下，李斯不得不用非常警醒而委婉的言辞开宗明义，起句发意振聋发聩。

本文尤具特色的更在其论的部分，对事理的论说充分深刻，令人信服。一方面，是用重笔浓墨，铺张排比，列举事例。文中铺排秦国历史上四位国君用客的大量事实，铺陈了秦王所喜爱的大量生活享用，由于事例充实，铺垫充足，加强了与下文的对比，因而得出的结论极其有力。而这些事例都有所依傍，且经过精心选择，因而显得可靠典型。从铺排的技巧来说，排比句接踵联翩，文意饱满，文气流畅，文势充沛，极有感染力。另一方面，在论证上的特点是正反并反复对比，层层深化。如在论证的首层，四君用客（实笔）与“却客不内”（虚笔）的对比；首层四君用客与次层秦王轻客的对比；次层重物与轻人的对比，处处在对比之中显示逐客之谬误。全文在逻辑关系上是步步推进，层层深化。时间上由远到近，推移有序：先言古代，次论现实，再次言及未来。在言及逐客的危害时，程度上由轻到重，步步升级：先说如果没有客卿，秦国就不会“富利”和“强大”；接着说“非秦者去，为客者逐”“此非所以跨海内、制诸侯之术”，直接落到统一天下这个关键问题，比上层更切近要害；再说弃黔首、却宾客，是所谓“藉寇兵而赍盗粮”，资助了敌人削弱了自己，对秦国的不利更严重些；最后指出“今逐客以资敌国、损民以益仇，内自虚而外树怨于诸侯，求国无危，不可得也”。不仅不能统一天下，而且有亡国的危险，把逐客的危害引申到极点。这种由轻到重、步步推进的说理过程，避免一开始就突兀冲撞，造成相反结果，它符合人的心理接受规律。

最后，《谏逐客书》具有很强的针对性。《谏逐客书》的针对性，从内容上来说，是对着逐客这事而发，全文紧紧扣住逐客以论说其错误。文章这样的游说技巧很高明，因这逐客的起因是韩国人郑国劝秦王修筑一条灌溉渠，其目的是企图以浩大的工程耗费秦国的财力，使之不能对外用兵，如果就此事进行辩解，显然是没有道理的。李斯避开这个起因不谈，只抓住逐客对秦不利来论说，完全从秦国的利益着眼，这就容易使秦王接受。另外，李斯当时也无辜受牵连，但他在上书中片言不涉及自己，这样完全符合公文的本质要求，徐望之说："公文本质之可贵，贵在一字一句皆从民生国计上着想。"针对逐客对秦不利来论说，正是从国计民生着想的体现。《谏逐客书》的针对性，还表现在针对特定的读者来采取谏说的策略。李斯上书是给秦王政这个具体的人看的，如果不熟悉这个人，不揣摩这个人的愿望、想法，不去迎合他的心理需求，那就很容易碰壁。对这个问题，刘勰有中肯的评价："烦（顺）情入机动言中务，虽批逆鳞而功成计合，此上出之喜说者也。"顺着秦王的感情、心理，引到统一六国的关键问题，符合主要任务的需要。当时秦王的最大欲望是兼并天下，凡是违反这一欲望，就难以立足，凡是利于达到这一欲望，就容易被接受。李斯紧紧抓住秦王的这一心理，把秦国的霸业作为整篇谏书的灵魂，贯穿始终。在论说的首层以秦王政的祖先重用客卿造成"霸西戎""治强""散六国之从""蚕食诸侯""使秦成帝业"等成就去耸动秦王；在论说的层次则把用客卿提到"跨海内，制诸侯之术"的高度；再接着以古代五帝三王"不却众庶"无敌天下去打动秦王。总之，每个层次都反复论述这样一个根本的利害关系：纳客就能统一天下，逐客就有亡国危险。以利劝之，以害怵之，这就紧紧抓住了秦王的心，深深击中其要害，使秦王顺理成章地接纳其意见，并收回逐客令，达到了上书的目的。

下面这段民间传说纪晓岚应对乾隆皇帝的故事，就说明了答辩不仅需要理性还需要机智。

清代的大文学家纪昀（纪晓岚）被乾隆皇帝任命主持《四库全书》的编写工作。一年夏天，天特别热，纪晓岚是个大胖子，实在受不了，就对手下的官员说："诸位，近日天气炎热，酷暑难耐，有哪位年兄愿意除去官衣?"这些人一听，心里说："得，您要脱就脱吧!"纪晓岚见别人不言声，自己脱了个光膀子。

不一会儿，乾隆皇帝来了，纪晓岚想穿衣服已来不及。怎么办呢？一猫腰钻进桌子底下去了。心想，皇帝走了，我再出来吧。可是，他这些动作都被乾隆皇帝看到了。于是，乾隆皇帝与室内的几位官员说了几句话，就向一个大臣使了个眼色，说道："朕走了!"那个大臣心领神会走出屋外。

纪晓岚听到脚步声远了，过了一会儿，便在桌子下边问："老头子走了吗?"

乾隆皇帝说："是谁在这样叫朕呀?"

纪晓岚没办法从桌子下边钻出来，拜见皇帝。

乾隆皇帝说："纪昀，你为何这样称呼朕啊！给我说清楚！"

纪晓岚从容答道："老头子这三个字是对您的极大尊称啊！皇帝称万岁，岂不为老？皇帝乃国家之首，岂不为头？皇帝乃真龙天子，岂不为子？老头子这三个字就是对您的极大尊称。"

乾隆皇帝一听十分高兴，看到桌上一把白纸扇，想起纪晓岚的书法很好就说："纪昀，朕命你写一个扇面如何?"

纪晓岚答道："臣领旨!"

纪晓岚提笔就写了一首《凉州词》，可能是刚才紧张，一时疏忽，把第一句"黄河远上白云边"的"边"给漏了，乾隆皇帝一看问道："纪昀，你这诗写得不对呀!"

纪晓岚接过来一看，眼珠一转，答道："万岁，臣写得没错，这不是王之涣的诗，而是无名氏写的一首词!"

乾隆听了，道："读来听听!"

纪晓岚略加思索高声读到："黄河远上白云一片/孤城万仞山/羌笛何须怨/杨柳春风不度玉门关。"

纪晓岚正是深明自己臣子的身份和在乾隆皇帝心中的地位，利用皇帝惜才、爱才又虚荣心极强的特点，巧妙应对答辩，从而化险为夷的。

三、游说答辩的操作技巧

（一）把握游说答辩的思维方法与技巧

虽然，游说答辩形式多样，但其思维方法与技巧是有规律可循的。

游说答辩的思维过程是系统观点在思维中的体现和应用，也就是说游说答辩者把游说答辩工作或要解决的问题作为一个系统，然后充分运用系统观点、系统特性并最终以实现工作目标最佳化的思维过程。要更好使用游说答辩技巧，应注意把握以下思维规律：

第一，定量分析与定性分析相结合。定量分析强调把数量分析作为思维问题的基础，以数量分析为依据。定性分析则侧重对事物进行性质、特点作非数量化的分析，创造性思维的一个重要特征就是采用定量、定性分析相结合的方法。在对问题作精确的数量描述和演算基础上，再借助定性分析回答问题。一般具体的做法是，首先从游说答辩主体内部机制入手来研究系统的发展与变化，一开始不急于对事物进行数据收集和处理的定量分析，而是借助社会科学知识及相关系统状况进行定性分析。通过定性分析各个子系统之间相互作用关系画出能够反映各系统问题结构联系的框图或输入输出关系的流程图（如“黑箱”“灰箱”或“白箱”流程图），从而找出各子系统间的进一步联系及定量关系，以此来确定系统状态变量及控制参数、建立数学模型，通过模型分析系统进行定量分析，得出结论。

第二，微观分析与宏观分析相结合。微观分析是将系统中各子系统要素单独拿出来考察，宏观分析是对系统作整体性的了解与分析，一般来说宏观分析是以微观分析为基础的。系统分析同样要求一方面对系统作出微观的分析，另一方面在微观分析基础上作出宏观结论。对于一些问题，也可以采用逆向分析的方式，根据问题所涉及相关因素作宏观分析建立结构系统，再针对每个子系统进行微观分析，再进一步作宏观分析，经过综合作出宏观结论，也就是宏观与微观分析交叉进行的思维方式。

第三，静态分析与动态分析相结合。对相关事物组合分析时一般采用静态分析。在静态分析中，虽然有些要素是在发展变化着，但绝大部分的要素是不变的，因为所做的分析充其量不过是一种预想，而预想与真正的客观实际情况可能存在着程度不等的差距。

系统作为一个多元的组合整体，各个单元均有自己的组合特性；组元（组成合金的独立的、最基本的单元称为组元，组元可以是组成合金的元素或稳定的化合物，这里借用此概念代表系统中的组成要素）间又要通过必要的协调，形成整体的规律性。即使每个单元都符合静态分析的结论，其同整体的协调中也会产生相互影响而引起整体规律的变化。如果每个组元中都存在着某些要素的发展和变化，就将使系统整体处于变化之中，各单元变化激剧或组元间干涉激烈，整体状态就愈是千变万化，因此，对系统构成（含组元）在静态分析的基础上，还要进行必要和及时的动态随机分析。

系统变化的频率决定随机分析的频率。随机分析的方式方法有很多，可以根据具体情况进行选择。动态分析是很复杂的随机问题。为了保证分析的可靠性和效率，应该在思维过程中建立有效的反馈系统，通过信息反馈及时地调整思维方向，逐步掌握随机因素加以解决。在动态分析中，知识与经验也具有重要作用，可以凭借经验舍弃次要因素，明确主导思维方向以保证思维的连续性。

第四，线性思维与非线性思维相结合。传统分析思维大多属于线性思维。它遵循线性连续性、不可逆性和渐进性，忽略不规则性、追求线性关系完全相符的精准性。而现实中，一种结果可能由千百种因素影响而生成，一个因素也可能生出千百种结果来，而且每个结果也并不是“终端”结果，只是整个进程中的“瞬间”结果，同时它又是一个事物发生变化的原因。事实说明，所有系统在整体上说都是非线性的。现代科学指明事物现象和过程的非线性的性质，如同混沌理论研究，揭示有序与无序、确定性与随机性的统一。现代科学技术发展促进人类思维方式从线性思维走向非线性思维。

非线性混沌思维，面对现实的开放系统和耗散结构，有多层次不同尺度的运动，在非平衡、非线性的条件下，运行其不规则性和差异、随机性和差异是不能忽略不计的。面对系统的有序与无序、确定性与随机性、简单性与复杂性关系需要用耗散结构理论、突变理论、协同学和分形理论等进行非线性思考。

非线性思维方式的基本观念是：第一，内在随机性，重视次要的、非本质、不确定的因素。第二，初值条件的敏感性，不可忽略初值的微小偏差。第三，奇异吸引子，在混沌运动中无规律性的轨迹与终点确定性统一。第四，混沌是信息创生之源，从混沌通向有序、有序进入新的混沌、新的混沌再通向有序的创生，混沌演化伴随新信息的创生。

应用混沌观念进行思考，走向非线性思维，这是人类整体思维方式的又一重要进展。

第五，系统目标与系统功能的辩证统一。人的思维是有动机的，思维动机一般是认识客观事物，解决客观存在的问题，满足社会的需求等。思维也是有目的（以目标为标志）的，游说答辩的目的是通过陈述和回答推荐自己的观点或结论，而目的是通过系统结构实现的功能来体现的。思维的目的是根据客观条件综合分析，以“目标”来体现的，并根据目标寻求合理的系统结构。而目标完善的程度又是由系统结构的客观功能来实现和衡量的。因此，思维目标与结构功能是系统思维过程辩证的统一过程。

每一事物的客观结果，一般是由多种原因造成的，而一种原因也可能产生多种结果。期望的目标过高会造成系统结构的复杂性，甚至导致系统功能无法实现。因而在思维过程中必须根据客观现实不断反馈、修正，达到目标与功能的统一性，以实现系统结构功能的理性优化。

第六，善于综合性思维。综合性也就是全面性，全面性要求我们把事物作为一个整体来把握，这是与分析性思维相区别的。分析思维把大的整体事物乃至整个世界分割为许多构件，构件越分越细，对基本构件进行精确分析研究，也积累了丰富的知识和经验。但是，却忽略了构件之间的相互联系和相互作用，从而失去了事物的全面性。综合性思维重视分析作用，因为人类思想认识不能直接把握整体，分析是必要的，但是它更强调事物的相互联系和相互作用的全面性。如果过分强调抓主要矛盾，认为解决了一个主要问题或关键问题，其他问题也就自然解决了，这样做就可能走向否认事物的全面性和系统复杂性，从而导致错误乃至失败。

综合性思维重视主要因素的作用，但是特别强调的是事物的各种要素的相互联系和相互作用，重视发挥这种作用达到事物的协调发展，这是事物发展的“协同学”。协同学研究宏观时空或功能结构系统中各单元之间的合作关系，既研究确定性过程，也研究随机过程。也就是说，综合性思维重视各单元之间的合作关系和序列关系，以使整体功能特性更为完善和优化。

（二）游说答辩演讲技巧

游说答辩演讲有时也叫游说演讲，它是指参加游说答辩者为了实现游说目标，就自我游说问题所持的观点的公开演讲。

一般来说，游说答辩演讲需要注意如下几点：

首先，目标明确性。在游说答辩演讲时，游说答辩演讲者要向被游说者讲清自己的观点，突出自己所持观点的正确性和有效性，并且这种有效性足以说明所持观点的可行性。要在有限的答辩时间内完成上述工作，演讲的总体内容始终围绕一个目标一个岗位职务工作进行，做到目标明确、语不离宗，不可开口千言，离题万里。

其次，较强的竞争性。游说答辩演讲的全过程，其实是评委专家对学生所提出的汇报材料之间进行比较与选择的过程。游说答辩除了基本素质条件之外，实际上更重要的是汇报材料目标与措施的竞争。只有具备了明确、先进的目标，且有切实可行的措施来保证，才会取得竞争的成功。

最后，演讲策略的技巧性。游说答辩演讲除了要求演讲者具备良好的心理素质和较强的语言表达能力外，还应当充分考虑竞争对手、听众的心态、临场状况等多种因素，用据理力争的方式，巧妙地说明“他的汇报材料好，我更好”。当然自我推销要有艺术性，切忌为了竞争而贬低对手，所遵循的原则是“唯真唯实，具体可信”。

要完成好游说答辩演讲首先要讲好开头，用礼貌用语开篇为制造友善、和谐的气氛打下基础。开篇可以用“感谢给我这样的机会让我参加答辩”“恳请评委专家和老师指教”等导入正题，紧接着阐明自己发表游说答辩演讲的理由。

在游说答辩演讲中，要坚持如下原则：

首先，游说答辩者应实事求是，言行一致。介绍汇报材料背景和措施都必须客观实在。对国家有什么意义，对地区和人民可以创造什么条件，能够实现的就说，实现不了的就不要开“空头支票”。只有这样，才能显示游说答辩者诚实的品格。

其次，游说答辩者阐述问题要有的放矢。游说答辩演讲是针对某项议题而展开的，因此，游说答辩演讲者要向评委证明自己了解情况。这个阶段，游说答辩者要把自己通过调查摸底、群众访谈等方式，已经切实弄清楚的历史、现状，尤其对于当前存在的焦点、难点问题及其存在的根本原因讲清讲透，尤其是把找到解决问题的最佳途径讲清楚，以便在演讲时击中要害，获得高分。

最后，游说答辩者演讲的态度要谦虚诚恳，演讲过程平和礼貌。游说答辩者是通过答辩获得专家和评委认可的目的，只有给人以谦虚诚恳、平和礼貌的感觉才能被认可和接受。评审专家是不会接受狂妄傲慢、目中无人的游说答辩者的，所以，游说答辩演讲词十分讲究语言的分寸，表述既要生动、有风采、打动人心，同时又要虔诚可信，情感真挚。

（三）游说答辩演讲答辩技巧

在多数游说答辩过程中，游说演讲之后就要进入答辩，这一过程也是能否游说成功的关键。因此，游说后的答辩必须遵循一定的原则，才有可能保证答辩沿着正确的方向进行，从而保证答辩的成功。在答辩过程中游说答辩者要坚持如下原则：

第一，游说答辩者回答问题时，观点要正确，并有一定的理论高度。在游说答辩中，观点是基础，是灵魂。正确的观点是回答的起点，所以要想在答辩中胜出，必须保证自己的观点是正确的。

第二，游说答辩者回答问题时应该紧扣问题。答辩必须根据专家提问的要求答辩，需要怎么回答，就怎么回答，不能答非所问，也不能随意扩大或缩小专家所提问题的内容或范围。

第三，游说答辩者回答问题时要旗帜鲜明、简明扼要。在答辩中，答辩者必须旗帜鲜明地回答问题，不能模棱两可，含糊其词。因为模棱两可，含糊其词，就会使专家和评委不明白你的观点，答辩很可能会失败。答辩在时间上有严格的规定性，在内容上有严格的限定性。根据答辩的这些特点，答辩一定要简洁，否则既是浪费时间，又会使评委和其他听众产生厌烦的情绪。因此，答辩者对每一个答辩问题都应该首先弄清回答应把握的要点，明确从几个方面来说明问题，思考时要厘清思路，回答时，不含糊、不啰嗦、直截了当、一语中的。

第四，游说答辩者回答问题时，要对问题进行辩证分析，思路要开阔，切忌思维绝对化、僵化，以防止片面、静止、孤立地看待问题。同时要使自己的回答、提出的观点有理有据，能够自圆其说。

第五，游说答辩者回答问题时，条理要清晰。答辩要求测试的能力中有一项是逻辑思维能力，而这项能力的体现则是游说答辩者的答辩条理分析前后一致。这就要求游说答辩者在听到答辩题后，首先要思维有逻辑性，然后便是陈述的逻辑性，这种逻辑性要求游说答辩者的回答层次清晰，条理分明，前后衔接紧密，表述前后呼应。

第六，游说答辩者回答问题时要注意文明礼貌。现代社会一般都要求答辩者具有较高的思想、文化素质，因而在答辩中就要充分地显示这种素质。而这一素质，不但体现在答辩的内容上，同时也体现在对专家、评委和听众的文明礼貌上。游说答辩者在答辩中要充分地尊重专家、评委和听众。答辩的语言要谦和，遇到难以回答的问题要不急不躁，不要有怨恨情绪，更不能出现恶语伤人的现象。否则，就有可能引起答辩主持者和听众的反感。

答辩对于游说答辩者来说，不单是一种挑战，也是一次全面展示自己才华、气质、风度的机会。要想在答辩中脱颖而出，就要注意答辩谋略和技巧。高超的答辩，不仅需要答辩者灵感的迸发和知识的展现，也需要谋略的灵活运用。在答辩过程中游说答辩者可以采取如下一些策略：

第一，答辩者要善于化虚为实。在答辩中，专家、评委有时会问一些比较虚的问题，答辩者如果以虚对虚，答起来会觉得无从说起，或不着边际，评委们也会听得一头雾水。所以，面对这类试题，最好的办法是化虚为实。答辩者要在具体的答辩过程中成功地化虚为实，首先，要把握好试题的主旨，虚的内容与实的事例要环环相扣；其次，要善于调动自己的知识储备和生活积累，只有这样，回答问题时，才能得心应手；最后，要注意“画龙点睛”，答辩结尾时要注意提炼、总结和升华，还实以虚。

第二，答辩者要善于先抑后扬。答辩题中一般都会出现让评委了解答辩者自身素质和汇报材料特点的题目，答辩者要努力抓住答这一类题目的机会，充分运用语言艺术，巧妙地宣传自己所在的团队和汇报材料。回答这类问题，最好采用先抑后扬的方法，答辩者在回答时首先出人意料地从劣势讲起，单刀直入，对工作方案所面临的困难，绝不回避，然后话锋一转，介绍解决问题的措施。先抑后扬的答辩，不仅很容易在评委心中留下鲜明的印象，而且会博得评委的信任和赏识。答辩者要在具体的答辩过程中成功地实现先抑后扬，就要注意处理好以下三种关系：首先，答辩者要处理好谦恭与自信的关系，抑要抑得适度，扬要扬得实在。在抑时要表现出自己谦恭的良好风度，给评委留下一个虚怀若谷、有自知之明的印象；在扬时要从内容、语言、气势和仪态气质上表现出信心百倍，有能力，有魄力，评委们马上会信任有加。其次，答辩者要处理好直率与含蓄的关系。扬时可以开诚布公，不要遮遮掩掩，欲说还休；抑时委婉含蓄、娓娓道来。最后，答辩者要处理好理智与情感的关系。对自己的优劣的介绍和评价，要表现出鲜明的理智来，以此激发评委对最终的任职者作出理智的判断和选择。同时，也需要情感的作用，热烈而真挚的感情，能够与评委产生心理共鸣，从而确立有利于答辩者的情感意向。

第三，答辩者要善于把握现场局面，随机应变。游说答辩者回答问题时要审时度势，根据问题随机应变，努力使自己的回答富有新意，做到推陈出新。游说答辩者回答问题时要充分考虑问题，别出心裁，这样做才更有利于成功。

项目申请的游说答辩是以汇报材料介绍为基础的，因此，结合汇报材料做好答辩十分关键。在具体的答辩中，需要遵循如下原则：

第一，要熟悉所提交的汇报材料即答辩涉及的内容。作为将要参加项目申请答辩的学生，首先而且必须对自己所写并提交的汇报材料内容有比较深刻的理解和比较全面的熟悉。所谓“深刻的理解”是对所提交的汇报材料有纵向的把握，“全面的熟悉”是对所提交的汇报材料有横向的把握。这两方面是为回答专家和评委就有关所提交的汇报材料的深度及相关知识面而提出的问题所做的准备。学生必须对自己的所提交的汇报材料有“比较全面的熟悉”和“比较深刻的理解”，否则，就会出现尴尬局面。

第二，准备必要的图表或多媒体课件。无论是涉及科技问题还是涉及社会问题，任何所提交的汇报材料都或多或少地涉及用图表表达所提交汇报材料观点的可能，因此，最好准备一些有利于表达的图表。图表不仅是一种直观地表达观点的方法，更是一种调节答辩会气氛的手段，特别是对答辩委员会成员来讲，长时间地听述，听觉难免会有排斥性，不再对你论述的内容接纳吸收，这样，必然对所提交的汇报材料答辩成绩有所影响。所以，在答辩过程中适当穿插图表或类似图表的其他媒介，就可以和视频资料有机结合，更直观地说明问题，有利于提高答辩成绩。

第三，陈述时紧扣主题、语流适中。答辩者在整个答辩过程中一定要围绕主题进行，自始至终地以所提交的汇报材料为中心展开论述就会使评委思维明朗化，这样就会提高答辩的得分。一般的答辩者在答辩时，说话速度往往越来越快，以致答辩委员会听不清楚，影响了答辩成绩。因此，答辩时一定要注意在答辩过程中的语流速度，要有急有缓，有轻有重。

第四，答辩者要用目光与场内人员交流，同时适当辅助以手势。在答辩时，可以脱稿，也可以半脱稿或者完全不脱稿。但不管采用哪种陈述方式，答辩者都应注意自己的目光，使目光时常地瞟向答辩委员会成员及会场上的其他观众。这是你用目光与听众进行心灵的接触，使听众对你的汇报材料产生兴趣的一种手段。在汇报答辩会上，由于听学生所做陈述的时间过长，评委难免会有分神现象，这时，你用目光的投射会很礼貌地将他们的神“拉”回来，使评委的思路跟你的思路走。虽然答辩以口语为主，但适当的体态语运用会辅助你的答辩，使答辩效果更好。特别是手势语言的恰当运用会显得自信、有力、不容辩驳。相反，如果在答辩过程中始终如一地直挺挺地站着，或者始终如一地低头俯视，即使你所提交的汇报材料结构十分合理，主题无比新颖，结论非常正确，答辩效果也会大受影响。

第五，答辩者要控制好时间。“行走课堂”实践活动对答辩有明确的时间要求，因此，学生在进行答辩时应重视时间的掌握。对时间的控制要有力度，到该截止的时间立即结束，这样，显得有准备，对内容的掌握和控制也轻车熟路，容易给答辩委员会成员一个良好的印象。因此，在答辩前应该对将要答辩的内容有时间上的估计。

第六，称呼使用上以“我”为主。在答辩过程中必然涉及人称使用问题，尽量多地使用第一人称，如“我”“我们”，即使所提交的汇报项目中的材料是引用他人的，用“我们引用”了哪儿的数据或材料，特别是所提交的汇报材料是答辩者团队调研完成的，所以要更多使用而且是果断地、大胆地使用第一人称“我”和“我们”。这样就会使答辩委员会成员有这样的印象：东西是你的，工作做了不少！

附　录

附录1　全国学生营养与健康有奖征文大赛获奖作品[1]

“胖妹”减肥记

本故事纯属虚构，如有巧合，确系雷同！

当今的大学女生，一个重要的话题就是减肥。在我们班就有一位同学——“胖妹”。“胖妹”其实一点也不胖，体重只超重0.35公斤，据说还是因为冬天体检时棉鞋有点重。可不幸的是她一不小心看到隔壁寝室姐妹的博客：

“最近我的好朋友说我胖了；与妈妈的朋友喝茶时，她们也说我胖了；更受不了的是，同学都在实施着各自的减肥计划，口号为：我们的目标是——减肥成功！最近我基本没吃午餐，饿了只喝开水，我坚持下来了，减了十多斤，我为自己感到很骄傲。”回到宿舍，她就像祥林嫂一样唠唠叨叨说：“太胖了，简直就是水桶大妈了”。于是，“胖妹”正式宣布开始减肥，“胖妹”的美名迅速走红……

自从“胖妹”开始减肥，天底下最可怕的事情就是吃饭。每天吃多少她给自己规定得非常严格，多吃了一口，便痛苦得无法自拔，好像自己犯了多么严重的错误似的，简直不可饶恕。她每天努力使自己不看到美味的食品，每天的午饭她只买一两米饭，却还是剩下三分之二，看着自己剩下的米饭，

---

[1] 本文为中国学生营养与健康促进会、中国关心下一代工作委员会、中国营养学会、中国健康教育协会、中国奶业协会联合主办的2009年“5·20”中国学生营养日全国学生营养与健康有奖征文大赛大学及研究生组一等奖获奖作品，作者北京农学院董长红。

她是多么的“满足”啊，减肥计划又一次战胜了食欲！即便如此，“胖妹”还不善罢甘休，给自己加了一项辅助措施——从网店买了一瓶“神奇”的减肥膏，据说抹在哪个部位，哪个部位就能瘦，她每天实践着，这个东西有点像辣椒面儿，抹之后身体会发热，按“胖妹”的解释为：脂肪在燃烧，所以热。每天晚上“胖妹”浑身抹了个遍，然后睡觉，结果可想而知，她根本睡不着，连被子都盖不住，在她看来，这和夏天夜晚一样热，要知道此时是初春呀！

可是，如此按部就班做了一些天后，效果很不明显，“胖妹”只好又去隔壁寝室取经。结果有了一个神奇的发现：

隔壁寝室姐妹告诉她，很多明星吃了饭之后，就自“抠”，把刚吃进去的东西再吐出来，“我试了几天，效果不错”。

刚开始，“胖妹”觉得太恶心，可看到室友越来越瘦的身材，自己也开始试用起来。每次饭后，“胖妹”回到寝室，就跑到厕所把刚吃进去的饭吐出来。一来二去，“胖妹”已经吐成了习惯，无论吃什么，都会吐出来。而“胖妹”寝室的室友，也纷纷试用起呕吐减肥法。到了饭后，寝室呕吐声四起。睡上铺的“胖妹”为了方便，甚至在床边挂了个塑料袋专用于呕吐。

一学期的呕吐效果不错，减肥5公斤，“胖妹”被送进了医院，减肥失败。医生给胖妹分析道：“这种做法确实会让体重降下来。但在达到减肥效果的同时，这种减肥方法对人体的伤害巨大。呕吐时，胃酸会对食道和贲门造成损伤，呕吐物长时间腐蚀食道，可能会发展为食道炎或贲门癌，同时，呕吐会伤到喉咙和牙齿。中国台湾就有人因此掉光了牙齿。反复的呕吐还会引起反流性食道炎，造成食道水肿、食道溃疡，增加患食道癌的几率。呕吐的动作过大还会引起贲门撕裂症、消化道大出血。”

开学了，“胖妹”的身体恢复了，也不再呕吐减肥了，而且喜欢上了体育运动，运动会还拿了个奖。

现在有人再问“胖妹”：“还减肥吗？”她一定会说：“减肥也要是健康的，健康最重要……”

附录2 红色“1+1”活动总结❶

关于“巧妇”与“无米之炊”的辩证思考

俗话说，“巧妇难为无米之炊”。然而，在实际的工作实践中，“难”与“不能”并不等同，“无”与“有”亦可以转换，“难为”不等于不能为，也不等于无所作为，更不等于不敢为的基础，“无米”也并非是绝对的条件缺失。作为新时期的高校教师和大学生，面对社会发展和学生党支部活动中的现实矛盾，不能无所作为，只有坚持马克思主义辩证唯物主义，努力提高主体认识能力，自觉认识客观规律，不断发挥主观能动性，在想为、巧为、勇为、善为上做文章，就有可能做到从“巧妇难为无米之炊”向“巧妇能为无米之炊”的转变。北京农学院工商管理学生党支部2011年红色“1+1”活动就验证了上述观点。

一、统一思想，做“想为”文章，选好工作方向，大胆提出工作设想

农林院校非农专业，在开展红色“1+1”活动中存在很多不利因素，农村基层单位认为农林院校学生懂农而学生不懂；社区街道认为农林院校学生不懂非农知识不愿合作。这就势必造成农林院校非农专业学生开展红色“1+1”活动难找合适对接单位；介入后蜻蜓点水，无法帮助其解决实际问题，难以形成特色的局面，面临着“巧妇难为”的窘境。面对现实困难，工商管理学生党支部转变观念，开阔思路，积极寻求本专业教师支持，调动多方积极性，拓展合作渠道，通过努力，使农林院校非农专业红色“1+1”活动工作迈上新台阶。

早在2010年初，活动指导教师提出了以专业教师党员介入活动的建议，并提出了“慎准备、广调研、缓出手”的指导方针，得到教研室主任邓蓉教授的支持。基于此思路，2010年该支部放弃了红色“1+1”活动申报，并选择优秀学生参与指导教师组织的学会志愿者活动。在参加2010年北京科技

❶ 本文为北京农学院经济管理学院工商管理学生党支部2011年红色“1+1”共建活动总结材料。

周重点活动“创新方法京郊行——千人公益大讲堂”志愿服务过程中，了解了京郊基层对科普工作的需求，师生深入实际，对京郊社区及企事业单位进行了细致深入的调查。经过调查，发现京郊社区群众对掌握创新方法推动工作等需求十分强烈。

有需求就有实施的可能，要将需求变成现实就需要坚持统一思想。统一思想主要是将某一部分人解放思想的成果，经过一定的程序，扩展为一个群体的共识，产生正确的决策，又能步调一致地贯彻落实。统一思想不是禁锢思想、武断决策。统一思想需要广泛民主、以理服人、集思广益、群策群力。因此依托“想为”工作理念，在北京创造学会的支持下，工商管理专业全体学生党员统一思想，在 2010 年 7 月大胆提出工作设想：“服务远郊社区科普工作，解决基层急难问题”被确定为工商管理学生党支部 2011 年红色“1+1”活动目的，北京市延庆县香水园街道新兴东社区被确定为活动地点，2010—2011 学年第二学期及学年暑假被确定为活动时间，街道及社区两层面科普活动被确定为活动核心形式。

二、更新观念，做“巧为”文章，定准工作思路，善于在统一思想基础上解放思想

敢想，还要敢干、会干，这就要“巧为”，开动脑筋，开拓思路，不受固有的思维定式和观念所囿，突破习惯思维闯出新路，这是创造学理论的核心也是创新的要求。

探讨创新的定义，不难发现：创新作为一种理论可追溯到 1912 年美国哈佛大学教授熊彼特的《经济发展概论》。熊彼特在其著作中提出：“创新是指把一种新的生产要素和生产条件的‘新结合’引入生产体系。”这里，熊彼特把创新定义为建立一种新的生产函数，即企业家实行对生产要素的新结合。它包括：（1）引入一种新产品；（2）采用一种新的生产方法；（3）开辟新市场；（4）获得原料或半成品的新供给来源；（5）建立新的企业组织形式。当然随着科技进步、社会发展，对创新的认识也是在不断演进的。特别是知识社会的到来，创新模式、创新形态的变化进一步被研究、被认识。

学生党支部工作是党的基层工作的重要组成部分，既要坚持党和国家的方针政策，又要提出有开拓精神的工作思路。要想实现“巧为”，就要更新观念，善于在统一思想基础上解放思想。解放思想所要克服的是超越客观实际的教条主义和落后于客观实际的经验主义；解放思想所要实现的是主观和客观相一致、认识和实践相统一；解放思想的基本要求是实事求是、与时俱进，也就是主观认识上掌握工作对象的客观规律，并随着客观实际情况的不断变化，在主观认识上得到及时反映，拿出相应的正确办法，达到驾驭现实、促进发展的效果。解放思想不是胡思乱想、离经叛道。解放思想需要深厚的理论功底、严谨的探索精神、敏锐的洞察能力和不图虚名、求真务实的良好心态。正是在解放思想理念的指导下，工商管理学生党支部提出了不求所有，但求所用的理念，抛开所有的事情都需要自己完成的想法，提出了依托北京创造学会科普工作委员会、新兴东社区党支部联合举办“新兴东创新科普讲堂”的方案，以实现把红色“1+1”活动落到实处的目标。

三、开拓进取，做“勇为”文章，确立工作方案，开拓活动创新局面

党的十六届三中全会中提出的“坚持以人为本，树立全面、协调、可持续的发展观，促进经济社会和人的全面发展”，按照“统筹城乡发展、统筹区域发展、统筹经济社会发展、统筹人与自然和谐发展、统筹国内发展和对外开放”的要求推进各项事业的改革和发展。要践行科学发展观，第一要义是发展，核心是以人为本，基本要求是全面协调可持续，根本方法是统筹兼顾。

温家宝总理2007年先后两次对创新方法工作做出重要批示，要求高度重视王大珩、刘东生、叶笃正三位科学家前辈提出的“自主创新，方法先行。创新方法是自主创新的根本之源”这一重要观点。遵照温总理批示精神，科学技术部、国家发展和改革委员会、教育部和中国科协四部门共同推进创新方法工作，于2008年4月23日印发了《关于加强创新方法工作的若干意见》。

在国家高度重视创新方法背景下，郊区街道社工、群众却对创造、创新方法知之甚少。要开展好“创造、创新、创业”培训工作就要“勇为”，以开拓进取思路确立工作方案。

延庆县由于处于北京西北部，距离城区较远，聘请市内学术团体专家来延庆讲学，经常因为交通时间成本过高难以成行。工商管理学生党支部抓住乐于公益活动的学者开始关注郊区公益科普的契机，以“勇为”精神，与新兴东社区党支部等单位合作，在2011年2月24日，针对香水园街道干部和各社区工作者开展了“创新方法进社区”活动，并开展社区科普需求调研，活动效果显著，在首都科技网和延庆县相关媒体上相继报道，打开了红色“1+1”共建活动工作局面。

四、科学谋划，做“善为”的文章，构绘工作愿景，推动红色“1+1”共建工作可持续发展

通过聘请乐于公益活动的学者参与公益培训，虽然解决了最关键的师资问题，然而要保证活动的长期性，则需要解决场地、活动范围等诸多问题。在这一背景下，工商管理学生党支部本着“善为”的原则，科学谋划，构绘了一个长远的工作愿景。

首先，站在公益活动参与者的立场上，以诚感人，赢得了拥有十余年国家大型企业员工创新方法培训成功经验的北京创造学会的支持。北京创造学会根据学生调研结论，投入科普“奖补”，购买价值4500余元的图书，于2011年3月20日，开展了向香水园街道捐赠科普读物活动，解决了社区工作者和社区居民的急需。

其次，站在街道工作创新的立场上，使社区党支部赢得领导支持，街道领导非常重视该活动，分管科普的街道人大街工委詹杰副主任及有关科室负责人出席了共建支部主办的图书捐赠活动，整合资源解决场地问题，使活动开展有了设施保障。同时，大力支持工商管理专业实习调研活动，为实习学生提供实习场地、免费午餐的支持。

最后，抓住延庆县创建科普示范县契机，根据社区居民要求，2011年7月22日，针对高中毕业生考取大学后，如何做好入学准备的需求。开展了以“如何适应大学新环境、怎样结合在未来专业学习中实现创造创新”为主题的公益讲座。活动博得参与者一致好评。在合作单位党支部书记的协调下，初步确定将该活动办成连续性活动，使公益活动拥有了后劲，也使实现红色“1+1”共建工作可持续发展的目标成为可能。

综上所述，想为、巧为、勇为和善为，不是简单的工作技巧问题，而是基层学生党支部干部的责任心、精神状态和思维方式问题。事实证明，我们只要在唯物辩证法指导下，通过个人主观上的不懈努力，许多困难都是可以克服的。实践工作的经验使我们感到：“天下事有难易乎？为之，则难者亦易矣；不为，则易者亦难矣。”从“巧妇难为”到“巧妇能为”，虽一字之差，却折射出以马克思主义唯物辩证法指导大学生党建工作思路创新的熠熠光辉。

参考文献

[1] 焦垣生．写作学教程［M］．西安：西安交通大学出版社，1999.
[2] 阎景翰．写作艺术大辞典［M］．西安：陕西人民出版社，2002.
[3] 师公有，杨雅芝，王景丹．基础写作新论［M］．北京：蓝天出版社，1993.
[4] 巫汉祥．大学写作教程［M］．北京：科学出版社，1999.
[5] 周立方．新闻写作研究［M］．北京：新华出版社，1994.
[6] 张呈琮．文秘写作［M］．西安：西安地图出版社，2000.
[7] 邵强．沟通和协调艺术［M］．北京：国家行政学院出版社，2011.
[8] 约瑟夫·A. 德维托．人际传播教程［M］．12 版．余瑞祥，汪潇，程国静，等译．北京：中国人民大学出版社，2011.
[9] 李颖娟．人际沟通与交流［M］．北京：清华大学出版社，2012.
[10] 李明，林宁．人际关系与沟通艺术［M］．北京：清华大学出版社，2012.
[11] 马银文．现代社交礼仪指南［M］．北京：中国商业出版社，2013.
[12] 李元授．人际沟通训练［M］．武汉：华中科技大学出版社，2014.
[13] 陈丛耘．口语交际与人际沟通［M］．2 版．重庆：重庆大学出版社，2015.
[14] 赵岩，张淑华．社交礼仪教程与实务［M］．南京：南京大学出版社，2015.
[15] 王允，张岩松．人际沟通与社交礼仪［M］．北京：清华大学出版社，2015.
[16] 李子林，薄绍信．现代谈判之道［M］．长春：吉林人民出版社，2014.
[17] 凯瑟琳·凯利·里尔登．谈判的力量［M］．北京：当代中国出版社，2005.
[18]《实用文库》编委会．实用谈判技法大全［M］．北京：电子工业出版社，2008.
[19] 蒋春堂，蒋冬梅．谈判学［M］．武汉：武汉大学出版社，2004.
[20] 王丽娟．谈判技能［M］．北京：企业管理出版社，2004.
[21] 杨晓宏，李兆义．电视节目制作概论［M］．北京：北京大学出版社，2015.
[22] 应天常，王婷．主持人即兴口语训练［M］．北京：中国传媒大学出版社，2014.
[23] 徐荐．电视节目创意、策划与制作［M］．北京：中国传媒大学出版社，2014.
[24] 张晋升．新闻发言人手册［M］．北京：经济日报出版社，2015.
[25] 张洋．新闻发言人语言风格研究［M］．北京：中国社会科学出版社，2013.
[26] 张亚勇．中国共产党新闻发言人制度建设研究［M］．北京：人民出版社，2014.
[27] 郭剑平．社团组织与法律秩序研究［M］．北京：法律出版社，2010.
[28] 高红．城市整合：社团、政府与市民社会［M］．南京：东南大学出版社，2015.
[29] 学子惠．大学新生入学第一本书［M］．成都：成都时代出版社，2015.
[30] 共青团浙江大学．教你如何办社团［M］．杭州：浙江大学出版社，2014.

[31] 雷纳德（Reynolds，Garr）. 演说之禅：职场必知的幻灯片秘技 [M]. 王佑，汪亮，译. 北京：电子工业出版社，2013.

[32] 许江林. 揭秘 优秀 PPT 这样制作 [M]. 北京：电子工业出版社，2012.

[33] 刘恒. 演讲师的 PPT [M]. 北京：清华大学出版社，2013.

[34] 刘燕彬. PowerPoint 2003 中文版实用教程 [M]. 北京：清华大学出版社，2004.

[35] 王诚君. 中文 PowerPoint 2003 实用教程 [M]. 北京：清华大学出版社，2005.

[36] 张子睿. 实用文写作理论与方法 [M]. 北京：清华大学出版社、北京交通大学出版社，2004.

[37] 张子睿. 创造性解决问题 [M]. 北京：中国水利水电出版社，2005.

[38] 张子睿. 大学生竞技口才训练 [M]. 北京：清华大学出版社、北京交通大学出版社，2005.

[39] 张子睿. 创造创新理论与实践 [M]. 北京：光明日报出版社，2015.